494.541 VAH
W9-BQS-633
Mastering Finnish

MAST[…]

FINNISH

Library Media Center
Watertown High School

FROM HIPPOCRENE'S FINNISH LIBRARY

Finnish-English/English-Finnish Concise Dictionary
411 pages, 12,000 entries, 3½ x 4¾,
ISBN 0-87052-813-0, $11.95 paperback (142)

Treasury of Finnish Love
This beautiful bilingual gift edition includes 24 Finnish poets and 3 poets who wrote in Swedish. Among the poets represented are Aleksis Kivi, Eeva Kilpi, Johann Runeberg, and Edith Södergran. The work has been edited and translated by Börje Vähämäki.
128 pages, 5 x 7, ISBN 0-7818-0397-7,
$11.95 hardcover (118)

The Best of Finnish Cooking
Two hundred easy-to-follow recipes covering all courses of the meal, along with menu suggestions and cultural background for major holidays and festivities such as Mayday and Midsummer.
242 pages, 5 x 8½, bilingual index,
ISBN 0-7818-0493-0, $12.95 paperback (601)

All prices subject to change without prior notice. **To purchase Hippocrene Books** contact your local bookstore, call (718) 454-2366, or write to: HIPPOCRENE BOOKS, 171 Madison Avenue, New York, NY 10016. Please enclose check or money order, adding $5.00 shipping (UPS) for the first book and $.50 for each additional book.

HIPPOCRENE MASTER SERIES

MASTERING FINNISH

Revised Edition

BÖRJE VÄHÄMÄKI

Library Media Center
Watertown High School

HIPPOCRENE BOOKS
New York

Copyright © 2000 Börje Vähämäki

All rights reserved.

For information, address:
HIPPOCRENE BOOKS, INC.
171 Madison Avenue
New York, NY 10016

ISBN 0-7818-0800-6

Printed in Canada.

MASTERING FINNISH

TABLE OF CONTENTS

PREFACE & ACKNOWLEDGEMENTS

The second edition of *Mastering Finnish*, originally published in 1994 by Hippocrene Books, Inc., has incorporated a number of corrections of imperfections and has a new and improved lay-out. As did the first edition of this book, the second edition relies on experience of more than twenty-five years of teaching Finnish as a second language to English speakers in the USA and Canada at the universities of Minnesota and Toronto, respectively, to hundreds of students. Those students have contributed in many different ways to the final conceptualizations in this book. Portions of the actual manuscript have been used and tested among students of Finnish at the University of Toronto and I wish to express my appreciation of their insightful comments and helpful suggestions. The tape recordings enjoy the voices of colleagues as well as members of the Finnish Theatre in Toronto.

I have also received understanding support from Nadia Hassani in the revision work for the second edition. Finally, my wife Varpu has been my main helper, my support, and my inspiration at every stage in the writing and preparation of this book. ANY AND ALL SHORTCOMING REMAIN MINE ALONE.

IN TORONTO, CANADA, AUGUST 1999
BÖRJE VÄHÄMÄKI

INTRODUCTION: HOW TO USE THIS BOOK

LEARNING OBJECTIVES

Mastering Finnish has two major objectives which have governed the planning and production of the book.

1. It aspires to enable students to acquire **practical skills in everyday Finnish** necessary to interact with native speakers of Finnish. As part of this objective you are offered "survival" skills: the means of succeeding as a visitor in Finland in situations such as shopping, travelling, ordering meals, reserving lodging, and using public transport. Another part of the objective is the **language of social interaction**. The book offers a good number of likely social scenarios, by listening in, as it were, on social situations designed as authentic as possible. This is useful for students and business people alike.

2. *Mastering Finnish* also has the aim of giving students a solid foundation of Finnish grammar, which is important for the confidence building and which is particularly crucial for any further learning.

THE STRUCTURE OF THE BOOK

Mastering Finnish consists of a book and 3 hours of audio recordings on 2 cassettes. The recordings are particularly helpful in learning good pronunciation and intonation, and, of course, dialogue memorization. It is also true that listening to the tapes increases grammatical awareness. The cassettes, which begin with a guide to pronunciation followed by the dialogues and narratives, uses a wide range of native speakers of Finnish.

The book as a whole consists of two parts: I. Teaching Units and II. Reference Section. The Teaching Units have twenty chapters which have a systematic structure. The Reference section has four parts: 1. a guide to pronunciation, 2. an extensive reference grammar, 3. translations of dialogues and narratives of chapters 1-10, 4. answers to all exercises and 5. a brief bibliography.

As the table of contents shows, each chapter provides two kinds of information: **topics** and **grammar**. The topics refer to communicative situations and other contents, while grammar lists the grammatical categories and phenomena introduced. Those who wish to learn fast and focus on speaking will concentrate of the dialogues and section A in the exercises. Those who desire to acquire a grasp of Finnish grammar will pay particular attention to the structural explanations which are standard parts of each chapter. In fact, grammatical terminology is unavoidable in explaining phenomena in a language such as Finnish. Section B of the exercises concentrate on the grammatical structures.

Chapters 1-19 have the following basic internal structure:

1. Dialogues (1, 2 or 3) and Narrative. The dialogues reflect natural idiomatic Finnish spoken in the situations created, and the narratives provide written standard prose.

2. Information. Each chapter gives information on aspects of the dialogues and narratives: comments on words or expressions, but also on Finnish culture and phenomena discussed. The word lists (vocabulary) are also given in this section.

3. Structural explanations is the third element of each chapter and is made up of **(a)**

structures to learn, sometimes **(b) structures to understand**, and always **(c) a** solid **grammatical commentary**.

4. Last in each chapter is a set of **exercises** reflecting in section A. practical speaking structures, and in section B. grammatical structures.

HOW TO GET THE MOST OUT OF MASTERING FINNISH

Recognizing that there are two kinds of language learners - those who are acoustic types and work in whole phrases, and those who favor structural analysis - the book attempts to meet the needs of both learner types. The following procedures are recommended:

1. Study the aim of each chapter by looking at the topics given and imagining the situations as involving real people and real situations. Some "acting" and role playing will be involved on your part. That will give you a better understanding of what you will be learning in each chapter. It will also help you measure your own progress.

2. Read through the dialogue and narrative of each chapter while simultaneously listening to the recordings. Try to work out the meaning of each sentence looking up words in the word list. Predict the meaning as far as you can before you actually check in the translations (given only of chapters 1-10) at the back of the book.

3. If you are working with a tape recording speak the dialogue quietly with the tape. Then listen to the recordings repeatedly while picturing the situations and enacting them in your mind. Ultimately your pronunciation of each dialogue will be confident and you can stop the cassette player after each sentence and repeat it several times before proceeding to the next.

4. If you are working with a partner, enact the dialogue situations taking turns and "putting on an act".

5. For the purpose of learning to master the considerable number of inflected forms in Finnish, you are recommended to memorize the (ultimately four) principal parts of nominals and verbs which are part of the vocabulary. The principal parts are crucial keys to all other forms and inflections in Finnish. The effort will be richly rewarded as you progress.

6. Work out the exercises as best you can. Treat the exercises as problem solving assignments, not as tests. Look up information, review explanations, weigh different alternatives in your mind, and spend time and energy on the exercises. Look at the answers to exercises only as the last step. Remember that the exercises are problems to solve not for their own sake, but for the sake of learning to master the principles, the structures and the phrases involved.

7. For vocabulary learning it is recommended that you get into mechanical routines of learning new words. You may want to make so-called flash cards with the Finnish word including its principal parts on one side and English on the other. You should try to work together with a partner and take turns testing each other.

8. The Reference grammar has been given serious attention and is, in fact, rather ambitious. It is recommended that you get into the habit of looking up the phenomena at hand in as many situations as it is appropriate.

9. The revision tests in chapter 20 are intended to help you review the material and measure your progress in learning to master Finnish.

GUIDE TO PRONUNCIATION

The best way to get a good pronunciation is to listen repeatedly to the audio tapes which accompany this textbook. Special attention should be given to the differences between Finnish and English. Those differences are more pronounced in the vowels, which in Finnish are either "pure" one sound vowels or real diphthongs, actually written with two different letters. Finnish makes systematic use of length differences in sounds. As a rule a long vowel or a long consonant, which are always written with two letters, is about three times longer than the equivalent short ones. The differences are relevant. Please note that word initial Finnish consonants **k, p, t** are ***not aspirated*** as they are in English. Attempt a "soft onset".

Finnish diphthongs are 'rich' in that both component vowels receive their full acoustic values. The first vowel in the diphthong is always more stressed than the second. This is also reflected in the note which reaches its highest pitch on the first vowel and begins to decline already on the second.

Stress in Finnish follows one principle only: ***the stress is always on the first syllable in Finnish words***. In order to separate stress and length for example in *opettaa* 'teach' and *vapaasti* 'freely', it is good to learn to assign the highest note to the first syllable while the remaining syllables receive gradually lowering notes. Graphically indicated:

opettaa 'teach' ***kirjoittaa*** 'write'

This rule is quite free of exceptions. Intonation in Finnish is rather even; questions and statements have exactly the same intonation. There is no rising tone at the end of questions.

VOWELS

/a/ is pronounced like /**ru**n/ Example: *kala* - fish
/aa/ is pronounced like /**fa**ther Example: *saada* - get
/ä/ is pronounced like /**ha**t/ British 'hat' Example: *tämä* - this
/ää/ is pronounced like /**ba**d/ (no glide) Example: *väärin* - wrong
/e/ is pronounced like /**ne**t/ Example: *ele* - gesture
/ee/ is pronounced like /**se**rum/ but with pure **e** Example: *menee* - goes
/I/ is pronounced like /**si**t/ Example: *tili* - account
/ii/ is pronounced like /**rea**der/ Example: *tiili* - brick
/o/ is pronounced like /**co**llage/ Example: *koti* - home
/oo/ is pronounced like /**so**rt/ Example: *taloon* - into the house
/ö/ is pronounced like /nev**er**/ Example: *hölmö* - fool
/öö/ is pronounced like /**fur**ther/ Example: *säilöön* - into storage
/u/is pronounced like /**foo**t/ Example: *puku* - suit, dress
/uu/ is pronounced like /sh**oo**t/ but further back Example: *suuri* - large, big
/y/ is pronounced like /**sui**t/ Example: *kyky* - talent, skill
/yy/ is pronounced like /**stew**/ Example: *tyyli* - style

DIPHTHONGS

All diphthongs have the full value of each component vowel with the tone falling after the first vowel is pronounced.

1. Seven diphthongs which end in the vowel **I: ai, äi, ei, oi, öi, ui, yi**.

/ai/ is pronounced like /**li**ne/ Example: *laina* - loan
/äi/ is pronounced like /**say**/ in Australian English Example: *päivä* - day
/ei/ is pronounced like /**day**/ but with full /I/ Example: *seinä* - wall
/oi/ is pronounced like /**boy**/ but with full /I/ Example: *poika* - boy
/öi/ is pronounced like /**heard**/ in Bronx dialect Example: *söin* - I ate
/ui/ is pronounced like /**booi**ng/ but further back Example: *uida* - swim

/yi/ is pronounced like /**gooey**/ Example: *hyinen* - chilly

2. Four diphthongs which end in **u: au, ou, eu, iu**.

/au/ is pronounced like /**sour**/ Example: *taulu* - painting
/ou/ is pronounced like /**Oh**/ Example: *koulu* - school
/eu/ is pronounced like /ant**e** **u**na/ Spanish Example: *seura* - company
/iu/ is pronounced like /s**i** **u**na/ Spanish Example: *hiukan* - a little

3. Diphthongs äy and **öy**:

/äy/ is pronounced like /**ä**/ and /**y**/ together Example: *täysi* - full
/öy/ is pronounced like /**Oh**/ in British English Example: *pöytä* - table, desk

4. The three diphthongs ie, uo, yö:

/ie/ is pronounced like /s**ie**rra/ like Spanish Example: *tie* - road
/uo/ is pronounced like /b**uo**y/ Example: *tuo* - that (one)
/yö/ is pronounced like /**y**/ and /**ö**/ together Example: *yö* - night

CONSONANTS

Finnish uses only 13 consonants. It lacks particularly **b, c, f, q, w, x** and **z**. It uses **d** and **g** only between other sounds. **K, p, t** are not aspirated in initial position like in English. The consonant **h** is like a loud whisper, and double consonants are three times longer than single ones. The letter **y** *never stands for a consonant* in Finnish. Pay attention to **ll, mm, nn** and **rr** which look deceptively like English sounds; they are THREE TIMES LONGER THAN
THEIR corresponding **l, m, n**, and **r**:

Examples:

/d/ is pronounced like /**dadd**y/ Example: *kadulla* - on the street
/ng/ is pronounced like /ki**ng**/ Example: *kaupungin* - city's
/h/ is pronounced like /**h**and/ Example: *hiha* - sleeve
/j/ is pronounced like /yellow/ Example: *jalka* - foot
/k/ is pronounced like /**cak**e/ Example: *koko* -size
/kk/ is pronounced like /si**ck** **c**ow/ with no break Example: *kirkko* - church
/l/ is pronounced like /**l**id/ but more fronted Example: *lelu* - toy
/ll/ is pronounced like /stee**l** **l**oad/ with no break Example: *pallo* - ball
/m/ is pronounced like /**mam**a/ Example: *nimi* - name
/mm/ is pronounced like /so**m**e **m**an/ with no break Example: *lammas* - lamb
/n/ is pronounced like /**n**ame/ Example: *nimi* - name
/nn/ is pronounced like /o**n**e **n**ame/ with no break Example: *rannan* - shore's
/p/ is pronounced like /paper/ Example: *pitkä* - long
/pp/ is pronounced like /soa**p** **p**owder/ with no break Example: *pappi* - priest, minister
/r/ is pronounced like /ve**r**y/ but with rolled r Example: *rivi* - row
/rr/ is pronounced like /silve**r** **r**oad/ but rolled Example: *parran* - beard's
/s/ is pronounced like /**s**ilver/ Example: *sisään* - inside
/ss/ is pronounced like /bu**s** **s**eat/ with no break Example: *bussi* - bus
/t/ is pronounced like /mister/ Example: *totinen* - serious
/tt/ is pronounced like /pe**t** **t**eacher/ with no break Example: *katto* - roof, ceiling
/v/is pronounced like /**v**icious/ Example: *vauva* - baby

Please note that **nk** sounds like **ngk**: ke**nk**ä - shoe.

CHAPTER 1

GREETINGS & INTRODUCTIONS

Topics - How to greet people; How to be polite; How to introduce oneself and others; How to take one's leave.
Grammar - Personal pronouns; Some verb forms; The verb *olla* 'to be' and *tulla* 'to come'; Absence of articles; Absence of gender; Agreement.

1.1. DIALOGUES AND NARRATIVE

DIALOGUE 1

Marjut Laine is turning 18 and has a birthday party at her home in Vaasa. She is serving snacks and wine, and has asked her guests not to bring gifts. Her guests include Mr and Mrs Niemelä, her mother's publisher, her parents, and an ardent admirer of hers, Lauri Väänänen.

Marjut: Johtaja Niemelä, hyvää iltaa!
Herra Niemelä: (*Brings a bouquet of roses*) Iltaa. Onnea syntymäpäivä-sankarille!
Marjut: No voi kiitos, kiitos! - Tulkaa sisään!
Herra Niemelä: Saanko esitellä: vaimoni, Laila Niemelä!
Marjut: Hyvää iltaa ja tervetuloa!
Rouva Niemelä: Hyvää iltaa! Kiitos kutsusta!
Marjut: Kiva kun tulitte. - Tässä on Lauri.
Lauri: Nimeni on Väänänen, hauska tutustua.

(*Door bell rings*)

Marjut: Arvid!
Arvid: Marjut! - Onneksi olkoon!
Marjut: Sinä tulit! Ihanaa!
Arvid: Sinä olet ihana, Marjut!
Marjut: Höpsis!
Lauri: Se on kyllä totta! Sinä olet ihana!
Marjut: Arvid, tämä on Lauri.
Arvid: Österberg.
Lauri: Minä olen Väänänen.
Arvid: Hauska tutustua.

(*Door bell rings again*)

Marjut: Anteeksi!

A few minutes later when most guests have arrived Marjut's father, in accordance with tradition, suggests the birthday song.

Juhani Laine: No niin. Nyt kaikki mukaan! Lauletaan!

Paljon onnea vaan,
Paljon onnea vaan,
Paljon onnea, Marjut,
Paljon onnea vaan!

Arvid: Oikea syntymäpäivälaulu on kuitenkin tämä:

Sä kasvoit neito kaunoinen,
isäsi majassa,
kuin kukka kaunis, suloinen,
vihreellä nurmella,
kuin kukka kaunis suloinen,
vihreellä nurmella.

(*A few hours later*)

Herra Niemelä: Näkemiin ja paljon kiitoksia.

Marjut: Ei kestä. Kiva kun tulitte. - Näkemiin!

Arvid: Hyvää yötä, Marjut.

Marjut: Hyvää yötä, Arvid.

Dialogue 2

Professor Sirkka Laine has called ahead of time that she is bringing the manuscript for a new book to her publisher, Mr Erkki Niemelä.

Sihteeri: Hyvää päivää, professori Laine.

Prof. Laine: Päivää, neiti Laitinen. Onko johtaja Niemelä tavattavissa?

Sihteeri: Kyllä on, hetkinen vain. - Herra Niemelä... Professori Laine on täällä...

Herra Niemelä: (*at the door*) Hyvää päivää, professori Laine!

Prof. Laine: Päivää, päivää.

Herra Niemelä: Olkaa hyvä ja tulkaa sisään!

Prof. Laine: Kiitos.

Herra Niemelä: Mitä Teille kuuluu?

Prof. Laine: Kiitos, hyvää vain. Entä Teille?

Herra Niemelä: Ei mitään erikoista.- Saako olla kahvia?

Prof. Laine: Kyllä kiitos!
Herra Niemelä: Neiti Laitinen, voisitteko tuoda kaksi kahvia?
Neiti Laitinen: Selvä.
Herra Niemelä: No niin. Kuinka miehenne voi?
Prof. Laine: Ihan hyvin, kiitos.
Herra Niemelä: Entä lapset?
Prof. Laine: Oikein hyvin myös.
Herra Niemelä: Jaaha. Ja tässä on sitten uusi kirja?
Prof. Laine: Juu, se on nyt vihdoinkin valmis.

Narrative

Professori Laine on suomalainen historian professori. Hän on työssä Vaasan yliopistossa. Hänen miehensä, Juhani Laine, on taiteilija. Heillä on kolme lasta, neljätoistavuotias Outi, kuusitoistavuotias Kari ja kahdeksantoistavuotias Marjut. Johtaja Niemelä asuu myös Vaasassa. Uusi kirja on nyt melkein valmis ja professori Laine on hyvin tyytyväinen. Johtaja Niemelä on myös tyytyväinen. Marjut on hyvin iloinen, että hän on nyt kahdeksantoista vuotta vanha. Hän on vihdoinkin aikuinen.

1.2. INFORMATION

(A) Notes on Dialogue I

1. *Professori Laine*
When you speak to a person with a title, such as 'professori', 'johtaja' (director) or 'tohtori' (doctor) you address them in Finnish as **professori Laine**, **johtaja Niemelä** or **tohtori Koivisto**.

Other titles are: *herra* 'Mr',
rouva 'Mrs',
neiti 'Miss'

Finnish has no equivalent of 'Ms'.

2. *Hyvää päivää*
The greeting *Hyvää päivää* applies to the whole day, even where in English we would say 'Good morning' or 'Good afternoon'.

3. *Päivää, päivää*
Often only the word *Päivää* is used alone (without *Hyvää*), and then in response you often will hear *päivää* twice. The same is also true for *huomenta* 'good morning' and *iltaa* 'good evening'.

(B) Notes on Dialogue 2

1. *Hyvää iltaa* 'good evening'
This greeting is used from about 6 pm onwards.

(C) Word list

aikuinen	adult
asua	to live, dwell
ei	no, not
erikoinen/ erikoista	special
esitellä	to introduce; present
että	that (conj.)
hauska	fun, pleasant; fun(ny)
hän; hänellä	he/she
he; heillä	they
herra	Mr
historia	history
hyvä	good, fine
hyvin	well, fine; very
ihan	quite
ihana	wonderful
iloinen	glad, happy, joyous
ilta	evening, night
ja	and
johtaja	director, boss
kahdeksantoista	18, eighteen
18-vuotias	18 year old
kahvi	coffee
kaikki	everybody, all
kaksi	2, two
kiitos; kiitoksia	thank you, thanks
kirja	book
kiva	nice, 'cool'
kolme	3, three
kuinka	how
kuitenkin	however, still, anyway
kun	when, as (conj.)
kutsu	invitation
kuusitoistavuotias	16 year old
kyllä	indeed; yes

(lapsi); lasta, lapset	child; children
lauletaan	let's sing
melkein	almost
(mies) miehenne	(man; husband) your husband
mitä	what
mukaan	along
myös	also; too
neiti	Miss; Ms
neljätoistavuotias	14 year old
nimi, nimenne	name
nyt	now
oikea	real; right
oikein	really; very; correctly
olen	I am
olet	you (sg) are
olla, on, olkaa, olkoon	to be
(onni), onnea	luck, fortune; happiness
päivä	day
professori	professor
(saada) saanko	to get to, to be allowed; to receive
sankari	hero, heroine
se	it; that
selvä	OK; clear
sihteeri	secretary
sinä	you (sg)
sisään	in, inside; come in
sitten	then
suomalainen	Finnish; Finn
syntymäpäivä	birthday
syntymäpäiväsankari	birthday girl, Birthday boy,
taiteilija	artist

tavattavissa	available (to meet)
te, teille	you (pl or formal); to you
tervetuloa	welcome
totta	true
tulla	to come
- tulit	'you came (sg)'
- tulitte	'you came (pl)'
- tulkaa	'come'; 'come on!' (request form)
tuoda	to bring
tutustua	to get aquainted; to meet (initially)
työssä	at work
tyytyväinen	satisfied, content
tämä	this
tässä	here
täällä	(over) here
uusi	new
vaimo, - vaimoni	wife, - my wife
vain	just; only
valmis	ready
vanha	old
vihdoinkin	at last, finally
voida, voisitteko	to be able to, 'could you, please'
(vuosi) vuotta	year
yliopisto	university
yö	night (after midnight or after bedtime

(D) SOME PHRASES (arranged alphabetically)

Anteeksi	Pardon me, excuse me.
Ei kestä	You're welcome; Don't mention it (*in response to kiitos* 'thank you')
Ei mitään erikoista	Nothing much; (*literally* 'nothing special')
Entä Teille	And you (*reciprocating in conversation*)
Hauska tutustua	Good to meet you; A pleasure meeting you
Hetkinen vain	Just a minute; just a moment
Hyvää huomenta	Good morning
Hyvää päivää	Hello (*literally* 'good day')
Hyvää iltaa	Good evening
Hyvää yötä	Good night
Höpsis	Don't be silly
Jaaha	OK; well now
Juu	Yes; that's right
Kiva kun tulitte	I am glad you came; Good of you to come (*literally* 'Fun that you came')
Kuinka hän voi?	How is she/he? How is she/he doing? - -
Kiitos hyvin.	Fine, thanks.
Lauletaan!	Let's sing!
Mitä kuuluu?	How are you? / How are you doing?
- Kiitos hyvää!	- Fine, thanks.
No niin	Let's see; OK
No voi	Oh my; Oh my goodness
Näkemiin	Good bye; bye (bye); see you later

Olkaa hyvä ja tulkaa sisään!	Please come in ('Be good and come in')
Onko hän tavattavissa?	Is she/he available? / Can I see her/him?
Onneksi olkoon!	Congratulations! Happy Birthday (*if on birthday*)
Saako olla . . .?	Would you like . . .?
Voisitteko...?	Could you (please)...

1.3. STRUCTURAL EXPLANATIONS

(A) STRUCTURES TO LEARN

(I) HOW TO GREET PEOPLE

(For additional informal and youthful greetings, see Chapter 3):

(Hyvää)	**huomenta**	Good	morning
	päivää		morning; afternoon
	iltaa		evening

Hyvää yötä	Good night
Hyvää matkaa	Have a good journey / trip

The word *Hyvää* in these greetings is frequently omitted, as may happen in English as well: *Morning*, *Evening*, particularly in the answer mode.

(II) OTHER FREQUENTLY USED GREETINGS AND GOOD WISHES

Hyvää ruokahalua!	Enjoy your meal; bon appetit!
Kaikkea hyvää!	All the best
Kippis! / **Skool!** / **Terveydeksi!**	Cheers! Good health!
Lykkyä tykö!	Good luck!
Pidä / pitäkää hauskaa!	Have fun; have a good time!

(III) HOW TO BE POLITE

Ole hyvä, olkaa hyvä, olkaa hyvät

Finnish has not lexicalized a general word such as English 'please' like German *bitte* or Spanish *por favor* or French *s'il vous plait.* Therefore these expressions mean 'Here you are' or a very commanding, insistent, but not very polite 'please'.

Kiitos / Kiitoksia / Paljon kiitoksia

All these expressions mean 'thank you'. They are arranged by of degree of emphasis.

Ei kestä
Means 'You're welcome', or 'Don't mention it' in response to someone thanking you. A less elegant, but frequent expression in Finnish is *Ei se mitään* (literally 'It is nothing').

Voisitteko tuoda kaksi kahvia!
Since Finnish lacks a special word meaning 'please', verb forms such as *Voisitteko, Voisinko* are typically used instead. This verb form is called **conditional** and is signified by the suffix *-isi-*). Thus these examples translate into English as 'Could you (please) bring some coffee!' 'Could I (please) have....' (See Reference Grammar)

(IV) HOW TO INTRODUCE YOURSELF

There are three rather equivalent ways of introducing oneself:

(1) State your family name e.g.

Carlson	Johnson
Erola	Lastumäki

If someone introduces himself or herself to you by stating his or her family name, shake hands and say your last name followed by the phrase *Hauska tutustua.*

(2) Minä olen { Johnson / Peterson / Davidson

(3) Nimeni on { Järvinen / Jones / Patterson

(V) HOW TO INTRODUCE SOMEONE ELSE

(1) Tässä on { herra Smith / tohtori Jones / professori Laine

(2) Saanko esitellä { mieheni Erkki / vaimoni Tellervo / herra Niemelä / neiti Laine

If you wish to make it known that you are about to introduce people to each other, you can use the phrase *Saanko esitellä?* to indicate your intention, and then continue with:

(3) Tässä on { herra Smith / johtaja Anttila }

(vi) How to take your leave

Näkemiin 'good bye'	Can be used almost always.
Kuulemiin 'good bye'	Used in telephone conversations only.
Hyvää yötä 'good night'	Often preferred late at night.
Hyvästi 'good bye'	Archaic or lasting final farewell.

(B) Grammar

(i) Personal conjugation of verbs and personal pronouns

Verbs are words, which alone or in combination with other verbs express states, actions or events. The following sentences provide examples of verbs, which are printed in *italics:*

She *is* happy again.
He *lives* in Finland now.
I *don't watch* TV a lot.
You *are* now *leaving* the school.
We *would like to be* on vacation.
You *bring* good luck.
They *have to work* each day.
I *breath*, therefore I *am*.

The verb has six *grammatical* persons, three in singular and three in plural, to reflect the participants in a speech situation. The first person is the speaker, *I*, 'number one', or, if plural, *we* (I and those with me). The second person is the one you are speaking to, *you*, the addressee, and, if plural, also *you* in English. The third person or the topic spoken about is *she, he* or *it*, or if plural *they*. The words referring to these grammatical persons are called *personal pronouns*. Please note that all nouns are considered third person singular (book, professor) or third person plural (books, professors).

The **personal pronouns in** 1st, 2nd and 3rd person in Finnish are:

Singular		**Plural**	
1. **minä**	'I'	1. **me**	'we'
2. **sinä**	'you'	2. **te**	'you'
Te	'you' (formal)	**Te**	'you' (formal)
3. **hän**	'she', 'he'	3. **he**	'they' (people)
se	'it'	**ne**	'they' (other than people)

In Finnish the **person conjugation** in present tense of the verbs *olla* and *tulla* in all six grammatical persons are thus as follows:

The verb **OLLA**:

Singular		**Plural**	
1. minä	olen	1. me	olemme
2. sinä	olet	2. te	olette (informal 2 p pl)
2. Te	olette (formal)	2. Te	olette (formal/polite)
3. hän	on	3. he	ovat
3. se	on	3. ne	ovat

The verb **TULLA**:

1. minä	tulen	1. me	tulemme
2. sinä	tulet	2. te	tulette
2. Te	tulette	2. Te	tulette
3. hän	tulee	3. he	tulevat
3. se	tulee	3. ne	tulevat

(II) Nouns have neither gender nor articles

Nouns are names of people, things, places and phenomena. Nouns are concrete, *book, coffee*, or abstract *love, poverty*. Nouns in Finnish have **no gender** and **no articles**. Thus *kirja* means both 'book', 'a book', and 'the book' (and also the equivalent of French *un* or *le livre* or German *ein* or *das Buch*). In this particular respect Finnish morphology is simpler than that of many languages.

(III) Adjectives

Adjectives are words used to describe the properties of someone or something, such as *new* book, *young* man, *Finnish* university. Although cases have not yet been introduced in this book, one of the most integral elements of Finnish grammar is the agreement in case and number between adjectives and the nouns they modify or describe: *uusi kirja* 'new book', *suomalainen professori* 'Finnish professor' are all **nominative singular** forms.

(IV) Singular and plural

A singular noun refers to one person, thing, place or phenomenon. Plural nouns refer to more than one (several) persons, things, places or phenomena. Plural nouns have plural markers, while singular has no markers; singular is the unmarked form.

(V) Capital letters

Capital letters are used in Finnish as follows:

(a) at the beginning of sentences;

(b) for all proper names (people, places, institutions)

(c) for all inflections of *Te*, *Teille*, etc. ('you', 'to you') in the formal or polite forms of address and corresponding possessive pronoun *Teidän*.

(d) Please note that capitals are not used for any adjectives.

1.4. EXERCISES

SECTION A

EXERCISE 1

1. What would you say to someone you meet in the morning?
2. What would you say to someone on her / his birthday?
3. What would you say to someone who is going on a trip?
4. What would you say to someone who is about to eat?
5. What would you say when suggesting a toast?
6. What would you say to someone who is going to a party?
7. What would you say to someone who just thanked you for something?
8. What would you say to someone to end a telephone conversation?
9. What would you say to someone who you meet at lunch time?
10. What would you say to someone when you leave?

EXERCISE 2

You have invited visitors to your home on the eve of your birthday. Mr Niemelä and his wife arrive at your door:

1. What two phrases do you say as you open the door?
2. He introduces his wife to you. What does he say?
3. You are pleased to meet her. What do you say?
4. Mrs Niemelä thanks you for the invitation. What does she say?
5. Ask them to come in.
6. You ask them if they would like a cup of coffee. What do you say?
7. They accept the offer with delight. What do they say?
8. You are inquiring into their well being. What do you say?
9. Mrs Niemelä responds in a positive way. What does she say?
10. The door bell rings again interrupting your conversation. What do you say?

EXERCISE 3

The next guest is professor Laine. How would she reply to the following things you say to her?

1. Hyvää iltaa!
2. Mitä kuuluu?
3. Kuinka Te voitte?
4. Kuinka miehenne voi?
5. Tässä on herra ja rouva Niemelä.
6. Saako olla kahvia?

Section B

Exercise 4

Translate the following sentences into Finnish:

1. Hello, how are you doing?
2. Would you like some coffee?
3. Mr Laine is satisfied and professor Laine is also glad.
4. Mr and Mrs Niemelä live in Vaasa.
5. They have two children.
6. The new book is finally ready.
7. Kari is sixteen years old.

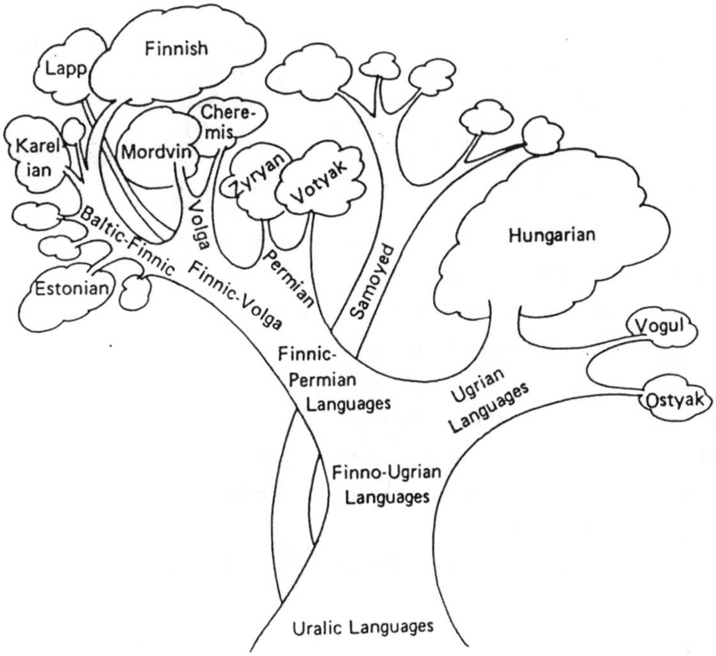

Unrelated to Indo-European languages, Finnish belongs to the 23 million strong Finno-Ugric or Uralic language family (*Facts about Finland*).

CHAPTER 2

GETTING ABOUT

Topics - Finding one's way walking and riding the bus, streetcar or taxi; Saying yes in Finnish; How to ask for directions and general information; How to understand some directions you may hear.
Grammar - Consonant structure; Vowel harmony; Principal parts of the noun; The nominative and the genitive; The locative cases; 'Have' in Finnish; Instrumental adessive; The verbs *mennä* 'go' and *lähteä* 'go, leave'.

2.1. DIALOGUES AND NARRATIVE

DIALOGUE 1

Mr and Mrs Mäki are recently retired Americans of Finnish descent who have lived all their adult lives in Duluth, Minnesota. Mr Mäki was three years old when his family immigrated and Mrs Mäki, nee Latvala, was born in Calumet, which is in the UP, i.e., the Upper Peninsula of Michigan. They have gone on a charter flight to Finland. They will visit first Helsinki, then Vaasa and their ancestral home sites Kauhava and Kurikka in the province of Vaasa or Ostrobothnia. They have now arrived at the airport in Helsinki.

Herra Mäki:	Anteeksi! Voitteko sanoa, kuinka me pääsemme Helsinkiin.
Kioskinmyyjä:	Anteeksi kuinka?
Rouva Mäki:	Kuinka me pääsemme kaupunkiin?
Kioskinmyyjä:	Voitte mennä Finnairin bussilla.
Herra Mäki:	Mistä bussi lähtee?
Kioskinmyyjä:	Se lähtee tuolta terminaalin edestä.
Herra Mäki:	Kiitos. Tule kulta, bussi Helsinkiin lähtee pian.
Herra Mäki:	(*Some moments later*). Meneekö tämä bussi Helsingin keskustaan?
Kuljettaja:	Kyllä menee.
Herra Mäki:	(*To his wife*) Me olemme nyt pian Helsingissä.

DIALOGUE 2

The Mäkis have arrived at Finnair's downtown terminal by the train station. They decide to ask a pedestrian for directions.

Herra Mäki:	Voitteko sanoa missä Hotelli Intercontinental on?
Jalankulkija:	Se on Mannerheimintiellä.
Herra Mäki:	Missä Mannerheimintie on?
Jalankulkija:	Se on toinen katu oikealla.

Herra Mäki: Onko hotelliin pitkä matka?

Jalankulkija: Noin puolitoista kilometriä. Voitte kävellä tai mennä raitiovaunulla. Tai taksilla.

Herra Mäki: Paljon kiitoksia.

Rouva Mäki: (*turning to her husband*) Kävelläänkö hotelliin? Nyt on niin kaunis ilma.

Herra Mäki: Entä matkalaukut?

Rouva Mäki: Ai niin, meillä on neljä matkalaukkua. Mennään sitten taksilla.

Herra Mäki: (*to taxi driver*) Hotelli Intercontinental, olkaa hyvä.

Taksinkuljettaja: Selvä. Tuletteko Kanadasta?

Herra Mäki: Ei. Me tulemme Amerikasta, Duluthista.

Taksinkuljettaja: Vai niin. Minulla on serkku Kanadassa. Tervetuloa Helsinkiin!

No niin. Nyt olemme melkein perillä. Tuolla vasemmalla on Hotelli Intercontinental.

Herra Mäki: Kiitos.

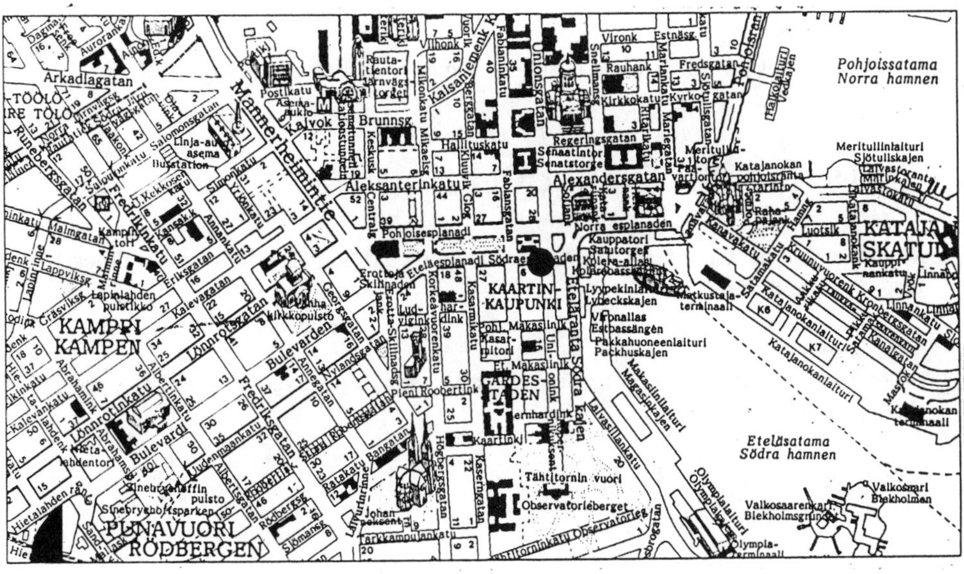

Narrative

Herra Raymond Mäki ja rouva Marlene Mäki ovat ensimmäistä kertaa Suomessa yhdessä. He menevät ensin lentokentältä bussilla Helsingin kaupunkiterminaaliin. Sieltä he ajavat taksilla hotelliin. Hotelli on Mannerheimintiellä. Kun he, ja matkatavarat, ovat turvallisesti hotellissa, he lähtevät kävelylle. Ilma on kaunis ja he kävelevät Helsingissä kaksi tai kolme tuntia.

2.2. INFORMATION

(A) Notes on Dialogue 1

1. *Anteeksi / Anteeksi, kuinka?*

The general expression for 'excuse me' in Finnish is *anteeksi.* In a speech situation, however, when the listener does not quite hear what the speaker has said, the expression is *Anteeksi kuinka* which in English is often 'Pardon' or 'Pardon me'. Sometimes you may hear *Anteeksi, mitä sanoitte*? (literally 'Excuse me, what did you say?') in place of *Anteeksi kuinka?*

2. *Voitteko sanoa...?*

A polite request for information normally begins with *Voitteko sanoa..?* 'Can you (please) tell me...'

(B) Notes on Dialogue 2

1. *Ai niin*

Ai niin is said in response to a reminder of some kind; it means 'Oh yes, I (almost) forgot', 'Oh, that's right'.

2. *Vai niin*

A common and quite neutral response to information received is *Vai niin* 'I see', 'Is that right', 'Is that so?'

3. *Ei.*

The general word for a short 'no' is *ei.*

(C) Word list

ajaa	drive, ride
Amerikka, Amerikan	America
bussi, bussin	bus

edestä (genitive + *edestä*)	"from in front of" (in place of a preposition)
ensimmäinen, ensimmäisen	first, premier (adj.)
ensin	first, at first (adv.)
hotelli, hotellin	hotel
ilma, ilman	weather; air
jalankulkija, -kulkijan	pedestrian
kadunkulma, kadunkulman	street corner
katu, kadun	street
kaunis, kauniin	beautiful
kaupunki, kaupungin	city, town
kaupunkiterminaali, -terminaalin	city terminal
kerta, kerran	time (number of repetitions)
keskusta, keskustan	center (of city, town or village); downtown
kilometri, kilometrin	kilometer
kioskinmyyjä, -myyjän	kiosk sales person
kuljettaja, kuljettajan	driver
kulta, kullan	dear, sweetheart; gold
kävellä	to walk, to hike
kävely, kävelyn	walk, stroll, hike
kääntyä, käännytte	to turn; you turn
lentokenttä, -kentän	airport
lähteä, lähden	to leave, to depart; to go
matka, matkan	trip, travel
matkalaukku, -laukun	suitcase; bag
matkatavara, -tavaran	luggage; baggage
mennä	to go, to leave
minulla on	I have
mistä	from where; whence
neljä, neljän	four
noin	about; approximately; like that
oikealla	on/to the right, right hand side
oikealle	to the right
pankki, pankin	bank
perillä	there; 'at the destination'
pian	soon
pitkä, pitkän	long; tall
pitkin	along
puolitoista	one and a half
- Aleksanterinkatua pitkin	along Alexander Street
päästä, pääsen	to get (to)
raitiovaunu, -vaunun	streetcar, tram (Br.)
rautatieasema, -aseman	railroad or train station
sairaala, sairaalan	hospital
serkku, serkun	cousin
seuraava, seuraavan	next, following, subsequent
sieltä	from there
suoraan	straight; directly

tai	or
taksi, taksin	taxi; cab
taksinkuljettaja, -kuljettajan	taxi driver
terminaali, terminaalin	terminal
- terminaalin edestä	'from in front of the terminal'
toinen, toisen	second; other
tori, torin	market, square
tunti, tunnin	hour; class period; lesson
tuolla	over there; there
tuolta	from over there; from there
turvallisesti	safely, securely
vasemmalla	on the left, on the left hand side
vasemmalle	to the left

(D) Some phrases

Ai niin	'Oh, that's right'
ensimmäistä kertaa	'for the first time'
Kävelläänkö?	'Shall we (go for a) walk?'
Mennään taksilla!	'Let's go by taxi!'
Olemme perillä.	'We are there' ('at the destination')
Vai niin	'Is that right?'; 'I see.'

2.3. STRUCTURAL EXPLANATIONS

(A) Structures to learn

(i) Saying "yes" in Finnish

(a) *(Kyllä) on / (Kyllä) menee*
The most correct and natural way of saying 'yes' in Finnish is simply to repeat the verb of the question:

Q: *Onko Niemelä tavattavissa?* A: *On.*
Q: *Meneekö bussi keskustaan?* A: *Menee.*

Just about as frequent, however, is the practice of adding a *kyllä* 'indeed' before the verb: *Kyllä on* (Lit. 'Indeed is'); *Kyllä menee* (Lit.'Indeed goes')

(b) *Kyllä, Juu, Joo*
Quite often a simple *kyllä* is used as an affirmative answer 'yes'. Commonly used alternative words for 'yes' (loans from Swedish) are *juu* and *joo.*

(c) *Niin*
A third expression for 'yes', *niin,* is used when agreeing with a statement, a comment or a rhetorical question. Sometimes the verb is repeated also in this structure: *Hän menee Helsinkiin?* Response: *Niin (menee).*

(II) How to ask for directions and general information

Voitteko sanoa ...?	Can you tell me/us (please)...
Kuinka pääsen	How do/can I get to
Aleksanterinkadulle?	Alexander Street?
torille?	the market square?
rautatieasemalle?	the train station?
lentokentälle?	the airport?
leirintäalueelle?	the camping grounds?
keskustaan?	the center of town?
pankkiin?	the bank?
sairaalaan?	the hospital?
hotelliin?	the hotel?
kaupunkiin?	the city?

Note that with some words the **allative case (-lle)** is used and with others the **illative (-(V)Vn) case**, generally depending on the nature of the location itself, i.e., whether it is a surface or a (3-dimensional) space.

(III) How to understand some directions you may hear

(a) Menette	You go
suoraan	straight ahead
vasemmalle	to the left
oikealle	to the right
Mannerheimintietä (pitkin)	along Mannerheimintie
(b) Menette or käännytte	You turn
seuraavasta kadunkulmasta oikealle.	right at next (street)corner.
toisesta risteyksestä vasemmalle.	left at the second intersection.

(B) Grammar

(I) Consonant structure in Finnish

There are three comments to be made about how the Finnish consonant structure differs from the equivalent English language one: only 13 consonants are in use, and no consonant clusters in word initial or word final position.

1. Finnish only has **13 consonants** which reflect authentically Finnish sounds. Finnish lacks **b, c, f, q, w, x, z**. Also, **d** and **g** occur only inside words, in medial position, **g** only after **n (ng)**. The actively used Finnish consonants are: **d, g, h, j, k, l, m, n, p, r, s, t, v**. Of these, **k, p, t,** are subject to gradation (See Chapter 4).

2. **No consonant clusters in word initial position.** This means that all authentically Finnish words begin in either a vowel or one consonant only, not in a cluster. However, numerous loanwords do retain their initial clusters: *professori, **Kruunuhaka**.*

3. **No consonant clusters in word final position.** In fact no more than five consonants can appear in that position: **l, n, r, s, t**: *hetkinen, asiakas, ihmiset.* If a loanword originally had a consonant cluster (or simply ended in any consonant), an **-i** was traditionally added to accommodate Finnish sound structure, e.g. Swe. *modern* > Fi. *moderni;* Swe. *buss* > Fi. *bussi.*

In foreign proper names which end in any consonant the **-i** is added, but only in inflected forms, not the nominative: *New York / New Yorkissa; Jason / Jasonin.*

(II) VOWEL HARMONY IN FINNISH

Finnish is characterized by what is called **vowel harmony**. This means that vowels with similar articulation locations (in the mouth) 'harmonize' so that **front vowels (ä, ö, y)** and **back vowels (a, o, u)** do not co-exist within a word. The so-called **indifferent vowels, e** and **i**, may occur freely in combination with either front or back vowels. If alone in a word, however, **e** and **i** are normally treated as front vowels. Schematized the vowel combinations are as follows:

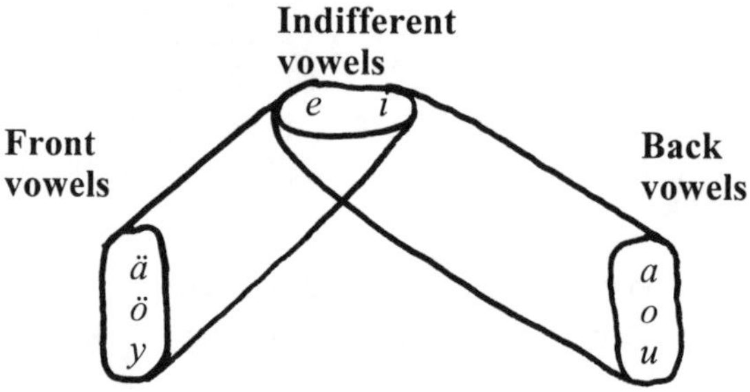

Thus **hyvä** 'good' could, according to Finnish phonology, not be **hyva** nor **huvä**.

Vowel harmony has deep-going consequences. All suffixes, which are to be added to any word stems, must be capable of complying with the vowel harmony rules. Therefore all endings containing an **a**, **o** or **u** must have front vowel counterparts **ä**, **ö**, and **y**. This is evident in, and explains, the double suffixes in many cases:

the partitive case	**-a, -ä; -ta, -tä,**
the adessive case	**-lla, -llä,**
the ablative case	**-lta, -ltä,**
the inessive case	**-ssa, -ssä,**
the elative case	**-sta, -stä.**

It is also evident in the question particle **-ko, -kö.**

Examples:	Oulu**sta**	Helsingi**stä**
	ilta**a**	hyvä**ä** päivä**ä**
	Vaasa**ssa**	työ**ssä**
	tulee**ko**	menee**kö**

(III) Principal parts of nominals

Since Finnish has many cases - 15 altogether - and their formation is rigidly rule-governed, students of Finnish should early on get into the habit of memorizing key forms along with the vocabulary. These key forms are called **principal parts.** While the principal parts include four forms altogether, we start with the first two here in the word list of chapter 2, the third and fourth will be added in chapters 3 and 4, respectively.

(IV) Nominative singular and genitive singular

The first two principal parts are the **nominative singular** and the **genitive singular** respectively. The nominative, often referred to as 'the basic form', is also the dictionary entry form of the nominal. It lacks a suffix. The second principal part, the **genitive singular**, always displays the suffix **-n.** The part of the word remaining when one separates the genitive suffix **-n** from the second principal part is called the **word stem**. The stem is used as the form to which most other case suffixes are attached. Examples *toinen, toise**n**; kaupunki, kaupungi**n**; hotelli, hotelli**n**.*

The function in Finnish of the genitive is often to express a relationship of **possession** or being '**part of**' something: *Finnairin bussi* 'Finnair's bus'; *Helsingin keskusta* 'Helsinki's center', 'the center of Helsinki', *Vaasan yliopisto* 'the University of Vaasa'. In pedagogical contexts, some go as far as calling of-expressions the "of-genitive" in English, based on the observation that of-expressions in English often correspond to genitive structures in Finnish.

(V) Locative cases and their meanings

Finnish utilizes locative cases extensively. The locative system is used to express concrete geographic or physical location, but also for abstract or figurative location.

> Location logically serves in three ways. It indicates
> a. **stationary location,** i.e., **where** someone or something is;
> b. **point of departure,** i.e., **from where** someone or something is coming;
> c. **destination, point of arrival,** i.e, **(to) where** someone/something goes.

In other words, a location is seen in relation (1) to stationary being, or (2) locomotion with two locations implicated:

(1) {Loc A} = in, on, at;
(2) from {Loc B} ---> [locomotion] ---> to {Loc C}

These relations correspond to the general locative question words:

Missä?	Where? (stationary)
Mistä?	From where? (point of departure)
Minne? Mihin?	Where (to)? (destination)

Minne? is more frequent (and more general in specificness) than *Mihin?* but otherwise equivalent. Instead of prepositions, such as English **in**, **on**, **from**, **to** (**into** or **onto**), Finnish uses cases. Just like English distinguishes between **in** (inside) and **on** (surface), Finnish too expresses such distinctions. Finnish therefore prominently displays and employs a system of **external (outer) locative cases** and **internal (inner) locative cases.**

The **external locative cases** in Finnish are:

Adessive	tuo**lla** 'over there'; Mannerheimintie**llä** 'on Mannerheimintie'
Ablative	kadu**lta** 'from the street'; lentokentä**ltä** 'from the airport'
Allative	kadu**lle** '(on)to the street'; Mannerheimintie**lle** 'on(to) Mannerheimintie'

The **internal locative cases** in Finnish are:

Inessive	Duluthi**ssa** 'in Duluth'; Helsingi**ssä** 'in Helsinki'
Elative	Amerika**sta** 'from America'; terminaalin ede**stä** 'from in front of the terminal'
Illative	keskusta**an** 'to the center; downtown' Helsinki**in** '(in)to Helsinki'

(VI) LOCATIVE CASES AND THEIR SUFFIXES

Cases are formed with the help of endings or suffixes which are added to the end of the word stem. The locative cases have the following suffixes:

xternal locative cases			**Internal Locative Cases**		
Adessive	**-lla**	**-llä**	Inessive	**-ssa**	**-ssä**
Ablative	**-lta**	**-ltä**	Elative	**-sta**	**-stä**
Allative	**-lle**		Illative	**-$(V_1)V_1$+n**	

(Explanations of codes: V=any vowel; and $(V_1)V_1$ + n stands for 'prolongation of the stem vowel (V_1)+n')

N.B. For further details concerning the distribution of **-a** and **-ä** in suffixes, possible minor changes in the stems of words, see Reference grammar section.

Finnish is an agglutinative language, i.e., one where numerous suffixes are added to words or word stems. So many categories are indicated with the aid of suffixes that the following is very good advice to anyone studying Finnish:

Always look closely at the end of the words and make as detailed observations as you can!

*****

It pays to learn the names of the cases!

(V) ADESSIVE AS INSTRUMENTAL

The adessive case is frequently used to express an **instrumental meaning** 'with' or 'by', such as in *taksilla* 'by taxi', *bussilla* 'by bus' or *kynällä* 'with a/the pen/pencil'.

(VI) 'HAVE' IN FINNISH

The Finnish language lacks a separate verb meaning 'have'. Instead it uses a combination of the case **adessive** on the 'possessor' and a third person singular form of the verb **olla:**

(English) **have** = (Finnish) **-lla + on.**

Examples:

I have a cousin in Duluth.	= Minu**lla on** serkku Duluthissa.
We have four suitcases.	= Mei**llä on** neljä matkalaukkua.

These so-called **possessive sentences** are further explained among the basic sentence types in the *Reference grammar* section of this book.

(VII) *MENNÄ* AND *LÄHTEÄ*

The verbs *mennä* and *lähteä* both mean 'to go'. *Mennä* is more general for 'to go', while *lähteä* means 'to go'; 'to leave', 'to depart', 'take off'. Verbs of locomotion may involve a departure case (ablative or elative) as well as a destination case (allative or illative). Example: He menevät lentokentä**ltä** keskusta**an**. 'They go **from** the airport **(to)** downtown.'

2.4. EXERCISES

SECTION A

EXERCISE 1

Imagine that you are in the small town of Kajaani and really want to find out what Kajaani has to offer. By asking **a. Missä .... on?** and **b. Kuinka minä pääsen...?**, how would you ask about the location of the following places?
Provide both a version under a. and under b.:

Example:	**a. Missä hotelli on?**
	b. Kuinka minä pääsen hotelliin?

1. a bank	pankki
2. the station	rautatieasema
3. the hospital	sairaala
4. ice arena	jäähalli
5. airport	lentokenttä
6. indoor swimming pool	uimahalli
7. market place	tori
8. post office	posti
9. the town hall	kaupungintalo
10. camping ground	leirintäalue

EXERCISE 2

Your car has overheated in city traffic and you need to get it fixed. How would you ask for directions to some helpful place?

1. car repair shop	autokorjaamo
2. service station	huoltoasema
3. repair shop	korjaamo

EXERCISE 3

Traveling by car on holiday in eastern Finland you would like to find your way to the following places:

1. Joensuu
2. Kotka
3. Savonlinna
4. Kuopio

EXERCISE 4

Learn the following dialogue. Take turns playing the parts, if you can find a partner.

a.	Q: Mistä sinä tulet?	'Where are you coming from?'
	A: Minä tulen Helsingistä?	'I am coming from Helsinki.'
b.	Q: Minne sinä menet?	'Where are you going (to)?'
	A: Minä menen Vaasaan.	'I am going to Vaasa.'

Then apply the answers, first **a.**, then **b.** of this dialogue to the following places:

1. Vaasa -->> Oulu
2. Oulu -->> Kemi
3. Kemi -->> Kajaani
4. Kajaani -->> Kuopio
5. Kuopio -->> Joensuu
6. Joensuu -->> Kouvola
7. Kouvola -->> Kotka
8. Kotka -->> Helsinki

Section B

Exercise 5

Translate into Finnish the following sentences:

1. Raymond has four pieces of luggage.
2. Does this bus go to the hotel?
3. Is it far to the center of the city?
4. Now it is such beautiful weather.
5. Raymond and Marlene go for a walk.
6. I have a cousin in Canada.
7. We are in Kokkola for the first time.
8. Where is the Finnair bus?
9. Where does the Finnair bus go?
10. Mannerheimintie is the second street on the right.

CHAPTER 3

TRAVELLING BY TRAIN OR BUS

Topics - More greetings; How to ask for tickets; How to ask for the price; How to ask for time and other particulars of departure and arrival; How to understand some comments and answers you may hear.
Grammar - Questions and question formation; The nominative plural; The partitive singular; The third principal part; Cardinal numbers; Partitive singular following numerals.

3.1 DIALOGUES AND NARRATIVE

DIALOGUE 1

Mr and Mrs Mäki are going by train to Vaasa to see their distant relatives. They are buying tickets in advance at the railroad station.

Rouva Mäki: Päivää.
Virkailija: Päivää.
Rouva Mäki: Saisinko kaksi lippua Vaasaan.
Virkailija: Meno vai meno-paluu?
Rouva Mäki: Meno-paluu. Paljonko se maksaa?
Virkailija: Kaksisataakaksikymmentäviisi markkaa, olkaa hyvä.
Rouva Mäki: Oho. Niinkö paljon?
Virkailija: Valitettavasti.
Rouva Mäki: Sehän on kohtuutonta!
Virkailija: Minä en voi sille mitään.
Rouva Mäki: Tässä on kaksisataaviisikymmentä markkaa.
Virkailija: *(counting out loud)* Kaksisataakolmekymmentä,kaksisataaneljäkymmentä ja kaksisataaviisikymmentä, olkaa hyvä.
Rouva Mäki: Kiitos. *(still grumbling to herself)* Kaksisataakaksikymmentäviisi markkaa. Sehän on aivan kohtuutonta.

Mrs Mäki goes to the information wicket because she forgot to ask when the train to Vaasa will depart.

Rouva Mäki: Anteeksi.
Tiedustelu: Niin?

Rouva Mäki: Saanko kysyä: Milloin lähtee pikajuna Vaasaan?
Tiedustelu: Vaasa... Vaasan juna lähtee kello 18.15 ja saapuu Vaasaan kello 23:10.
Rouva Mäki: Täytyykö vaihtaa junaa?
Tiedustelu: Kyllä. Seinäjoella täytyy vaihtaa junaa.
Rouva Mäki: Kiitos.
Tiedustelu: Olkaa hyvä!

Dialogue 2

Mr and Mrs Auvinen from Oulu have spent their summer outside of Helsinki. They are now taking their daughter and two sons back to Northern Finland. The daughter is a student at Rovaniemi University and the sons both study at Oulu University.

Herra A: Hei.
Virkailija: Hei.
Herra A: Saanko neljä matkalippua Ouluun!
Virkailija: Meno-paluuko?
Herra A: Ei. Menoliput vain.
Virkailija: Haluatteko mennä yöjunalla?
Herra A: Kyllä. Me tarvitaan myös makuupaikkaliput.
Virkailija: Siis neljä makuupaikkaa ja neljä menolippua Ouluun.
Herra A: Mitä se maksaa?
Virkailija: Neljäsataayhdeksänkymmentäviisi markkaa, olkaa hyvä.
Herra A: Ai niin, hetkinen. Saanko vielä yhden lipun Rovaniemelle?
Virkailija: Onko se myös menolippu?
Herra A: On. Sekin on vain menolippu. Ja myös makuupaikka.
Virkailija: Siis neljä menolippua Ouluun ja yksi menolippu Rovaniemelle. Oliko näin?
Herra A: Joo. Oikein. Onko se sama juna?
Virkailija: On. Sama juna jatkaa Oulusta Rovaniemelle.
Herra A: Kuinka paljon tämä tekee yhteensä?
Virkaijija: Se tekee yhteensä kuusisataaviisikymmentäviisi markkaa.
Herra A: Voinko maksaa luottokortilla?
Virkailija: Valitettavasti ei. Täytyy maksaa käteisellä.
Herra A: Milloin Oulun juna lähtee?
Virkailija: Yöjuna Ouluun ja Rovaniemelle lähtee kello 22:00.
Herra A: Mistä se lähtee?
Virkailija: Raiteelta 5.
Herra A: Kiitos, hei.
Virkailija: Ole hyvä. Hei.

THE BIGGEST TOWNS IN FINLAND (1.1.1992)

	Inhabitants
Helsinki	497 542
Espoo	175 692
Tampere	173 803
Turku	159 399
Vantaa	157 303
Oulu	102 280
Lahti	93 413
Kuopio	81 595
Pori	76 435
Jyväskylä	67 044

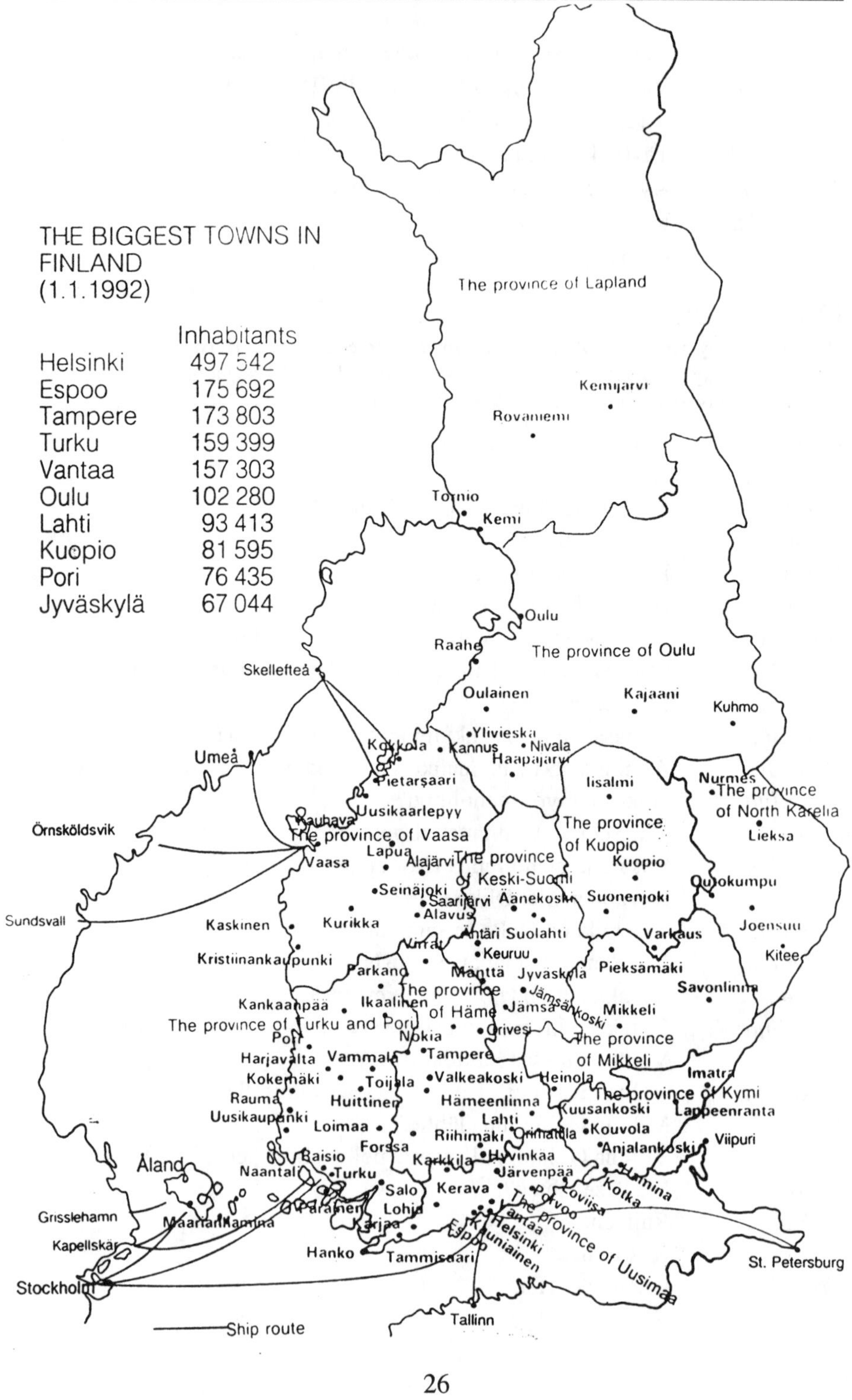

Narrative

Suomi on iso maa. Se on yli 725 mailia (eli melkein 1200 kilometriä) pitkä pohjoisesta etelään ja monta sataa mailia leveäkin. Ihmiset matkustavat paljon lentokoneella, junalla ja bussilla. Monet matkustavat omalla autolla. Matka Helsingistä Ouluun junalla kestää noin kahdeksan tuntia ja Rovaniemelle noin kymmenen tuntia. Helsingistä Ouluun menee neljä tai viisi junaa päivässä.

3.2. INFORMATION

(A) Notes on Dialogue I

1. *125*
Numerals, when written out in full, are written as one word which may become rather long strings of letters. The number 125 will be written *satakaksikymmentäviisi*, and 697 will be written as one long word *kuusisataayhdeksänkymmentäseitsemän.* The tradition, fortunately, is to write numbers out only from 1-20.

2. *Oho*
The word, or exclamation rather, *oho,* is used to express some reaction to some mishap or negative surprise. In fact, *oho,* often is used as an 'impolite' apology. Cf. English *Oops*.

3. *Niin?*
Niin has several meanings and functions in Finnish. Here it serves as a response to someone's call for attention, in English *Yes?*

4. *kello 23:10*
Particularly in the context of time tables and other time listings the twenty-four hour system is used. The way to read these times is straight forward *kaksikymmentäkolme kymmenen* 'twenty-three ten'.

(B) Notes to Dialogue 2

1. *Hei & Ole hyvä*
Since the early 1980s it has been customary even among strangers to address each other without the formal *Te* and corresponding choice of greetings (*Hyvää päivää, Näkemiin,* and *Olkaa hyvä*). *Hei* then is used both for greeting when you meet, equivalent of English *Hi, Hello,* and when you take your leave, in English *Bye (now)*. *Ole hyvä* is used in the informal singular for *There you are.*

(C) Word list

aivan	quite, completely
etelä, etelän, etelää	south
haluta	want, wish
ihminen, ihmisen, ihmistä	human being, person
iso, ison, isoa	large, big
jatkaa	continue
juna, junan, junaa	train
kello, kellon, kelloa	clock, watch; o'clock;
kestää	last, 'take' (of time)
kilometri, -metrin, -metriä	kilometer
kohtuuton, kohtuuttoman, kohtuutonta	unreasonable
koska	milloin; because
kysyä	ask
lentokone, lentokoneen, lentokonetta	airplane, aircraft
leveä, leveän, leveää	wide, broad
luottokortti, -kortin, -korttia	credit card
maa, maan, maata	land, country
maili, mailin, mailia	mile
maksaa	cost; pay
makuupaikka, -paikan, -paikkaa	sleeping berth
markka, markan, markkaa	mark
matka, matkan, matkaa	trip, travel
matkustaa	travel
menolippu, -lipun, -lippua	one-way ticket
meno-paluulippu	return, round trip ticket
milloin?	when?
moni, monen, monta	many
näin	like this, this way
oma, oman, omaa	(one's) own
pari, parin, paria	couple, pair
pikajuna, -junan, -junaa	rapid train
pitkä, pitkän, pitkää	long, tall, in length
pohjoinen, pohjoisen, pohjoista	north
raide, raiteen, raidetta	platform
saapua	arrive

sama, saman, samaa	same
siis	thus, that is, namely
tarvita	need
tiedustelu, tiedustelun, tiedustelua	information (booth);
täytyy	must; have to
vai	or (in questions)
vaihtaa	to change, to exchange
valitettavasti	unfortunately
vielä	yet, still, more
virkailija, virkailijan, virkailijaa	clerk
yhteensä	altogether, a total of
yli	over, above
yöjuna	night train

Some phrases

En voi sille mitään	There's nothing I can do about it
käteisellä	in or by cash
oho	oh; oops
Saisinko...	Could I have...
Se tekee yhteensä...	It makes a total of...
sehän (*-han, -hän* particle)	but that's...
sekin (*-kin* particle)	that too, even that
Tuleeko sekin menolippu?	Will that too be a one-way ticket?

3.3. STRUCTURAL INFORMATION

(A) Structures to learn

(i) More greetings

Most informal greetings in Finnish serve both as *hi* and *good bye;*

What people say when they meet:

hei	'hi, hello'
terve	'hi, hello'
moi	'hi'

What people say when they depart:

hei	'bye'
hei vain	'bye now'
hei, hei	'bye, bye'bye',
moi	"later"

(ii) How to ask for tickets

Saisinko menolipun Rovaniemelle? 'Could I have a one-way ticket to Rovaniemi?'

Voisinko saada kolme lippua Vaasaan? 'Could I have 3 tickets to Vaasa?'

Haluaisin kaksi meno-paluulippua Ouluun? 'I'd like two round trip tickets to Oulu?'

(iii) How to ask for the price

Paljonko tämä maksaa?	'How much does this cost?'
Kuinka paljon tämä maksaa?	'How much does this cost?'
Mitä tämä maksaa?	'What does this cost?'
Paljonko tämä on?	'How much is this?'

(iv) How to ask for time and other particulars of departure and arrival

Milloin juna lähtee?	'When does the train leave?'
Koska juna saapuu?	'When does the train arrive?'
Mistä juna lähtee?	'From where does the train leave?'
Miltä raiteelta juna lähtee?	'From what platform does the train leave?'
Täytyykö vaihtaa junaa?	'Do I/Does one have to change trains?'
Pitääkö vaihtaa junaa?	'Do I/Does one have to change trains?'

(v) How to understand comments or answers you may hear

Valitettavasti	'Unfortunately'
(Minä) en voi sille mitään.	'There is nothing I can do about it./ I can't do anything about it.'
Täytyy vaihtaa junaa.	'You have to change trains.'
Ei tarvitse vaihtaa junaa	'It's not necessary / You don't have to change trains.'

(B) Grammar

(i) Questions in Finnish

There are two kinds of questions: **(1) Yes/No - questions**, and **(2) Information seeking questions**. Question formation in Finnish can be schematized as follows:

(I) Yes/No questions

Yes/No questions are true/false questions and are built upon underlying statements which has full content specification. They only ask for confirmation or denial. Thus e.g. *Onko Suomi kaunis maa?* 'Is Finland a beautiful country?' is directly related to the statement: *Suomi on kaunis maa* 'Finland is a beautiful country.'

> **YES/NO QUESTION RULE:**
> A Yes/No question is formed by **fronting** (=moving to the beginning of the sentence) **the finite verb** and attaching the interrogative particle **-ko, -kö** to it while the word order remains otherwise unchanged.

Examples:

Johtaja Niemelä **on** tavattavissa. >> **Onko** johtaja Niemelä tavattavissa?
Tämä **ei** ole oikea juna. >> **Eikö** tämä ole oikea juna?
Te **tulette** Kanadasta. >> **Tuletteko** te Kanadasta?

(2) INFORMATION QUESTIONS

Information seeking questions differ from yes/no questions in that they have one constituent unknown. That constituent can be the subject, the object, an adverbial or any other constituent. The slot of the unknown constituent is filled with an interrogative word (**mikä, kuka, missä**, etc.) and then fronted. The question *Missä Liisa on?* asks for a location **and** for a locative adverbial that satisfies the stationary location function. It is clearly related to a statement structure **Liisa on ? (=somewhere.).** The rule for the formation of information questions is as follows:

> **INFORMATION-SEEKING QUESTION RULE**
> An information-seeking question is formed by inserting an appropriate interrogative word (*Mikä? Kuka? Missä? Mihin?* etc.) in the place of the unknown constituent and then fronting it, if it is not already in initial position. The word order remains otherwise unchanged.

Examples:

***Kuka** menee Suomeen?*	<<	*(?) menee Suomeen.*
***Mitä** te ostitte?*	<<	*Te ostitte (?).*
***Missä** professori Laine on?*	<<	*Professori Lainen on (?).*

(II) THE NOMINATIVE PLURAL IN THE NOMINAL

Unlike other plural forms in Finnish, the nominative plural is formed with the suffix **-t**. This **-t** is added to the singular stem, i.e., the stem we receive by taking off **-n** from the genitive singular form: *hotellin > hotelli- + t > hotellit, lipun > lipu- + t > liput.* In plural the accusative case also has the suffix **-t**. In fact it is exactly like the nominative. The most frequent use of the nominative case is in the subject in Finnish: *Liput maksavat...* 'The tickets cost...', *Monet matkustavat omalla autolla.* 'Many travel with their own cars'.

(III) The partitive singular - the third principal part

Quite prominent in the Finnish case system is **the partitive case.** Its endings are **-a, -ä** or **-ta, -tä** depending on word type. The partitive singular serves as the third principal part of the nominal. The vocabulary lists (at least) three principal parts of nominals from this third chapter on:

ilta, illan, iltaa 'evening'	***markka, markan, markkaa*** 'mark'
päivä, päivän, päivää 'day'	***juna, junan, junaa*** 'train'
lippu, lipun, lippua 'ticket'	***pitkä, pitkän, pitkää*** 'long, tall'

The partitive carries no meaning of its own, but is used extensively for syntactic marking. It is used under certain conditions in the object, in the subject and in the predicate adjective or predicate noun. It also is used in the singular after cardinal numerals when they are themselves not inflected: *kaksi poikaa* 'two boys', *kolme lippua* 'three tickets'.

(IV) Cardinal numbers

The regular numerals signifying 'how many' are called **cardinal numbers**. The cardinal numbers 1-30 in Finnish are as follows:

0 nolla, nollan, nollaa
1 yksi, yhden, yhtä
2 kaksi, kahden, kahta
3 kolme, kolmen, kolmea
4 neljä, neljän, neljää
5 viisi, viiden, viittä
6 kuusi,kuuden, kuutta
7 seitsemän, seitsemän, seitsemää
8 kahdeksan, kahdeksan, kahdeksaa
9 yhdeksän, yhdeksän, yhdeksää
10 kymmenen, kymmenen, kymmentä
11 yksitoista, yhdentoista, yhtätoista
12 kaksitoista, kahdentoista, kahtatoista
13 kolmetoista, kolmentoista, kolmeatoista
14 neljätoista, neljäntoista, neljäätoista
15 viisitoista, viidentoista, viittätoista
16 kuusitoista, kuudentoista, kuuttatoista
17 seitsemäntoista, seitsemäntoista, seitsemäätoista
18 kahdeksantoista, kahdeksantoista, kahdeksaatoista
19 yhdeksäntoista, yhdeksäntoista, yhdeksäätoista
20 kaksikymmentä, kahdenkymmenen, kahtakymmentä

21 kaksikymmentäyksi, kahdenkymmenenyhden, kahtakymmentäyhtä
22 kaksikymmentäkaksi, kahdenkymmenenkahden, kahtakymmentäkahta
23 kaksikymmentäkolme, kahdenkymmenenkolmen, kahtakymmentäkolmea
24 kaksikymmentäneljä, kahdenkymmenenneljän, kahtakymmentäneljää
25 kaksikymmentäviisi, kahdenkymmenenviiden, kahtakymmentäviittä
26 kaksikymmentäkuusi, kahdenkymmenenkuuden, kahtakymmentäkuutta
27 kaksikymmentäseitsemän, kahdenkymmenenseitsemän, kahtakymmentäseitsemää
28 kaksikymmentäkahdeksan, kahdenkymmenenkahdeksan, kahtakymmentäkahdeksaa
29 kaksikymmentäyhdeksän, kahdenkymmenenyhdeksän, kahtakymmentäyhdeksää
30 kolmekymmentä, kolmenkymmenen, kolmeakymmentä
100 sata, sadan, sataa
200 kaksisataa, kahdensadan, kahtasataa
1000 tuhat, tuhannen, tuhatta
2000 kaksituhatta, kahdentuhannen, kahtatuhatta
1.000.000 miljoona, miljoonan, miljoonaa

> Please note that 10 is kymmen**en**, but 20 and 30 are kaksikymmen**tä** and kolmekymmen**tä**, respectively in the partitive case (literally 'two' and 'three tens').

(V) Partitive singular following numerals

The noun following a numeral, i.e. the cardinal number, in Finnish has two peculiarities: (1) it will be in **the singular**: *kaksi lippua* 'two tickets' (i.e., not marked plural as in English) and (2) it will be in **the partitive case** if the numeral itself is not inflected: *kolme tunti**a*** 'three hours', *tuhat kilometriä*, 'a thousand kilometers'. The words *pari* 'a couple' and *monta* 'many' behave the same way as numerals: *pari lippua* 'a couple of tickets', *monta mailia* 'many miles'.

3.4 EXERCISES

Section A

Exercise 1

Ask the times of trains to the following places:

Turku
Pori
Vaasa
Jyväskylä
Kajaani
Lappeenranta
Tampere
Hämeenlinna
Mikkeli
Tornio

Exercise 2

Look at the symbol. It is intended to show the number of tickets or travelers (e.g. 2), and kind of ticket (<-----> *meno-paluu*, ----> *nemo*) and destination (e.g. Turku).

2 <-----> Turku

Devise a dialogue between a traveler and a clerk by inserting the destination, number of tickets and kind of tickets:

Matkustaja:	Saisinko kaksi matkalippua Turkuun?
Virkailija:	Meno vai meno-paluu?
Matkustaja:	Meno-paluu.

1.	3	<----->	Pori
2.	1	<----->	Tampere
3.	4	----->	Mikkeli
4.	2	<----->	Pietarsaari
5.	1	<----->	Helsinki
6.	3	----->	Loviisa
7.	1	----->	Parkano
8.	2	<----->	Kemi

Section B

Exercise 3

Change the following sentences into yes/no questions:

1. Juna lähtee raiteelta 6.
2. Kirja ei ole vielä valmis.
3. Me tulemme Rovaniemeltä.
4. Liput maksavat kolmesataa markkaa.
5. Ihmiset matkustavat usein junalla.
6. Turistit eivät aina saavu Suomeen yhdessä.
7. Te ajatte pääkaupunkiin omalla autolla.
8. Te ette kävele joka ilta.
9. Minä haluan kahvia.
10. Finnairin bussi menee Helsingin keskustaan.

Exercise 4

Translate the following sentences into Finnish:

1. How much do four round trip tickets to Rovaniemi cost?
2. But that's outrageous.
3. People travel by airplane and by train.
4. Canada is many thousand miles wide.
5. A trip by train from Helsinki to Turku takes two and a half hours.
6. They need two one-way tickets and two sleeping berths.
7. Where does one have to change trains?
8. I wish to go by night train to Kuopio.

Exercise 5

Take a map of Finland and plan a tour around the country. Imagine that you start from Helsinki and buy your tickets for the various segments of the tour. There are no correct answers provided because of the multiple options available, which, however, should make the exercise fun.

CHAPTER 4

STAYING IN HOTELS

Topics - How to ask to reserve a single or double room; How to ask and state name; How to ask and state length of stay; How to ask and state what kind of room one wants; How one is put on hold or asked to wait.
Grammar - Two principal parts in the verb; Negation in the Finnish verb; Partitive plural; Four principal parts in the nominal; Important stems in Finnish; Consonant gradation in Finnish.

4.1. DIALOGUES AND NARRATIVE

DIALOGUE 1

Now that the Mäkis know when they will travel to Vaasa, Mrs Mäki makes a telephone call to Hotel Wasa to make reservations for their next stop in Finland.

Rouva M:	Voisinko varata huoneen?
Virkailija:	Kyllä voitte. Milloin tarvitsette huoneen?
Rouva M:	Me saavumme Vaasaan ensi maanantaina.
Virkailija:	Kuinka monta yötä tarvitsette?
Rouva M:	Olemme Vaasassa vain maanantaista perjantaihin.
Virkailija:	Millaisen huoneen haluaisitte?
Rouva M:	Tarvitsemme kahden hengen huoneen, jossa on suihku.
Virkailija:	Kahden hengen huone, jossa on suihku ja maanantaista perjantaihin. Siis neljä yötä. Millä nimellä se tulee?
Rouva M:	Nimellä Mäki. Paljonko huone maksaa?
Virkailija:	Kaksisataaseitsemänkymmentä markkaa ilman aamiaista.
Rouva M:	Voimmeko maksaa VISA-kortilla?
Virkailija:	Kyllä voitte. Tervetuloa ensi maanantaina.

DIALOGUE 2

Arvid Österberg has traveled to Tampere and late in the evening he steps into the Grand Hotel Tammer looking for a room.

Arvid:	Hyvää iltaa! Onko Teillä yhden hengen huone vapaana?
Virkailija:	Iltaa! (*Mumbling*) Hetkinen, katsotaan... tässä on onneksi vapaa huone. On kyllä. Kuinka kauan olette Tampereella?

Arvid: Olen täällä vain kaksi päivää.
Virkailija: Siis kaksi yötä. Täyttäkää tämä kortti, olkaa hyvä.
Arvid: *(completes the form)* Tässä, olkaa hyvä! Minkälainen näköala on?
Virkailija: Kaunis näköala länteen.
Arvid: Sepä mukava.
Virkailija: Onko Teillä matkatavaroita?
Arvid: Minulla on vain pari pientä matkalaukkua.
Virkailija: Tarvitsetteko kantajaa?
Arvid: En tarvitse!
Virkailija: Tässä on avain. Olkaa hyvä! Huoneenne on numero 404, neljäs kerros.

Dialogue 3

Just as Arvid is finishing his registration the telephone rings and the following dialogue transpires.

Virkailija: Grand Hotel Tammer. Hyvää iltaa!
Asiakas: Olisiko Teillä vapaita kahden hengen huoneita ensi lauantaina?
Virkailija: Siis kahdestoista (12.) heinäkuuta?
Asiakas: Niin. Lauantaina kahdestoista heinäkuuta.
Virkailija: Pieni hetki, olkaa hyvä! Katsotaan. Valitettavasti kaikki huoneet ovat silloin varattuja.
Asiakas: Sepä ikävä! No, ei voi mitään. Kiitos!
Virkailija: Olkaa hyvä!

Narrative

Suomessa hotellit ovat tavallisesti hyvin varustettuja. Niissä on melkein aina kylpyhuoneet ja suihkut. Motellihuoneet eivät maksa yhtä paljon kuin hotellihuoneet. Vanhat majatalot, jotka keski-Euroopassa ovat hyvin suosittuja, ovat Suomessa varsin harvinaisia. Nuoret asuvat mielellään matkustajakodissa. Ne eivät maksa yhtä paljon kuin hotellit tai motellit ja sijaitsevat usein keskustassa. Hotellista ja motellista on hyvä varata huoneet hyvissä ajoin etukäteen.

4.2. INFORMATION

(A) Notes on Dialogue 1

1. *Voisinko varata* ***huoneen***
The form *huoneen* is an object form, which in singular looks like the genitive. For current purposes we only state this fact, so please make note of it. Object rules are given in later chapters.

2. *ensi maanantai**na***
The ending **-na** on *maanantaina* and other weekdays is used to answer a question when something happens or occurs. See another example *lauantaina* 'Saturday' in Dialogue 3 of this chapter.

3. *Siis*
Finnish tends to use small words such as *siis* 'thus, so, and so, that is, consequently' much more frequently than English, but similarly to German *also* and Swedish *alltså*. It is consequently *(=siis)* worthwhile to pay attention to such words each time they occur.

4. *sepä*
Finnish uses particles in the form of endings such as **-pa, -pä** or **-han, -hän** to provide an editorial comment, i.e., an emotional attitude of some kind: *Sepä mukava* 'That's nice (with approving voice)', *Sepä ikävä* 'that is a shame' and *Sehän on kohtuutonta* 'But that's outrageous (with indignation)'.

(B) Notes on Dialogue 2

1. *länteen*
Länteen is an illative form of *länsi* and means 'to or toward the west'.

2. *huoneenne*
This form of *huone* stands for *teidän huoneenne* ' your room'. The ending **-nne** is called a **possessive suffix**. The full possessive suffix arsenal is outlined in Chapter 7.

3. *neljäs kerros*
Neljäs 'fourth' and *kahdestoista* 'twelfth' in Dialogue 3 are both ordinal numbers. Ordinals in Finnish end in **-s,** roughly equivalent to **-th** in English. More on ordinals in Chapter 13. Please note also that a period (.) is written after an ordinal number to indicate it is an ordinal: *12. heinäkuuta* '12th of July'.

(C) Notes on Narrative

Varaan huoneen hotellista
Finnish uses the elative case (**-sta, -stä**) with eg. *Varaan huoneen* ***hotellista*** 'I reserve a room at (lit. from) a/the hotel', presumably to suggest "from where" the service is sought.

(D) Word list

aamiainen, aamiaisen, aamiaista, aamiaisia (N17)	breakfast
asiakas, asiakkaan, asiakasta, asiakkaita (N9)	customer
avain, avaimen, avainta, avaimia (N13)	key
ei mikään, minkään, mitään, mitään	nothing
ensi	next; first
etukäteen	before hand
haluta, haluan (V9)	want, desire
harvinainen, harvinaisen, harvinaista, harvinaisia (N17)	rare
heinäkuu, -kuun, -kuuta, -kuita (N6)	July
henki, hengen, henkeä, henkiä (N2)	person; life; spirit
hetkinen, hetkisen, hetkistä, hetkisiä (N17)	moment
hotelli, hotellin, hotellia, hotelleja (N3)	hotel
huone, huoneen, huonetta, huoneita (N8)	room
ikävä, ikävän, ikävää, ikäviä (N4)	sad, boring, sorry
ilman (*ilman* + partitive)	without
joka, jonka, jota, joita (jossa)	who, which, that
kahdestoista, kahdennentoista, kahdettatoista, kahdensiatoista (N20)	12th
kaikki, kaiken, kaikkea (sg) (N2)	all, everything
kaikki (nom.pl.), **kaikkia** (pl)	all, everybody
kantaja, kantajan, kantajaa, kantajia (N5)	carrier, porter
kauan	for a long time
kaunis, kauniin, kaunista, kauniita (N10)	beautiful
kerros, kerroksen, kerrosta, kerroksia (N12)	floor, story, layer
keski-Eurooppa, -Euroopan, -Eurooppaa (N5)	central Europe
kortti, kortin, korttia, kortteja (N3)	card, form
kylpyhuone, -huoneen, -huonetta, -huoneita (N8)	bathroom
länsi, lännen, länttä, länsiä (N2)	west
maanantai, maanantain, maanantaita, maanantaita (N6)	Monday
majatalo, majatalon, majataloa, majataloja (N1)	inn
matkustajakoti, -kodin, -kotia, -koteja (N3)	hostel, lodging
mielellään	gladly, with pleasure
minkälainen, minkälaisen, minkälaista, minkälaisia (N17)	like what
moderni, modernin, modernia, moderneja (N3)	modern
moni, monen, monta, monia (N2)	many
motelli, motellin, motellia, motelleja (N3)	motel
nuori, nuoren, nuorta, nuoria (N2)	young
numero, numeron, numeroa, numeroita (N1)	number

näköala, -alan, -alaa, -aloja (N5)	view, scenery
onni, onnen, onnea, onnia (N2)	luck, happiness
perjantai, perjantain, perjantaita, perjantaita (N6)	Friday
pieni, pienen, pientä, pieniä (N2)	small, little
sijaita, sijaitsen (V10)	to be located
suihku, suihkun, suihkua, suihkuja (N1)	shower
tarvita, tarvitsen (V10)	to need
tavallisesti	usually, normally
täyttää, täytän (V4)	to fill out, complete
usein	often
vain	only, just
valitettavasti	unfortunately
vapaa, vapaan, vapaata, vapaita (N6)	free
varata, varaan (V9)	to reserve, book
varattu, varatun, varattua, varattuja (N1)	occupied
varsin	rather, quite
varustettu, varustetun, varustettua, varustettuja (N1)	equipped
yhtä (*paljon*)	as (much/many)
yö, yön, yötä, öitä (N7)	night

(E) Some phrases:

hyvissä ajoin	in good time
katsotaan	let's see
kahden hengen huone	double room
onneksi	fortunately
yhden hengen huone	single room

4.3. STRUCTURAL EXPLANATIONS

(A) Structures to learn

(I) How to ask to reserve a single or double room; and ask and state name

Voisinko varata yhden hengen huoneen?
'Could I reserve a single room, please?'

Onko teillä kahden hengen huone vapaana?
'Do you have a double room available?'

Onko teillä vapaita huoneita?
'Do you have any rooms available?'

Voisinko tehdä huonevarauksen?
'Could I make a room reservation, please?'

Q: Millä nimellä? 'Under what name?' **A:** Nimellä Mäki. 'Under the name Mäki.'

(II) How to ask for and state length of stay

Kuinka monta yötä tarvitsette?	'How many nights do you need?'
Kuinka kauan olette kaupungissa?	'How long are you in town?'
Tarvitsemme kolme yötä.	'We need three nights.'
Olemme kaupungissa neljä yötä.	'We are in town for four nights.'

(III) How to ask and state what kind of room one wants

Millaisen huoneen haluatte? 'What kind of room would you like?'

Haluan huoneen, { jossa on suihku. / jossa on kylpyhuone. / jossa on hyvä näköala.

'I'd like a room { with a shower.' / with a bathroom.' / with a good view.'

(IV) How one is put on hold or asked to wait

Hetkinen	One moment,
Hetkinen vain	Just a moment, please.
Pieni hetki	Just minute,

(V) The days of the week in Finnish

maanantai 'Monday'	torstai 'Thursday'	sunnuntai 'Sunday'
tiistai 'Tuesday	perjantai 'Friday'	
keskiviikko 'Wednesday'	lauantai 'Saturday'	

Please note that Finnish doesn't capitalize weekdays nor months.

Make an effort to memorize thenames of weekdays

(VI) Directions of the wind

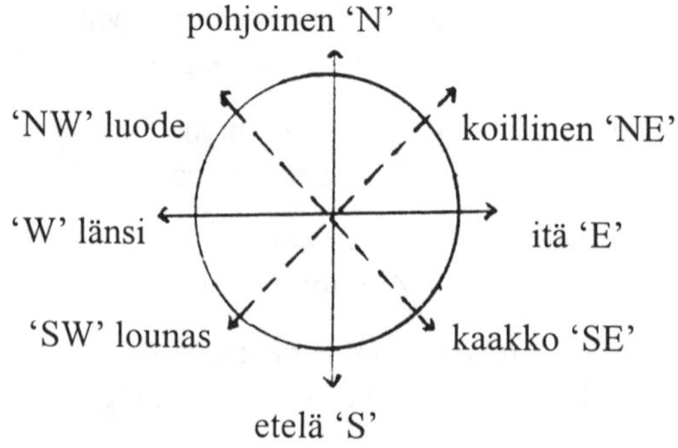

(B) Structures to Understand

Täyttäkää tämä kortti!	'Please, fill in this form / card.'
Kaikki huoneet ovat varattuja.	'All rooms are reserved / gone / booked.'
Ei voi mitään.	'Can't be helped / there is nothing to do (about it)'.

(B) Grammar

(I) The verb and its principal parts

The versatile verb conjugation in Finnish requires some learning techniques. Verbs, as do nouns, utilize key forms, also called principal parts. These, it is recommended, should be memorized along with the vocabulary in general. The first two principal parts (of a total of four) are the infinitive form, also sometimes called the basic form, and the form ending in the suffix **-n** used to express **first person singular present tense** respectively. The **verb stem** is obtained by taking off the **-n** in the second principal part:

ajaa, aja/n	> ***aja-***	*esitellä, esittele/n*	> ***esittele-***
päästä, pääse/n	> ***pääse-***	*haluta, halua/n*	> ***halua-***

Principal parts 1 and 2 of the verbs learned so far in this book are:

ajaa, ajan	to drive, ride
asua, asun	to live, dwell
esitellä, esittelen	to introduce
haluta, haluan	to want, wish
jatkaa, jatkan	to continue
katsoa, katson	to look, to watch
kestää, kestän	to last; to withstand
kuulua, kuulun	to belong, include
kysyä, kysyn	to ask, inquire
kävellä, kävelen	to walk
kääntyä, käännyn	to turn, make turn
laulaa, laulan	to sing
lähteä, lähden	to leave, depart; to go
maksaa, maksan	to pay; to cost
matkustaa, matkustan	to travel
mennä, menen	to go
olla, olen	to be
ottaa, otan	to take
puhua, puhun	to speak
päästä, pääsen	to get (in)to
saada, saan	to be allowed, to get
saapua, saavun	to arrive

sanoa, sanon	to say
sijaita, sijaitsen	to be located, situated
tarvita, tarvitsen	to need
täyttää, täytän	to fill (out)
täytyy (3 p sg)	must, have to
tulla, tulen	to come
tuoda, tuon	to bring
tutustua, tutustun	to get acquainted
vaihtaa, vaihdan	to change, exchange
varata, varaan	to reserve, to book
voida, voin	to be able to

(II) Negation of the Finnish verb

The Finnish verb conjugation is made interesting by the fact that negation is expressed by using a negation word. This negation word is, in fact, a verb, albeit not a full-fledged one. The **negation verb**, **ei**, is inflected for grammatical person while the main verb - the one being negated - will appear in its bare stem form, the **verb stem** (for verb stem see above (i)). The negation verb thus gets its personal ending from the main verb: **en, et, ei, emme, ette, eivät**. Applied to *olla* 'be' and *puhua* 'speak' the affirmative and negative verb paradigm in the present tense is as follows:

Affirmative	Negative	Affirmative	Negative
1. *Minä ole**n***	***en** ole*	*Minä puhu**n***	***en** puhu*
2. *Sinä ole**t***	***et** ole*	*Sinä puhu**t***	***et** puhu*
3. *Hän on*	***ei** ole*	*Hän puhu**u***	***ei** puhu*
1. *Me ole**mme***	***emme** ole*	*Me puhu**mme***	***emme** puhu*
2. *Te ole**tte***	***ette** ole*	*Te puhu**tte***	***ette** puhu*
3. *He o**vat***	***eivät** ole*	*He puhu**vat***	***eivät** puhu*

(III) Plural in the Finnish nominal

As was introduced in Chapter 3, the **nominative plural** is formed by adding the nominative plural marker **-t** to the singular stem: *poja+t* > *pojat* 'boys', *huonee+t* > *huoneet* 'rooms'.

The nominative (and accusative plural) are, however, the only cases to form the plural with the marker **-t**. All other cases have the marker **-i-** in plural. This plural marker **-i-**, which between vowels becomes **-j-**, is added to the singular stem. As a consequence of adding the **-i-**, the stem vowel will sometimes be affected so that it will drop or change into some other vowel. The fate of the stem vowel is explained fully in the *Reference grammar* section of this book.

The major vowel changes are given here:

How the plural marker affects the stems:

(Remember that -I- becomes -j- when it is between two vowels)

(1) **-e** and **-ä** drop: *nim**e**+i+ä > nimiä, mieh**e**+i+ä > miehiä; hyv**ä**+i+ä > hyviä;*

(2) **-a** either **drops** or becomes **-o** depending under particular phonetic conditions (see *Reference grammar*):
*koir**a**+i+a > koiria,*'dog',
*kirj**a**+i+a >> kirj**o**ja;*
*mukav**a**-+i+a > mukavia* 'nice',
*lukij**a**+i+ta >> lukij**o**ita* 'reader';

(3) **-i > -e:** *kiltt**i**+i+ä >> kilttejä* 'nice, good, kind';

(4) -**long vowel shortens**: *kall**ii**+i+ta > kall**i**ita* 'expensive', *huon**ee**+i+ta > huon**e**ita 'room';*

(5) -the diphthongs **uo, yö, ie** drop their first vowel:
***suo**+i+ta > **s**oita* 'marsh'; ***yö**+i+tä > **ö**itä* 'night';
***tie**+i+tä > **t**eitä* 'road'

(6) -other **diphthongs drop** their **second vowel**: *vo**i**+i+ta > voita* 'butter'

(iv) Partitive singular and plural

The partitive, in both singular and plural, has the suffix **-a, –ä** or **-ta, -tä**. Before the plural partitive marker **-a, -ä, -ta, -tä**, there will always be a plural marker **-i-** or its phonetic alias **-j-** (see above (iii)). The partitive is a case used to mark some of the central syntactic constituents, such as subject, object and predicate noun under specific conditions. IT DOES NOT CARRY A MEANING OF ITS OWN!

Since partitive singular and partitive plural serve as principal parts 3 and 4, respectively, you are urged to memorize the full principal part pattern of each new nominal you learn. The issues of stems, vowel changes before the plural marker, etc. are addressed in the *Reference grammar* in the comments on the **Nominal Sheet**.

(v) The four principal parts of nominals

In addition to nominative and genitive singular the principal parts include the partitive singular and the partitive plural.

Nom. Sg	**Gen. Sg**	**Part. Sg**	**Part. Pl**	
talo	talo**n**	talo**a**	talo**ja**	'house'
nimi	nime**n**	nime**ä**	nimi**ä**	'name'
kirja	kirja**n**	kirja**a**	kirjo**ja**	'book'

varattu	varatu**n**	varattu**a**	varattu**ja**	'reserved'
huone	huonee**n**	huonet**ta**	huone**ita**	'room'

(VI) Two important nominal stems

The singular stem

The singular stem, or **the stem** for short, is obtained by taking off the genitive suffix **-n** from **the second principal part**: *talon* > ***talo-***, *naisen* > ***naise-***, *huoneen* > ***huonee-***. This stem is used to form additional case forms in the singular: *nime+ssä* > *nimessä, huonee+lle* > *huoneelle.*

The plural stem

The plural stem is obtained by taking off the partitive suffix **-a, -ä, -ta, -tä** from **the fourth principal part** (=partitive plural). That stem is then used to form additional case forms in the plural.

(VII) Gradation in Finnish

The inflection of nominals and the conjugation of verbs involves a variation in the consonants **k, p, t**. This variation is called **gradation**. The **k, p, t** elements have a **strong grade** and a **weak grade** present in the principal parts. One important observation is that if a word has a **k, p, t** element under gradation, this will show already in the first and second principal part, which are always in opposite grades:

I. If the first principal part has STRONG GRADE, the second principal part has WEAK GRADE.

Examples: *pan**kk**i, pan**k**in* 'bank'; *ka**t**u, ka**d**un* 'street'; *läh**t**eä, läh**d**en* 'go, leave'; *kau**pp**a, kau**p**an* 'store'.

II. If the first principal part has WEAK GRADE, the second principal part has STRONG GRADE.

Examples: *raide, raiteen* 'platform'
*kohtuuton, kohtuu**tt**oman* 'unreasonable, outrageous'
*osoite, osoi**tt**een* 'address'
*esitellä, esi**tt**elen* 'introduce'.

Generalization: ***The first and second principal part NEVER HAVE THE SAME GRADE (if gradation is present in the word)***

The following brief overview shows the most common patterns:

Strong Grade		*Weak Grade*	*Strong Grade*		*Weak Grade*
kk	-	**k**			
pp	-	**p**			
tt	-	**t**			
k	-	**ø**	**nk**	-	**ng**
p	-	**v**	**mp**	-	**mm**
t	-	**d**	**nt**	-	**nn**
			lt	-	**ll**
			rt	-	**rr**

For more detailed discussion of consonant gradation in Finnish, see *Reference Grammar* in this book.

4.4 EXERCISES

SECTION A

EXERCISE 1

Play the role of customer (asiakas) and ask for the following types of hotel room for the length of time given. The first dialogue is done for you. If studying with a partner, take turns to perform both roles.

Asiakas:	Onko Teillä vapaita huoneita?
Virkailija:	On. Yhden vai kahden hengen huone?
Asiakas:	Yhden hengen huone.
Virkailija:	Kuinka monta yötä?
Asiakas:	Yksi yö.

1. double room with shower,	two nights
2. single room,	from Tuesday to Friday
3. double room,	from Monday to Wednesday
4. single room with bathroom,	three nights
5. three person room,	one night
6. double room,	from Saturday to Thursday
7. single room with bathroom,	from Sunday to Friday

EXERCISE 2

Assume the role of Ms Marttinen. If you are studying with a partner take turns performing both roles.

Neiti Marttinen	*Hotellivirkailija*
1. Greet the receptionist	
	2. Hyvää iltaa!

3. Ask whether there are rooms available.

4. Kyllä on.

5. Ask if they have a double room with a shower available.

6. Meillä on kyllä kahden hengen huone. Kuinka monta yötä?

7. Say you want it from Friday to Sunday.

8. Selvä.

9. Ask how much the room is.

10. Kolmesataa markkaa yö. Kaksi yötä on yhteensä kuusisataa markkaa.

11. Say thank you.

12. Täyttäkää tämä kortti, olkaa hyvä.

Section B

Exercise 3

The partitive singular is used after numerals, *monta* and *pari*. The partitive plural is used in plural entities after *paljon*. Adjust the following nouns into their correct form after a. the numeral given, and b. *paljon*:

1. hotelli	a. kaksi
	b. paljon
2. lippu	a. viisi
	b. paljon
3. huone	a. neljä
	b. paljon
4. kirja	a. 200
	b. paljon
5. serkku	a. kolme
	b. paljon
6. kaupunki	a. kuusi
	b. paljon
7. matkalaukku	a. seitsemän
	b. paljon
8. kortti	a. kaksi
	b. paljon

Exercise 4

The principal parts of nominals are crucial tools for mastering Finnish forms. Please supply the missing principal parts of the following nominals:

1. kirja	kirjaa		'book'
2. katu		katuja	'street'

3. kaunis	kauniin			'beautiful
4.		varattua		'reserved'
5.	kullan		kultia	'dear'
6. kerta		kertaa		'time'
7.	pitkän			'long'
8.	illan			'evening'
9.		lippua		'ticket'

Exercise 5

Give a full person conjugation scheme of the verbs **täyttää** and **lähteä**

täyttää:		Affirmative		Negative
	minä		minä	
	sinä		sinä	
	hän		hän	
	me		me	
	te		te	
	he		he	
lähteä:		Affirmative		Negative
	minä		minä	
	sinä		sinä	
	hän		hän	
	me		me	
	te		te	
	he		he	

Exercise 6

Translate the following sentences into Finnish:

1. We will arrive in Kuusamo next Friday.
2. Motel rooms do not cost as much as hotel rooms.
3. The hotel rooms have bathrooms and showers.
4. Old hotels are often located in the center of the city.
5. They reserve two rooms at the motel.
6. Can we pay by credit card?
7. I always reserve hotel rooms in good time.
8. Old inns are rare in Finland, but they are not rare in central Europe.
9. They have only three pieces of luggage.
10. This is a well-equipped hotel, but it is not modern.

CHAPTER 5

LOCAL TRAVEL

Topics - How to order a taxi; How to give directions to a taxi driver; How to ask about the correct bus; How to get help on the bus; How to describe transportation services and the market place.
Grammar - More about illative; About plural stems; Nominal inflection types 1-4; Verb types 1-3.

5. I DIALOGUES AND NARRATIVE

DIALOGUE I

Mr and Mrs Mäki are going to visit some acquaintances in Katajanokka and Mr Mäki calls a taxi so they can go by taxi to their destination.

Herra Mäki: (*dials taxi number*) Saanko taksin tänne Töölöön?
Taksi: Mikä osoite?
Herra Mäki: Mannerheimintie 43.
Taksi: Ja millä nimellä?
Herra Mäki: Nimellä Mäki.
Taksi: Taksi on siellä noin viiden minuutin kuluttua. Auto numero 13. ---- *(Taksi saapuu)*
Taksinkuljettaja: Herra Mäki?
Herra Mäki: Kyllä olen. Katajanokalle. Kruunuhaankatu 7, olkaa hyvä.
Taksinkuljettaja: Selvä. ---- (*arriving in Katajanokka*) No niin. Tässä on Kruunuhaankatu 7, olkaa hyvä.
Herra Mäki: Paljonko tämä maksaa?
Taksinkuljettaja: Kolmekymmentäkuusi markkaa, olkaa hyvä.
Herra Mäki: (*gives the driver 40 mk*). Se on hyvä näin. Kiitos.
Taksinkuljettaja: Kiitos. Hyvää yötä.

DIALOGUE 2

A trip to the market square in old Helsinki is a must for visitors. Mrs Mäki is trying to get there by bus on her own. First she asks a person (*Henkilö A*) also waiting for the bus at a stop where bus 64 will stop, then she asks a bus driver.

Rouva Mäki: Meneekö bussi 64 kauppatorille?
Henkilö A: Ei. Ei se mene kauppatorille. Se menee Pakilaan.
Rouva Mäki: No voi sentään. Mikä bussi menee sinne?
Henkilö A: Numero 18 menee kauppatorin kautta.
Rouva Mäki: Vai niin? Kiitos. Siis bussi numero 18.

....

Rouva Mäki: (*Bus number 18 arrives*) Pääseekö tällä bussilla kauppatorille?
Kuljettaja: Kyllä pääsee.
Rouva Mäki: Voitteko sanoa kun tulemme kauppatorille?
Kuljettaja: No joo, voinhan minä sanoa.

NARRATIVE

Suomen pääkaupungin linja-autopalvelu on erinomainen ja metro eli maanalainen on myös suosittu. Monet ihmiset kulkevat metrolla, bussilla tai raitiovaunulla joka päivä. Helsingissä ja Turussa on raitiovaunuja, mutta muissa kaupungeissa julkinen liikenne hoidetaan busseilla. Suomessa on myös hyvin järjestetty taksipalvelu. Sekä taksit että bussit ovat hyvin luotettavia ja lisäksi siistejä. Suomen taksit ovat usein hienoja ja kalliita autoja. Bussin- ja raitiovaununkuljettajat eivät aina mielellään vastaa tiedusteluihin.

Helsingin kauppatori on tärkeä kohtauspaikka helsinkiläisille ja turisteille. Sieltä saa ostaa hedelmiä, kalaa, leipää, ja kauniita muistoesineitä. Se sijaitsee aivan presidentin linnan ja Helsingin kaupungintalon edessä, Eteläsataman rannalla.

5.2. INFORMATION

(A) NOTES ON DIALOGUE 1 AND 2

1. *Töölö, Katajanokka, Pakila*
Helsinki, the capital of Finland, has a number of parts or sections with names of their own. These are in frequent use, but may be a little confusing to visitors

because they are not marked in the cityscape. *Töölö, Katajanokka* and *Pakila* are such parts of Helsinki. For additional ones see map.

2. *Mannerheimintie 43*
The street addresses in Finland first mention the street name and then the house number, e.g. *Kruunuhaankatu 7.* The numbering starts from 1 and increases numerically from there. The postal code or 'zip code' is placed before the name of the city or municipality, e.g. *00530 Helsinki* or *65230 Vaasa.*

3. *Taksi*
Note the spelling of *taxi* in Finnish: ***taksi***. Finnish does not use the letter **x** (see *Reference Grammar* below).

4. *Taxi fares*
The fare for taxis in Finland includes service charge or tip. No separate tip need be given, but it is customary to round off somewhat the fare amounts.

(B) Notes on Dialogue 2

The word order in negated sentences is frequently emphatic, which can be seen in placing the negation verb before the subject. Thus the bus driver says *Ei se mene kauppatorille* instead of the neutral *Se ei mene kauppatorille.*

(C) Notes on Narrative

1. *Kauppatori*
The market square, *kauppatori*, in Helsinki is in the heart of the old city, one block away from the Senate Square, next to the President's Palace and a block and a half from the famous Russian Orthodox Uspensky Cathedral. Also within a block's distance is the University of Helsinki, and two blocks away is the Helsinki Cathedral.

2. *Linja-autopalvelu*
Finnish uses hyphens systematically only in compound words where the first half ends in the same vowel the second part begins with. Examples: *linja-auto* 'bus', *ilta-aurinko* 'evening sun', *lauantai-ilta* 'Saturday night'.

3. *edessä, edestä, eteen*
Prepositions or postpositions which involve a locative case generally have the full division in all three modes. This is so in order for the pre- or postpositions to be able to accommodate any verb regardless of demand for locative cases. Such postpositions are e.g.

Missä?	*Mistä?*	*Mihin?/Minne?*	
edessä	edestä	eteen	'in front of'
alla	alta	alle	'under'
vieressä	vierestä	viereen	'next to, adjacent to'
lähellä	läheltä	lähelle	'near, close to'

(D) Word list

aina	always
edessä, edestä, eteen (genitive + *edessä*)	in front of; before
erinomainen, erinomaisen, eriomaista, erinomaisia (N17)	excellent
Eteläsatama, -sataman, -satamaa, -satamia (N5)	South harbor
hedelmä, hedelmän, hedelmää, hedelmiä (N4)	fruit
helsinkiläinen, -läisen, -läistä, -läisiä (N17)	person from H:ki
hieno, hienon, hienoa, hienoja (N1)	fine, fancy
hoitaa, hoidan (V5)	take care of
järjestetty, järjestetyn, järjestettyä, järjestettyjä (N1)	organized
joka (uninflected)	every
julkinen, julkisen, julkista, julkisia (N17)	public (adj.)
kala, kalan, kalaa, kaloja (N5)	fish
kallis, kalliin, kallista, kalliita (N10)	expensive
kauppatori, -torin, -toria, -toreja (N3)	market square
kaupungintalo, -talon, -taloa, -taloja (N1)	city hall
kaupunkikuva, -kuvan, -kuvaa, -kuvia (N5)	cityscape
kautta (genitive + *kautta*)	via, by way of
kohtauspaikka, -paikan, -paikkaa, -paikkoja (N5)	meeting place
kuljettaja, kuljettajan, kuljettajaa, kuljettajia (N5)	driver
kulkea, kuljen (V3)	go, run, ride
kuluttua (genitive + *kuluttua*)	after, in (of time)
leipä, leivän, leipää, leipiä (N4)	bread goods
liikenne, liikenteen, liikennettä, liikenteitä (N8)	traffic
linja-auto, -auton, -autoa, -autoja (N1)	bus
linna, linnan, linnaa, linnoja (N5)	castle, palace
luotettava, luotettavan, luotettavaa, luotettavia (N5)	reliable
maanalainen, -alaisen, -alaista, -alaisia (N17)	subway
metro, metron, metroa, metroja (N1)	metro, subway
mielellään	gladly
minuutti, minuutin, minuuttia, minuutteja (N3)	minute
moni, monen, monta, monia (N2)	many, many a/an
muistoesine, -esineen, -esinettä, -esineitä (N8)	souvenir, gift item
muu, muun, muuta, muita (N6)	other
numero, numeron, numeroa, numeroita (N1)	number
osoite, osoitteen, osoitetta, osoitteita (N8)	address
palvelu, palvelun, palvelua, palveluja (N1)	service
presidentti, presidentin, presidenttiä, presidenttejä (N3)	president
pääkaupunki, -kaupungin, -kaupunkia, -kaupunkeja (N3)	capital city
ranta, rannan, rantaa, rantoja (N5)	shore, beach
sekä - että	both - and
siellä	there (stationary)

siisti, siistin, siistiä, siistejä (N3)	neat, clean, decent
sinne	there ('to there')
tiedustelu, tiedustelun, tiedustelua, tiedusteluja (N1)	inquiry; information (booth)
turisti, turistin, turistia, turisteja (N3)	tourist
Turku, Turun, Turkua (N1)	city in Finland
tärkeä, tärkeän, tärkeä(t)ä, tärkeitä (N4)	important
usein	often, frequently
vastata, vastaan (+ illative or allative) (V9)	answer, respond

(E) Some phrases

hoidetaan	is handled; is taken care of
No voi sentään	That's too bad, alas
Voinhan minä sanoa	I guess I can tell you (*literally* say)
Kyllä olen	Yes, I am; that's me
Selvä	OK, got it,
Se on hyvä näin	That'll be fine; ("It's good like this")

5.3 STRUCTURAL INFORMATION

(A) Structures to learn

(i) How to order a taxi

Saankko taksin { Ratakutu 7:ään. / Kirkkokatu 19:ään. / Pihlajantie 43:een. } 'Can I get a taxi to { Ratakatu 7.' / Kirkkokatu 19.' / Pihlajantie 43.' }

(ii) Useful Adverbials

Missä?	*Mistä?*	*Mihin?/Minne?*
täällä 'here'	täältä 'from here'	tänne 'here'
tuolla '**there**'	tuolta 'from **there**'	tuonne '**there**'
siellä 'there'	sieltä 'from there'	sinne 'there'

NB! *Tuolla, tuolta, tuonne* all three refer demonstratively to place pointed at in speech situation (the bolded **there** means emphasis), while *siellä, sieltä, sinne* refer "textually' to place, i.e., place talked about before in the discourse.

(iii) Generic person in Finnish

To express the generic person 'one' in Finnish simply 3rd person singular in the verb:

Pääseekö tällä bussilla keskustaan? 'Can one get to downtown with this bus?'
Täytyykö vaihtaa junaa Turussa? 'Does one have to change trains in Turku?'

Metrolla voi mennä joka päivä. 'One can go by metro every day.'
Taksilla pääsee perille. 'By taxi one gets to one's destination.'

(IV) Demonstrative pronouns

The principal parts of *tämä* 'this', *tuo* 'that'(stressed), and *se* 'that' (unstressed) are the following:

tämä, tämän (stem *tä-*), ***tätä, näitä*** (*nämä* nominative plural)
tuo, tuon, tuota, noita (*nuo* nominative plural)
se, sen, (stem *si-*), ***sitä, niitä*** (*ne* nominative plural)

(B) Grammar

(I) More on the illative case

The illative case is somewhat more complex than the other locative cases.

The illative always has strong grade.

In addition, illative has some variation in suffixes. The illative suffixes are:

1. Main rule for illative.

The illative suffix is normally **vowel prolongation + -n** (see Chapter 2): *talo-on, Helsinki-in, keskusta-an*. However, Finnish does not allow the prolongation of an already long stem vowel or the second vowel in a diphthong - because of the general principle of avoiding strings of three vowels. Thus word stems such as *maa-*, *tie-* or *perhee-* require some other way of marking the illative.

2. Secondary rules for illative.

The number of syllables in the word is relevant:

a. One-syllable words ending in a long vowel or a diphthong will have the suffix **(V_1) hV_1n,** i.e., an **h** followed by same **vowel + n** as before the **h:** *maa-**han*** > *maahan, pää-**hän*** > *päähän* (*pää* 'head'), *tie-**hen*** >*tiehen* (*tie* 'road'), *kuu-**hun*** > *kuuhun* (*kuu* 'moon');

b. Two-syllable words or longer ending in a long vowel or diphthong get the suffix **-seen** in the singular, **-siin** in the plural: *kallii-**seen*** > *kalliiseen, osoittee-**seen*** > *osoitteeseen; kalliisiin, osoitteisiin.*

(II) About plural stems

The fourth principal part is always a partitive plural form and will yield the plural stem when we take off the partitive ending **-a, -ä** or **-ta, -tä**. Example: *hyvi/ä* > ***hyvi-***. Many fourth forms end in **vowel+j+a** or **ä.** The **-j-** is however nothing more than a phonetic variant of **-i-** in the plural. The **-i-** will simply not be allowed to remain a vowel between two vowels, because that would systematically violate the principle in Finnish that there shall not be more than two vowels in one string. Examples: *kaloj/a* > ***kaloi-***, *kaupunkej/a* > ***kaupunkei-***. This plural stem is then used in the forming of other case forms in the plural. *Hyvillä kaloilla, siisteissä busseissa.*

(III) Nominal inflection types 1-4

The nominal inflection in Finnish is very regular indeed. The nominals do, however, fall into different word types. This text book has gathered the nominals onto a so-called Nominal Sheet which consists of 22 distinct word types. They have been distinguished on the basis of what happens to the various stems in the principal part patterns. Following the principal parts as given in the word list to each chapter is a code (N2) or (N17). These codes refer to the type numbers on the Nominal Sheet published in full in the Reference grammar section, which also has extensive comments on what constitutes each type.

Type 1 ends in **-o, -ö, -u, -y** in the nominative singular and they all behave like *katu, kadun, katua, katuja* (N1) 'street'.

Type 2 ends in **-i**, but has a geniti ve stem which ends in **-e**. This **-e** drops when the plural marker **-i-** (or **-j-** between two vowels) is added in plural: *pieni, pienen, pientä, pieniä* (N2) 'small'; *nimi, nimen, nimeä, nimiä* (N2) 'name'.

Type 3 also ends in **-i** but retains that **-i** in the genitive. This **-i** changes to an **-e** when the plural marker **-i-** (or **-j-** between two vowels) is added in plural: *siisti, siistin, siistiä, siistejä* (N3) 'neat, clean'.

Type 4 ends in an **-ä** which drops when the plural marker **-i-** (or **-j-** between two vowels) is added in plural: *hyvä, hyvän, hyvää, hyviä* (N4) 'good'. For further comments on these types and others, see Reference grammar.

(IV) Verb types 1-3

The Finnish verb, like the Finnish nominal, is very regular indeed. Only a handfull of verbs have any 'irregularity' in their paradigms or principal parts patterns. Verbs also fall into distinct types of which this textbook recognizes 11. They are described and commented on in the Reference grammar. The organization of nominals and verbs into types emphasizes, as far as possible, similarities or similar phenomena which nominals and verbs share in their inflection patterns.

Type 1 has a stem that ends in **-o, -ö, -u, -y** and undergoes no vowel changes in the various principal parts: *sanoa, sanon.*

Type 2 has a stem that ends in **-e** (which is prone to drop before **-i**): *lähteä, lähden.*

TYPE 3 has a stem vowel **-i** (which will also drop before **-i**): *vaatia, vaadin* 'demand'

The codes, eg. **(V3)** or **(V9)**, given in the word lists beginning in Chapter 5 refer to the Verb Sheet in the Reference grammar.

Verb types, as was the case with nominal types, are best learned by learning their principal parts. By memorizing the VERB SHEET and the NOMINAL SHEET, principal parts of other verbs or nominals become easier to learn also.

5.4 EXERCISES

SECTION A

EXERCISE 1

Provide a dialogue where you (*soittaja* 'caller') call a taxi to the following addresses and under the following names:

Soittaja:	Saanko taksin Mannerheimintie 7:ään.
Taksi:	Millä nimellä?
Soittaja:	Nimellä Aalto.
Taksi:	Taksi tulee viiden minuutin kuluttua.

1. Kirkkokatu 7	(Jussila)
2. Pohjoisesplanadi 13	(Karlsson)
3. Kansallisteatteri	(Rinne)
4. Finnairin terminaali	(Sariola)
5. Kalevankatu 19 B	(Miettinen)
6. Satamakatu 73	(Virtanen)
7. Vanajantie 9	(Ranta)

EXERCISE 2

Pretending that you are various characters, ask the people who are waiting for the bus on Mannerheimintie in Helsinki which bus goes where and whether bus X goes here, there or some other place.

1. You are in Helsinki for the first time and want to go to the market square.
2. You believe bus 64 goes to Pakila, but aren't sure.
3. You have no idea which street car goes to the university, but want to know.
4. Which street car goes to Katajanokka?
5. You manage to find the right bus for where you are going, but you want the driver to tell you when you are in Oulunkylä. What do you ask?
6. Which bus goes to Finnair's city terminal?
7. You believe you know where Bus 33 is going, but decide to ask anyway.
8. Which subway goes to Kulosaari?

Section B

Exercise 3

Change the following sentences into the negative:

1. Tämä bussi menee kauppatorille.
2. Tällä bussilla pääsee keskustaan.
3. Me tulemme Kanadasta.
4. Ihmiset ajavat taksilla tai metrolla
5. Monet kulkevat omalla autolla.
6. Bussi numero 64 menee Munkkiniemeen.
7. Torilta saa ostaa hedelmiä.
8. Motellit maksavat paljon.
9. Nuoret laulavat mielellään.
10. Raymond ja Marlene Mäki kävelevät hotelliin.

Exercise 4

Translate the following sentences into Finnish:

1. Motels in Finland are usually well-equipped and modern.
2. The taxis in Finland are nice and expensive.
3. Tourists go by street car or bus in Finland's big cities.
4. The bus driver does not answer the inquiry.
5. Where is the President's palace situated?
6. It is situated on the shore of the South Harbor of Helsinki.
7. The taxi will be in Vallila in fifteen minutes.
8. The market square is a nice meeting place for tourists.
9. It is important for the people of Helsinki.
10. In other cities public transportation is also handled with buses.

CHAPTER 6

A VISIT TO THE DOCTOR

Topics - How to make a doctor's appointment; How to describe one's symptoms; How to express one's fears; How to understand the doctor's comments and questions.
Grammar - Basic sentence types: intransitive, transitive, and equative sentences; Other basic sentences: impersonal sentences and necessive sentences; The conditional mood; Imperatives; Possesive suffixes; Expressing sensory perception; Nominal type 5.

6.1. DIALOGUES

DIALOGUE 1

Mrs Mäki's relative, Selma Latvala in Kauhava, has suffered abdominal pain on and off for several weeks. She is terribly concerned and anxious when one morning the pain seems to have sharpened. She calls the health center thinking she can go in to see the doctor immediately.

Virkailija:	Terveyskeskus, hyvää huomenta.
Selma L:	Hyvää huomenta. Minun täytyisi päästä lääkäriin.
Virkailija:	Oliko Teillä aikavaraus?
Selma L:	Ei. Mutta voisinko tulla tänään aamupäivällä tai iltapäivällä?
Virkailija:	Ei. Valitettavasti tänään on aivan täyttä.
Selma L:	Mutta minun täytyy ehdottomasti päästä lääkäriin tänään. Onko se aivan mahdotonta?
Virkailija:	On. Tänään ei käy. Valitan. Teidän täytyy kyllä tehdä aikavaraus!
Selma:	Käykö huomenna?
Virkailija:	Kyllä käy. Voitteko tulla kello 10:00, siis aamulla kello kymmenen. Lääkärinne on tohtori Korhola
Selma L:	Luojan kiitos! Siis huomenaamuna kello 10:00. Kiitoksia.
Virkailija:	Kuulemiin.
Selma:	Kuulemiin.

Dialogue 2

The next morning Selma Latvala arrives bright and early at the Health Center at 8:45.

Selma L: Minulla on aikavaraus tohtori Korholalle kello kymmenen.
Avustaja: Mutta kello on nyt vasta varttia vaille yhdeksän.
Selma L: Tiedän. Lähdin kotoa kello kymmenen yli kahdeksan. On hyvä olla ajoissa.
Avustaja: Olkaa hyvä ja menkää odottamaan. Voitte istua tuolla.
Selma L: Kiitos.

(*A few minutes after ten o'clock*)

Hoitaja: Selma Latvala?
Selma L: Täällä.
Hoitaja: Seuratkaa minua!
Selma L: Hyvä on. Onko tohtori Korhola mies vai nainen?
Hoitaja: Hän on nainen. Tässä on hänen huoneensa.
Tohtori K: (*arriving*) Huomenta. Kuinka Te voitte tänään?
Selma L: Kiitos kysymästä. Hyvinhän minä voin, paitsi minulla on näitä vatsakipuja.
Tohtori K: Vai niin. No katsotaan. Voitteko mennä pitkällenne tälle vuoteelle.
Selma L: Eiköhän se onnistu.
Tohtori K: Sattuuko, kun painan tästä?
Selma L: Ei satu.
Tohtori : Entä tästä?
Selma L: Ei siitäkään.
Tohtori K: Paheneeko kipu syömisen jälkeen?
Selma L: Kyllä, nimenomaan ruuan jälkeen.
Tohtori K: Se voi johtua sappikivistä. Meidän täytyy ottaa muutamia verikokeita.
Selma L: Minä pelkäsin, että se voisi olla umpisuoli. Joudunko leikkaukseen? Pitääkö minun mennä sairaalaan?
Tohtori K: Ei tarvitse mennä sairaalaan. Jos se olisi umpisuoli, meidän pitäisi leikata. Uskon kyllä, että paranette lääkityksellä ja ruokavaliolla.
Selma L: Kiitoksia, tohtori.

Dialogue 3

Jason Johnson is an American student at the University of Helsinki interested in the cultural history of Finland, particularly church architecture and church art. He has recently returned from a lengthy field trip during which he has contracted a sore throat, most likely strep throat. He goes to the health clinic emergency.

Lääkäri: Iltaa. Minä olen päivystävä lääkäri. Mikä Teitä vaivaa?
Jason: Minulla on kurkku kipeä.
Lääkäri: Entä onko Teillä kuumetta, nuha tai yskä?
Jason: Ei ole nuha eikä yskä, mutta ehkä vähän kuumetta.
Lääkäri: Onko Teillä päänsärkyä?
Jason: Ei oikeastaan päänsärkyä. Mutta kurkku tuntuu kuivalta.
Lääkäri: Kuinka kauan Teillä on ollut tämä kurkkukipu.
Jason: Kolme päivää, ehkä neljäkin.
Lääkäri: Aha. Teidän kurkkunne näyttää todella punaiselta ja turvonneelta.
Jason: Onko se angiina?
Lääkäri: Siltä kyllä näyttää. Kirjoitan Teille joka tapauksessa varmuuden vuoksi reseptin. Oletteko penisiliinille tai muille antibioottisille aineille allerginen?
Jason: Ei. Minulla ei tietääkseni ole mitään allergioita.
Lääkäri: No niin. Voitte ostaa nämä lääkkeet mistä tahansa apteekista.
Jason: Kiitoksia.
Lääkäri: Tulkaa kymmenen päivän kuluttua takaisin, jos kurkku on vielä kipeä.
Jason: Kiitos. Näkemiin.
Lääkäri: Näkemiin.

6.2 INFORMATION

(A) NOTES ON DIALOGUE I :

1. *Terveyskeskus*
Finland has a national health plan. The *terveyskeskus* 'health center' is municipal and the majority of the hospitals are maintained by municipal and regional associations. Doctors are hired by the health centers. There is only a small user fee. In most municipalities there is a physician on duty at all times.

2. *lääkäri / tohtori*
Both *lääkäri* and *tohtori* are used in reference to medical doctors. The distinction is that *lääkäri* is the descriptive word for 'physician, doctor', while *tohtori* is the title 'doctor'.

(B) Notes on Dialogue 2

1. *täällä*

In response to the calling of one's name in a larger crowd it is customary to say *Täällä* 'here' as one may do in English as well:

Q: *Johnson?* A: *Here.*

(C) Word list

aamu, aamun, aamua, aamuja (N1)	morning
aamupäivä, -päivän, -päivää, -päiviä (N4)	morning, before noon
aika, ajan, aikaa, aikoja (N5)	time
aikavaraus, -varauksen, -varausta, -varauksia (N12)	appointment
aine, aineen, ainetta, aineita (N8)	substance, material
allergia, allergian, allergiaa, allergioita (N5)	allergy
allerginen, allergisen, allergista, allergisia (N17)	allergic
angiina, angiinan, angiinaa, angiinoita (N5)	strep throat
antibioottinen, -bioottisen, -bioottista, -bioottisia (N17)	antibiotic
apteekki, apteekin, apteekkia, apteekkeja (N3)	pharmacy
ehdottomasti	absolutely
ehkä	maybe, perhaps
flunssa, flunssan, flunssaa, flunssia (N5)	common cold
iltapäivä, -päivän, -päivää, -päiviä (N4)	afternoon
johtua, johdun *(jostakin)* (V1)	derive from; be due to
jos	if
joutua, joudun (V1)	end up; have to
jälkeen (genitive + *jälkeen*)	after
kello, kellon, kelloa, kelloja (N1)	clock, watch, bell
kipeä, kipeän, kipeää, kipeitä (N4)	sore, tender
kipu, kivun, kipua, kipuja (N1)	pain
kurkku, kurkun, kurkkua, kurkkuja (N1)	throat
kuume, kuumeen, kuumetta, kuumeita (N8)	fever; temperature
käydä, käyn (V6)	go, visit; be OK
leikata, leikkaan (V9)	operate; cut, clip
leikkaus, leikkauksen, leikkausta, leikkauksia (N12)	surgery, operation
Luoja, Luojan, Luojaa, Luojia (N5)	Lord, Creator
lääkäri, lääkärin, lääkäriä, lääkäreitä (N3)	physician, doctor
lääke, lääkkeen, lääkettä, lääkkeitä (N8)	drug, medicine
lääkitys, lääkityksen, lääkitystä, lääkityksiä (N12)	drug treatment
mahdoton, mahdottoman, mahdotonta, mahdottomia (N21)	impossible
mies, miehen, miestä, miehiä (N)	man, male
mikä tahansa: mikä, minkä, mitä tahansa	whatever, whichever
muutama, muutaman, muutamaa, muutamia (N5)	a few, some
nainen, naisen, naista, naisia (N17)	woman, female
nuha, nuhan, nuhaa, nuhia (N5)	runny nose

näyttää, näytän (V4)	show; look, appear, seem
ottaa, otan (V5)	take
paheta, pahenen (V11)	worsen, get worse
parata, paranen (V11)	get better, improve
pelätä, pelkään (V9) (+ partitive object)	fear, be afraid of
penisiliini, penisiliinin, penisiliiniä, penisiliinejä (N3)	penicillin
resepti, reseptin, reseptiä, reseptejä (N3)	prescription
pitäisi	should, ought to
pitää, pitää (3rd person singular) (V4)	have to, (have) got to
punainen, punaisen, punaista, punaisia (N17)	red
puoli, puolen, puolta, puolia (N2)	half; side
päivystävä, päivystävän, päivystävää, päivystäviä (N4)	on duty
päänsärky, -säryn, -särkyä, -särkyjä (N1)	headache
ruoka, ruuan, ruokaa, ruokia (N5)	food
ruokavalio, -valion, -valiota, -valioita (N1)	diet; controlled meal
sairaala, sairaalan, sairaalaa, sairaaloita (N5)	hospital
sairaanhoitaja, -hoitajan, -hoitajaa, -hoitajia (N5)	nurse
sappikivi, -kiven, -kiveä, -kiviä (N2)	gall stone
seurata, seuraan (V9)	follow
syödä, syön (V6)	eat
syöminen, syömisen, syömistä, syömisiä (N17)	eating
takaisin	back (again)
tapaus, tapauksen, tapausta, tapauksia (N12)	case, ocurrence
tehdä, teen, teki, tehnyt (V6)	do, make
terveyskeskus, -keskuksen, -keskusta, -keskuksia (N12)	health center
tohtori, tohtorin, tohtoria, tohtoreita (N3)	doctor (title)
tuntua, tunnun (V1)	feel, be felt
turvonnut, turvonneen, turvonnutta, turvonneita (N22)	swollen
tänään	today
täysi, täyden, täyttä, täysiä (N2)	full, complete
umpisuoli, -suolen, -suolta, -suolia (N2)	appendix
uskoa, uskon (V1)	believe
vaille	to, of, before (of time)
vaivata, vaivaan (V9)	bother, 'be wrong with'
valittaa, valitan (V5)	complain; regret
varmuus, varmuuden, varmuutta, varmuuksia (N11)	certainty, surety
vasta	not until, only
vatsakipu, -kivun, -kipua, -kipuja (N1)	stomach pain, ache
verikoe, -kokeen, -koetta, -kokeita (N8)	blood test
vuoksi (genitive + vuoksi)	because of, due to
yli (genitive + ***yli*** or ***yli*** + genitive)	over; past (about time)
yskä, yskän, yskää, yskiä (N4)	cough

(D) Some phrases

huomenaamuna	tomorrow morning
joka tapauksessa	in any case
Luojan kiitos	Thank God

menkää pitkällenne	lie down, please
valitan	I am sorry
varmuuden vuoksi	just to be sure, just in case
kotoa	from home
kiitos kysymästä	thank you for asking
mikä, kuka tahansa	whatever, whoever

6.3 STRUCTURAL EXPLANATIONS

(A) STRUCTURES TO LEARN

(I) HOW TO ASK FOR A DOCTOR'S APPOINTMENT

Minun täytyisi päästä lääkäriin? I need to see a doctor, please

Voisinko { tehdä aikavarauksen lääkärille? / saada ajan lääkärille? }

'Could I { make / get } an appointment, please?'

(II) HOW TO DESCRIBE ONE'S SYMPTOMS

Minulla on { kurkku kipeä. / vatsakipuja. / päänsärkyä. / kuumetta. / nuha ja yskä. / flunssa. }

'I've got { a sore throat'. / stomach pains.' / a headache.' / a temperature, fever.' / a runny nose and cough.' / a cold.' }

Flunssa is the vernacular word for *inflluenza,* yet it mostly refers to the common cold.

(III) THE PARTS OF THE BODY ARE:

pää, pään (N6)	head	**vartalo, vartalon** (N1)	body
silmä, silmän (N4)	eye	**vatsa, vatsan** (N5)	stomach
kurkku, kurkun (N1)	throat	**selkä, selän** (N4)	back
korva, korvan (N5)	ear	**jalka, jalan** (N5)	foot, leg
nenä, nenän (N4)	nose	**polvi, polven** (N2)	knee
sormi, sormen (N2)	finger	**käsi, käden** (N2)	hand; ar
käsivarsi, -varren (N2)	arm	**varvas, varpaan** (N9)	toe
kaula, kaulan (N5)	neck	**rinta, rinnan** (N5)	chest, breast

(IV) How to state what time it is:

	tasan viisi		five sharp'
	viittä vaille viisi		five to five'
Kello on	viisitoista yli kuusi	'It's	fifteen past six'
	puoli kahdeksan		seven thirty'
	viisi yli puoli kolme		two thirty five'

(B) Structures to understand at the doctor's office.

1. Mikä teitä vaivaa? — What is wrong with/bothering you?
2. Meillä on aivan täyttä. — We're fully booked.
3. Ei käy. — It will not work out.
4. Seuratkaa minua! — Follow me! or Come with me!
5. Menkää pitkällenne! — Lie down, please.

(C) Grammar

(I) Basic sentence types

Among the very basic sentence types in Finnish are three which always require their **subjects** to be marked with **the nominative case**: 1. **intransitive sentences,** 2. **transitive sentences,** and 3. **equative senteces.** These three types make up the **nominative subject sentence types.** All three types also require the verb to **agree** with the subject in grammatical person and number as well.

The nominative subject sentence types make up the majority of sentences in Finnish and will be further described as follows:

1. **Intransitive sentences** have only two mandatory constituents: a subject and an intransitive verb, but may optionally have additional constituents (+ X where X stands for any constituent). The *term intransitive verb refers to verbs which do not have objects.* Thus a technical specification of intransitive sentences yields the following:

$$\textbf{Subject}_{\textbf{nominative}} + \textbf{Verb}_{\textbf{intransitive + agreement}} \ (+\ \textbf{X})$$

Ihmiset matkustavat. 'People travel.'
Herra ja Rouva Mäki saapuvat Vaasaan. 'Mr & Mrs Mäki arrive in Vaasa.'

2. **Transitive sentences** have minimally a subject, a transitive verb and an object, but may optionally have adverbials. The object will be marked with either **the accusative or the partitive case.** (For further discussion of the rules

of object marking in Finnish see Chapter 15 and Reference grammar). The *term transitive verb refers to verbs which have or could have objects.*
The technical specification of the transitive sentence is as follows:

Subject$_{\text{nominative}}$ + **Verb**$_{\text{trans + agreement}}$ + **Object**$_{\text{accusative/partitive}}$ (+X)

Herra Auvinen ostaa neljä lippua.	'Mr Auvinen buys four tickets.'
Kirjoitan Teille reseptin.	'I'll write you a prescription.'

3. **Equative sentences** differ from transitives in that their verb is always *OLLA* (which can never take an object). The constituent following *OLLA* is called predicate adjective or predicate noun because it will either be an adjective or a noun (noun phrase). The predicate adjective or predicate noun will be marked with either **the nominative or the partitive case**. (The rules for predicate adjective/noun are given in Chapter 10 and in the Reference grammar). The structural specification of equative sentences is the following:

Subject$_{\text{nom.}}$ + **OLLA**$_{\text{agr.}}$ + **Pred.Noun/Adjective**$_{\text{nom./part.}}$

Kurkku on kipeä.	'The (my) throat is sore.'
Taksit ovat luotettavia.	'The taxis are reliable.'

(II) Other basic sentences: Impersonal sentences

Impersonal structures mean sentences in which there is not a clear subject expressed in subject cases. Finnish has a proportionately large number of impersonal structures. Such impersonal structures described further below are e.g. **(1) subjectless sentences** *On hyvä olla ajoissa* 'It is good to be on time'; and **(2) necessive sentences**, i.e., those which express necessity or obligation: *Minun täytyy päästä lääkärille* 'I have to get to the doctor'.

1. Subjectless sentences

In English there are no subjectless sentences; if there is not a subject candidate available a formal subject **it** is inserted. Finnish does not insert any formal subject, but ends up with subjectless sentences in such cases. The verb is simply marked with the third person singular, the unmarked form of the person inflection:

Ei käy.	'It will not work out.'
Ei tarvitse.	'There is no need'; 'It's not necessary.'
Siltä näyttää.	'It seems that way.'
Tänään on aivan täyttä.	'Today it's completely full.'

2. Necessive sentences

Necessity or obligation is imposed on verbs using auxiliary, i.e., so-called helping verbs such as *täytyy* 'must, have to'; *täytyisi* 'should'; *pitää* 'have to'; *pitäisi* 'should, ought to'; and *on pakko* 'have to, must'. These **auxiliaries** are marked with the **third person singular**. The party (underlying subject) under necessity or obligation is expressed with the **genitive case**. Necessive sentences can be seen as operations on regular statements where, further, the **main verb** is expressed with the **infinite I** or basic form: *Minä menen + täytyy >> Minun täytyy mennä.* 'I must go'. Examples:

Meidän täytyy ottaa verikokeita.	'We have to take some blood tests.'
Pitääkö minun mennä sairaalaan?	'Do I have to go to the hospital?'
Meidän pitäisi leikata.	'We would have to/should operate.'

(III) Imperative singular and plural

The imperative mood expresses commands, orders or requests designed to influence the behavior of the addressee(s). **Imperative singular** (2nd person) is used to express a request to one person and consists simply of **the verb stem**, the one we receive by taking off the **-n** from the second principal part of the verb: *tulla, **tule/n***, i.e., imperative singular has no marker.

Tule sisään!	'Come on in!'
Ole hyvä!	'There you are', lit. 'be good!'

When making requests to several people **imperative plural** (also 2nd person) is used. The imperative plural marker is **-kaa, -kää** which is added to another stem, the one we receive by taking off the infinitive marker **-a, -ä, -da, -dä,** etc. Note that in *seurat/a, osat/a* the infinitive marker is **-a, -ä** only and the **-t-** is part of the infinitive stem.

seurat/a	> ***seurat + kaa***	> *seuratkaa*	'follow'
tul/la	> ***tul + kaa***	> *tulkaa*	'come'
täyttä/ä	> ***täyttä + kää***	> *täyttäkää*	'complete, fill'

(IV) Conditional mood

The conditional mood is designed to allow language to be used for wishes, dreaming, hypothesizing. The English category **subjunctive mood**, is, however, in if-clauses mostly homonymous with the **indicative mood**, while the main clause uses an auxiliary **would**: *If I **had** money, I **would travel** to Finland.* Finnish in such cases uses a form called **conditional mood**. The conditional is used in both the subclause and the main clause and will alway have the suffix **-isi.** The suffix **-isi-** followed by a personal suffix (**-n, -t**, no suffix, **-mme, -tte, -vat, -vät**) is added to the stem one receives by taking off **-vat, -vät** from the 3rd person plural present tense form (*tule/vat* > ***tule-***; *anta/vat* > ***anta-***).

The addition of **-isi-** causes some changes in the stem vowel: **-e**, and **-i** drop, long vowel shortens: *tule* + *isi* > *tulisi* 'would come', *vaati* + *isi* + *n* > *vaatisin* 'I would demand'; *osaa* + *isi* + *vat* > *osaisivat* 'they would know how'. Note that conditional of **olla** is *olisi*.

The Politeness Conditional. As has become evident in earlier chapters, conditional is also used to express polite requests:

> *Voisitteko sanoa...?* 'Could you please say...?'
> *Saisimmeko...?* 'Could we have...?'

(V) Possessive suffixes

In standard Finnish and in the written norm, possessive pronouns, i.e., the genitive forms of the personal pronouns: *minun, sinun, hänen, meidän, teidän, heidän* require the thing possessed following the pronoun to be marked with yet another marker of possession.

1. How to add the suffixes. The markers, called **possessive suffixes** are:

minun	**-ni**	**minun autossani** 'in my car'
sinun	**-si**	**sinun autossasi** 'in your car'
hänen	**-nsa, -nsä**	**hänen autoonsa** 'into his/her car'
"	**-V+n**	**hänen autossaan** 'in his/her car'
meidän	**-mme**	**meidän autossamme** 'in our car'
teidän	**-nne**	**teidän autossanne** 'in your car'
heidän	**-nsa, -nsä**	**heidän autonsa** 'their cars'
"	**-V+n**	**heidän autossaan** 'in their cars'

Possessive suffixes, when added to a **nominative singular, nominative plural** and **genitive singular** must use the word stem directly and **strong grade is inserted** in that stem when the suffixes are added:

minun { *lippu* / ***lipun*** / *liput* } > ***lipu***+*ni* (--> strong grade) > *lippu* + *ni* > *lippuni*

hänen *huone* (go to stem) > ***huonee***+*nsa* > *huoneensa*.

2. How and when to use possessive suffixes. Informal speech rarely, if ever, uses possessive suffixes. The norms governing speech are continually becoming more lax, to the point that one hears possessive suffixes only occasionally in present day Finnish speech. This textbook is, therefore, ambivalent in its use of possessive suffixes. Some characters in the book, particularly the younger ones and those from North America, don't use them at

all. Others do in semi-formal situations to reflect the still prevailing standard in writing and formal speech. The written norm even favors omitting the possessive pronoun and retains only the suffix: *autoni* 'my car', *huoneenne* 'your room'.

(VI) Expressing sensory perception

Verbs indicating sensory perception or how something appears, seems, feels etc. express the person implicated with **the elative case (-sta, -stä)** and the value of how it appears, seems, feels, etc. with **the ablative case (-lta, -ltä)**:

__Minusta__ tämä näyttää hyvä__ltä__	'To me this looks/seems good'
Mei__stä__ tuntuu mukava__lta__ että...	'To us it feels nice that...'
Matka vaikuttaa pitkä__ltä__	'The trip appears long'
Kahvi maistuu hyvä__ltä__	'The coffee tastes good'

(VII) Nominal type 5:

The noun inflection patterns bring forth additional word types in the nominal (See Nominal Sheet, and types 1-4 Chapter 5):

Type 5: *juna, junan, junaa, junia* 'train'; *sama, saman, samaa, samoja* 'same' Words which in the basic form end in a short **-a** go two different ways in the plural. The **-a** of the stem, *juna+i* or *sama-* either drops *jun+i+a > junia*, or changes into an **-o**, *samo+j+a > samoja,* when the plural **-i** is added.

The rule defining this distribution is called **The Dog & Cabin Rule** or, in Finnish, the **Koira & Tupa -rule**, which states:

Rule 1: The DOG & CABIN Rule

Finnish bisyllabic words (words with two syllable stems) which end in short **-a**, will drop the **-a** of the stem if the first vowel in the word is **o** (like in *koira > koiria)* or **u** (like in *tupa > tupia)*. If the first vowel is any other (**a, e** or **i**) the **-a** of the stem will change into an **-o** *(kala > kaloja, kerta > kertoja, kirja > kirjoja).*

Rule 2.

In longer words, words of three syllables or more, the **-a** in the stem normally drops: *mukava > mukavia* 'comfortable, nice', *opettaja > opettajia* 'teacher'.

Exceptions to rule 2: Special derivational suffixes behave exceptionally in that the **-a** and **-ä** will not drop, but change into **-o** or **-ö** in words ending in some distinct derivative suffixes. These include at least: **-la, -lä; -ija, -ijä; -kka, -kkä;**

-ua, -yä Examples: *käymälä* > *käymälöitä* 'toilet', *opiskelija* > *opiskelijoita* 'student', *kapakka* > *kapakoita* 'bar, saloon', *saippua* > *saippuoita* 'soap'.

6.4. EXERCISES

SECTION A

EXERCISE 1

What would you say and how if:

1. You have a sore throat.
2. You have eaten too much and are in pain.
3. You have had too much to drink the evening before.
4. You have been coughing badly for days.
5. Your nose has been runny several days.
6. You have a fever.
7. Your throat has been dry.
8. You are not allergic to penicillin.
9. You have a swollen throat.
10. You have tripped and hurt your foot.

EXERCISE 2

Say that the following parts of your body hurt:

head	stomach
knee	ear
arm	throat
hand	back

EXERCISE 3

Play the role of the patient (*potilas* (N9)) in the following short dialogue. Make up the part of the patient and read aloud the part of the doctor. If you are working with a partner, take turns playing the role of the patient and of the doctor.

Potilas	*Lääkäri*
1. Express your greeting.	
	2. Hyvää päivää. Kuinka Te voitte tänään?
3. Say you have a sore and dry throat.	
	4. Kuinka kauan kurkku on ollut kipeä?
5. Say you have had it for three days.	
	6. Kirjoitan Teille reseptin. Ottakaa tabletti kolme kertaa päivässä, kymmenen päivää.
7. Say thank you and good bye.	
	8. Näkemiin.

Section B

Exercise 4

Ask or request a. a close friend, b. several people to do the following things (using appropriate imperative forms):

1. (tulla sisään) a.

   b.

2. (olla ajoissa) a.

   b.

3. (mennä istumaan) a.

   b.

4. (seurata minua) a.

   b.

5. (odottaa) a.

   b.

Exercise 5

Rework these sentences so that you change the verbs of the following sentences into the conditional mood:

1. Minä olen iloinen, jos sinä tulet mukaan.
2. Me tulemme Turkuun ensi lauantaina.
3. Potilas joutuu leikkaukseen, jos umpisuoli vaivaa häntä.
4. Voitteko sanoa...?
5. Haluan kupin kahvia.

Exercise 6

Put possessive suffixes on the following nouns as triggered by the possessive pronouns:

1. minun kirjassa >
2. sinun nimi >
3. hänen huone >
4. meidän lääkärille >
5. teidän taksia >
6. heidän kipuja >
7. minun tiedusteluihin >
8. sinun laukussa >
9. hänen kortista >
10 meidän kuumeeseen >
11. teidän tapauksessa >
12. heidän uudet kirjat >

Exercise 7

Translate the following sentences into Finnish:

1. She has to get to the doctor.
2. You do have to make an appointment.
3. We left home at six thirty.
4. Can you lie down on this bed, please.
5. I am afraid I will have to have an operation ("go into an operation").
6. People often get well with medication.
7. Fortunately we don't have to operate.
8. Does it hurt when you sit?
9. When does the pain get worse?
10. It is good to take some blood tests just to be sure ("for certainty's sake").
11. Your throat looks red and swollen.
12. It is quite impossible to get to the doctor today. I am sorry.

CHAPTER 7

SHOPPING

Topics - How to go shopping; How to understand salespeople; How to ask how to try something on; How to ask for something different; How to ask for prices.
Grammar - Informal speech; Family tree words; Some uses of infinitive III; Negative imperative; Nominal types 6 and 7.

7.1 DIALOGUES AND NARRATIVE

DIALOGUE 1

It is day before Mother's Day. Outi and Kari of the Laine household - Marjut is out of town - have planned to go shopping together to get something for mother.

Outi: Tuu nyt jo, Kari. Meidän pitää mennä ostoksille ja löytää joku kiva lahja äidille.
Kari: Joo, joo, älä hätäile, kyl me vielä ehditään.
Outi: Nyt on lauantai. Kaupat menee kiinni aikaisin.
Kari: Ostoskeskus on auki myöhempään. Mennään sinne. Mä oon nyt jo valmis.
(*At the shopping center*)
Outi: Äidille on niin vaikee ostaa lahjoja ku sill on jo kaikkee.
Kari: Ostetaan sille vaikka hajuvettä, tai sukat, tai koru, tai kaunis pusero.
Outi: Sinäpä sen sanoit! Äiti tarttee uuden, pitkähihaisen puseron.
Kari: (*Summons the salesperson*) Neiti, mis on naisten vaateosasto?
Myyjä: Neljännessä kerroksessa, liukuportaista vasemmalle.
Kari: (*turning to Outi*) Mee sä vaan kattomaan puseroita, mä meen kellarikerrokseen etsimään onnittelukortteja.
Outi: Okei, mut älä oo kauan.

DIALOGUE 2

The same situation at the shopping center a few minutes later. A salesperson approaches Outi.

Myyjä: Voinko auttaa?
Outi: Kyllä, löytyykö tätä puseroa koossa 42?
Myyjä: Ei, valitettavasti, se on loppuunmyyty. Mutta täällä meillä on saman-

värinen silkkipusero ja se on alennusmyynnissä. Haluatteko sovittaa sitä? Sovitushuoneet ovat tuolla.

Outi: Ei, kiitos, ei se tuu mulle. Se tulee äidille.

Myyjä: Saisiko olla muuta? Esimerkiksi huivi, joka sopii tähän puseroon?

Outi: Ei kiitos, kyl tää saa riittää.

(*Kari returns showing his find*)

Kari: Mitä sä tykkäät tästä kortista?

> Äidille
>
> Kiitos rakas äitimme,
> Olet meille kultainen.
>
> * * *
>
> Onnellista Äitienpäivää!

Outi: Kyl se on ihan hyvä kortti. Siin on kaunis kuvakin.Äiti tykkää ruusuista.

Kari: Joo, niin mustakin. - Mitä sulla on? (*Sees the blouse*) Ai, mutta sehän on ihan nätti pusero äidille. Otetaan se. Mitä se maksaa?

Myyjä: Vain 256 markkaa. Voitte maksaa kassaan. Pannaanko tämä lahjapakettiin?

Outi: Juu, kiitos. (*Turning to Kari*) Hei Kari, mä meen vielä kattelemaan farkkuja, nähdään kotona.

Kari: Joo, moi!

Outi: Moi!

NARRATIVE

Marjutin veli Kari on Laineen perheen ainoa poika. Outi on Marjutin ja Karin pikkusisko. He muistavat aina äitiä äitienpäivänä ja isää isänpäivänä. Joskus he käyvät isovanhempien haudalla. Hautakivessä lukee: "Otto Eenokki Laine, syntynyt 1918, kuollut 1944; Ida Maria Laine (os Honkanen) syntynyt 1920, kuollut 1993." Kaikki Laineen perheen lapset muistavat hautajaiset hyvin.

7.2. INFORMATION

(A) NOTES ON DIALOGUES 1 AND 2

1. *Non-Formal Speech*

The language spoken by Outi and Kari in these dialogs reflects informal speech as it is generally spoken in most natural, non-formal speech situations in today's Finland, especially by the young people. For further comments, see structural explanations in this chapter.

2. *Mother's Day*

Mother's Day, *Äitienpäivä* in Finnish, is celebrated in Finland as in North America the second Sunday in May. The celebration is also similar and typically involves some personal gift and an *äitienpäiväkortti* 'Mother's Day card'.

3. *sopia johonkin*

The verb *sopia* goes with the destination cases illative and allative. *Sopia* means either 'fit' or 'suit'.

4. *Family tree*

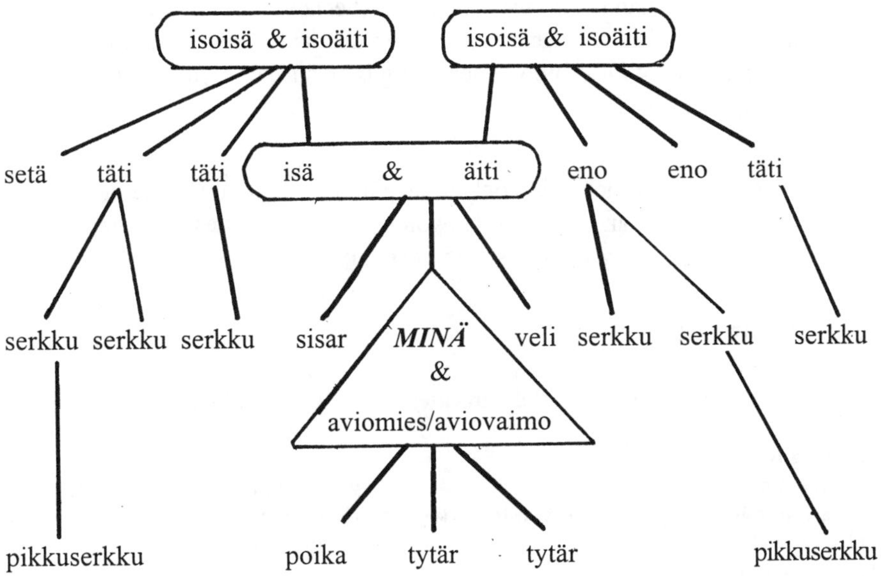

The closest relatives in Finnish are (in alphabetical order):

eno, enon, enoa, enoja (N1)	(maternal) uncle
isoisä, isän, isää, isiä (N4)	grandfather
isovanhemmat, isovanhempia (N19)	grandparents

isoäiti, -äidin, äitiä, äitejä (N3)	grandmother
isä, isän, isää, isiä (N4)	father
perhe, perheen, perhettä, perheitä (N8)	family
pikkuserkku, -serkun, -serkkua, -serkkuja (N1)	second cousin
poika, pojan, poikaa, poikia (N5)	son
serkku, serkun, serkkua, serkkuja (N1)	cousin
setä, sedän, setää, setiä (N4)	(paternal) uncle
sisar, sisaren, sisarta, sisaria (N15)	sister
tytär, tyttären, tytärtä, tyttäriä (N15)	daughter
täti, tädin, tätiä, tätejä (N3)	aunt
vanhemmat, vanhempia (N19)	parents
veli, veljen, veljeä, veljiä (N2)	brother
äiti, äidin, äitiä, äitejä (N3)	mother

Note: In Finnish *aunts* are not differentiated into maternal or paternal, but are both called *täti*, while uncles are *eno* and *setä* respectively.

(B) Notes on the Narrative

1. os

The abbreviation *os* stands for *omaa sukua* 'by (her) own family', 'nee'. It is still customary for Finnish women to take their husbands' names although this tradition is changing with some women using both surnames and others simply keeping their own names.

2. hautajaiset

Hautajaiset is a word which exists only in its plural form although the meaning is simply funeral in singular. Other similar words, called pluratives (see chapter 19), are *häät* 'wedding', *ristiäiset* 'christening ceremony', *päivälliset* 'dinner party'.

(C) Word list

aikaisin	early
alennusmyynti, -myynnin, -myyntiä, -myyntejä (N3)	sale, discount sale
auki	open
auttaa, autan (V5)	help
ehtiä, ehdin (V3)	have time; make it on time
esimerkki, esimerkin, esimerkkiä, esimerkkejä (N3)	example
etsiä, etsin (V3)	look for, search
farkut, farkkuja (N1)	jeans, blue jeans
hajuvesi, -veden, -vettä, -vesiä (N2)	perfume
hautajaiset, hautajaisia (N17)	funeral
hissi, hissin, hissiä, hissejä (N3)	elevator
huivi, huivin, huivia, huiveja (N3)	scarf
hätäillä, hätäilen (V6)	worry; rush
joka, jonka, jota, joita (relative pron.)	who, which, that

joku, jonkun, jotakuta, joitakuita	some; someone
kaikki, kaiken, kaikkea (N2)	everything, all
kaikki (nom. pl.), **kaikkia**	everybody, all
kassa, kassan, kassaa, kassoja (N5)	cash register
katsella, katselen - katselemaan (V6)	look for; watch
katsoa, katson - katsomaan (V1)	look
kauppa, kaupan, kauppaa, kauppoja (N5)	store; commerce
kauan	long; a long time
kellarikerros, -kerroksen, -kerrosta, -kerroksia (N12	basement level
kiinni	closed
kiva, kivan, kivaa, kivoja (N5)	nice, fun, "great"
koko, koon, kokoa, kokoja (N1)	size
kortti, kortin, korttia, kortteja (N3)	card
koru, korun, korua, koruja (N1)	piece of jewelry
kultainen, kultaisen, kultaista, kultaisia (N17)	sweet, golden
kuollut, kuolleen, kuollutta, kuolleita (N22)	dead, died
kuva, kuvan, kuvaa, kuvia (N5)	picture
kun	when, since, as
lahja, lahjan, lahjaa, lahjoja (N5)	present, gift
lahjapaketti, -paketin, -pakettia, -paketteja (N3)	gift package
lapsi, lapsen, lasta, lapsia (N2)	child
lauantai, lauantain, lauantaita, lauantaita (N6)	Saturday
loppuunmyyty, -myydyn, -myytyä, myytyjä (N1)	sold out
löytyä, löydyn (V1); cf *löytää*	be found; cf to find
mennä ostoksille; olla ostoksilla	go / be shopping
myöhempään	(until) later
naisten vaateosasto, -osaston, -osastoa, -osastoja (N1)	women's clothing department
neljäs, neljännen, neljättä, neljänsiä (N20)	fourth
nähdä, näen (V6)	see; meet
nätti, nätin, nättiä, nättejä (N3)	pretty, neat
onnellinen, onnellisen, onnellista, onnellisia (N17)	happy
onnittelukortti, -kortin, -korttia, -kortteja (N3)	greeting card
ostaa, ostan (V5)	buy, purchase
ostos, ostoksen, ostosta, ostoksia (N12)	purchase
ostoskeskus, -keskuksen, -keskusta, - keskuksia (N12)	shopping center
ottaa, otan (V5)	take
panna, panen (V7)	put, place
paketti, paketin, pakettia, paketteja (N3)	package, parcel
pitkähihainen, -hihaisen, -hihaista, -hihaisia (N17)	long-sleeved
pois	away
pusero, puseron, puseroa, puseroita (N1)	blouse
rakas, rakkaan, rakasta, rakkaita (N9)	dear, precious
riittää, riitän (V4)	suffice, be enough
samanvärinen, -värisen, -väristä, -värisiä (N17)	of same color
silkkipusero, -puseron, -puseroa, -puseroita (N1)	silk blouse
sopia, sovin (V3)	be suited/suitable
sovittaa, sovitan (V5)	try on; fit
sovitushuone, -huoneen, -huonetta, -huoneita (N8)	fitting room

sukka, sukan, sukkaa, sukkia (N5)	sock; stocking
syntynyt, syntyneen, syntynyttä, syntyneitä (N22)	born
tarvita, tarvitsen (V10); (**tartten** or **tarviin** (informal))	need
tietysti	of course
tykätä, tykkään (V9)	like, "dig"
unohtaa, unohdan (V5)	forget
uusi, uuden, uutta, uusia (N2)	new
vaikea, vaikean, vaikea(t)a, vaikeita (N5)	difficult, hard
vaikka	even, "why not"
äiti, äidin, äitiä, äitejä (N3)	mother

(D) Some phrases

esimerkiksi (also abbreviated ***esim.***)	for example
hautakivessä lukee	on the grave stone it reads
isänpäivänä	on Father's Day
kotona	at home
äitienpäivänä	on Mother's Day

7.3. STRUCTURAL EXPLANATIONS

(A) Structures to learn

(I) How to say: Let's ...

Lauletaan yhdessä.	'Let's sing together.'
Mennään ostoskeskukseen.	'Let's go to the shopping center.'
Mennään ostoksille.	'Let's go shopping.'
Katsotaan.	'Let's see.'
Otetaan se.	'Let's take/buy that (one)!'

(II) How to call the attention of a sales clerk

Neiti, / Myyjä, / Anteeksi, } voisinko....?   'Miss, / 'Miss / Sir, / 'Excuse me, } could I....., please?'

(III) How to understand salespeople:

Voinko auttaa?	'May I help you?'
Saako olla / Saisiko olla / Tuleeko } muuta?	'Will there be anything else?'
Valitettavasti se on loppuunmyyty.	'Unfortunately it is sold out.'
Voitte maksaa kassalla.	'You can pay at the cashier.'
Haluatteko sovittaa puseroa?	'Do you wish to try the blouse on?'

(IV) The verb *käydä*

He käyvät	Helsingi**ssä**. ostoskeskuksessa. hauda**lla**. rautatieasema**lla**.	'They visit	Helsinki.' the shopping center.' the grave.' train station.'

(B) Grammar

(I) Person inflection of the verb in non-formal speech

The differences between the standard (written) norm in Finnish and normal, non-formal speech are considerable, particularly in the area of morphology. The personal pronouns as well as the inflection in the verb is systematically different in speech. The pronouns are contracted or reduced to **mä, sä, se** (even of people), **me, te, ne** (even of people), and the verb uses a passive form for 1st person plural and the 3rd person singular also in the plural. Thus the verb *asua* 'live' inflects as follows:

mä asun	en asu	(me) asutaan	(me) ei asuta
sä asut	et asu	te asutte	ette asu
se asuu	ei asu	ne asuu	ei asu

Four very frequent verbs in Finnish: *olla, tulla, mennä,* and *panna* are also severely reduced in many present tense forms:

olla 'be'		**tulla** 'come'	
mä oon	en oo	tuun	en tuu
sä oot	et oo	tuut	et tuu
se on	ei oo	tulee	ei tuu
me ollaan	ei olla	(me) tullaan	(me) ei tulla
te ootte	ette oo	tuutte	ette tuu
ne on	ei oo	tulee	ei tuu
mennä 'go'		**panna** 'put'	
mä meen	en mee	paan	en paa
sä meet	et mee	paat	et paa
se menee	ei mee	panee	ei paa

(me) mennään	(me) ei mennä	(me) pannaan	(me) ei panna
te meette	ette mee	paatte	ette paa
ne menee	ei mee	panee	ei paa

(II) Other speech features of note

Non-formal speech has several other characteristics as well:

1. The personal pronouns are reduced also in their inflected forms:
minä*: mä, mun, mua, mulla, multa, mulle, mussa, musta, muhun*
sinä*: sä, sun, sua, sulla, sulta, sulle, sussa, susta, suhun*

2. Other pronouns are affected in other ways:
tämä: tää, tään, tätä, (nom. pl. nämä), *näitä*
tuo: toi, ton, tota, (nom. pl. noi), *noita*

3. Effects on vowels:
(a) non-diphthongs may become reduced to long vowel: *vaikea > vaikee, kaikkea > kaikkee; vain > vaan* (or even *vaa*).

(b) the vowel **i** may drop: (numerals) *yks, kaks, viis, kuus*; *punainen > punanen*, etc.

(c) other occasional drops of vowel: *kyllä > kyl*, adessives *sillä > sil*; inessives: *missä > mis; siinä > siin*; (Note that in conformity with Finnish orthography no double consonants are found in word final position).

4. Effects on consonants include **ts** becoming **tt**: *katsomaan > kattomaan* and dropping of final **-n**, particularly in conjunctions or other form words: *kun > ku, niin > nii, vain > vaa.*

5. Other effects include for example the verb *tarvita, tarvitsen* of which forms such as *mä tartten, sä tarttet, se tarttee*, etc are heard. One may also hear *tarviin, tarviit, tarvii; ei tarvi* of the same verb. The verb *tykätä, tykkään* is much more frequent in speech than *pitää, pidän* for the same meaning 'like'.

6. Greetings and expressions for yes reflect non-formal speech as well: **hei, moi, joo, juu.**

(III) Mennä and tulla + -maan, -mään in the main verb

Verbs of motion, such as *mennä* and *tulla*, are frequently used together with other verbs. Since *mennä* and *tulla* are destination oriented they require illative (or allative) on the destination: *Menen Suomeen.*
If an illative suffix is to be added to a verb the 3rd infinitive form is needed. The 3rd infinitive has the marker **-ma, -mä,** which is added to the "strong verb stem".

The strong stem is received by taking off **-vat, -vät** from the third person plural present tense *ottavat > otta + ma = ottama*. To this 3rd infinitive form is then added the illative suffix (vowel prolongation and **n**): *ottama-an > ottamaan*.

Examples: *Menen katsomaan* 'I'll go and look...'; *Tulkaa syömään* 'Come and eat'.

(IV) NEGATIVE IMPERATIVE

It is frequent in warnings and forbiddings to use the imperative form negated. The negation verb in imperative is **älä** in 2nd person singular and **älkää** in 2nd person plural. The main verb uses the plain stem as imperative in 2nd person singular and the suffix **-ko, -kö** in the plural, added to the infinitive stem as was used in the affirmative: **-kaa, -kää** (see chapter 6): *Älä mene pois!* 'Don't go away.'; *Älkää olko täällä!* 'Don't (stay) here.'

Some examples of imperatives:

Affirmative	**Negative**
Tule sisään! 'Come in!'	*Älä tule sisään!* 'Don't come in!'
Tulkaa sisään! 'Come in!	*Älkää tulko sisään!* 'Don't come in!'
Unohda se! 'Forget that!'	*Älä unohda sitä!* 'Don't forget it!'
Unohtakaa se! 'Forget that!'	*Älkää unohtako sitä!* 'Don't forget it!'
Odota! 'Wait!'	*Älä odota!* 'Don't wait!'
Odottakaa! 'Wait!'	*Älkää odottako!* 'Don't wait!'
Mene pois! 'Go away!'	*Älä mene pois!* 'Don't go away!'
Menkää pois! 'Go away!'	*Älkää menkö pois!* 'Don't go away!'

(V) NOMINAL TYPES 6 AND 7

Type 6: *maa, maan, maata, maita* 'country, land'; *voi, voin, voita, voita* 'butter' Words ending in **a long vowel** or in **a diphthong** (other than **uo, yö, ie**) in nominative **drop their last vowel** before the plural marker **-i-**: *vapaa > vapaita* 'free', *puu > puita* 'tree, wood'.

Type 7: *työ, työn, työtä, töitä* 'work, job'
Historically, the words of type 7 belonged under type 6: they ended in long vowels ***-oo, *-öö, *-ee**. Sound changes in the history of the Finnish language have systematically resulted in the following three diphthongations: ***oo > uo, *öö > yö, *ee > ie**. In modern Finnish, however, the diphthong **uo, yö,** and **ie** are said to **drop their first vowel** before plural **-i-**: *suo+i+ta > soita , työ+i+tä > töitä,* and *tie+i+tä > teitä.*

7.4. EXERCISES

EXERCISE 1

Find in the following text those speech features which are different in standard Finnish.

Rewrite the sentences in standard Finnish:

1. Ootko sä viistoistvuotias?
2. Toi punanen huivi ei oo musta kaunis.
3. Tuleeko ne kattomaan mun lahjoja?
4. Äidille on vaikee ostaa mitään ku sil on kaikkee.
5. Se ei esimerkiks tartte koruja.
6. Mut kyl ne on mukavii nää meidän vanhemmat.
7. Älä mee vielä, tuu ensin mun kans kellarikerrokseen.

EXERCISE 2

Change the following imperative structures into their corresponding negative imperatives:

1. Tule tänne!
2. Odottakaa!
3. Pankaa se lahjapakettiin!
4. Ostakaa hajuvettä!
5. Käy ostoskeskuksessa!
6. Katsele näitä puseroita!

EXERCISE 3

Using **tulla + the verb given**, ask **a.** one friend, **b.** several people to do the following things:

Example:	*syödä:*	**a.** ***Tule syömään!***	**b.** ***Tulkaa syömään!***

1. katsoa
2. maksaa
3. käydä
4. etsiä
5. laulaa

EXERCISE 4

Using **mennä + the verb given** ask **a.** one friend and **b.** several friends **NOT** to do the following:

Example: ***kävellä:***	**a.** ***Älä mene kävelemään!***	**b.** ***Älkää menkö kävelemään!***

1. ajaa
2. vastata
3. puhua
4. kirjoittaa
5. valittaa

EXERCISE 5

From this family tree with Johanna in the center you can see the family relationships. Please state in Finnish how each of the persons is related to Johanna:

Example: Liisa on Johannan sisar

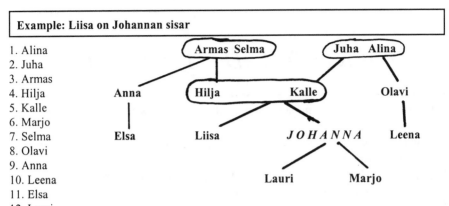

1. Alina
2. Juha
3. Armas
4. Hilja
5. Kalle
6. Marjo
7. Selma
8. Olavi
9. Anna
10. Leena
11. Elsa
12. Lauri

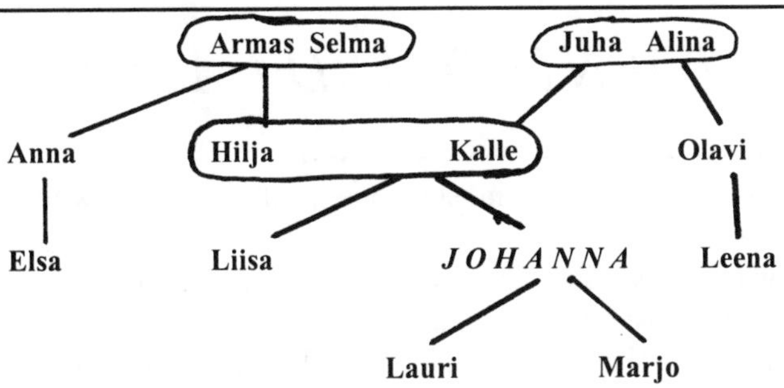

Exercise 6
Translate the following sentences into Finnish:

1. It is difficult to buy presents for a father.
2. He has almost everything.
3. The children of the Laine family go shopping on Saturday.
4. Don't buy me perfume, dear children!
5. All mothers don't like presents on Mother's Day.
6. Would you go and look for greeting cards, please?
7. Could I, please, try on this blouse?
8. Of course, the fitting room is to the right of the escalator.
9. Can you put the scarf in gift wrapping/gift wrap the scarf, please?
10. Can people pay by credit card at shopping centers?
11. Do you remember your grandmother's funeral?
12. Yes, I do. I remember both grandmother and grandfather very well.
13. Would you have (could one find) red jeans?

CHAPTER 8

IDENTITY AND NATIONALITY

Topics - How to ask and state one's nationality; How to say where one comes from;
How to say whether one can speak a language; How to discuss family or marital status; How to ask about a job, profession.
Grammar - Nationalities; Names of languages; Existential sentences; Quantifier sentences; Verbs with partitive objects; Relative clauses; Experiencer sentences.

8.1 DIALOGUES AND NARRATIVE

DIALOGUE 1

Mr and Mrs Mäki have been asked to look up the Laines while they are in Vaasa. Arvid Österberg is visiting Marjut and they too join in the conversation.

Sirkka L: On todella hauska saada tavata Teidät ja keskustella vähän.
Herra M: Ilo on meidän puolella.
Juhani L: Onko Teillä aikaa hieman jutella?
Herra M: Ei meillä ole kiire.
Juhani L: Mäki on hyvin suomalainen nimi.
Herra M: Niin on. Minun äiti ja isä olivat siirtolaisia. He matkustivat Kanadaan vuonna 1929 ja sitten myöhemmin Amerikkaan, Minnesotaan.
Sirkka L: Siis Teidän juurenne ovat Suomessa. Entä Rouva Mäki, oletteko Tekin amerikansuomalainen?
Rouva M: Olen. Minä olen syntynyt Calumetissa, Michiganissa. Minä olen sekä suomalainen että amerikkalainen.
Sirkka L: Siellä on paljonkin suomalaisia, eikö niin?
Herra M: Se on totta. Minnesotassa ja Michiganissa on paljon suomalaisia.
Marjut: Te puhutte suomea erittäin hyvin, molemmat.
Rouva M: Kiitos. Meidän kotikieli oli suomi. Myös minun miehen.

DIALOGUE 2

Marjut: Anteeksi. Saanko esitellä: Tässä on minun ystäväni, Arvid Österberg.
Herra M: Arvid Österberg. Eikö se ole ruotsalainen nimi? Oletteko Ruotsista?

Arvid: On ja ei. Nimi on kyllä ruotsalainen, mutta minä en ole Ruotsista.

Rouva M: Suomessa puhutaan myös vähän ruotsia, eikö niin?

Arvid: Kyllä puhutaan. Ja myös saamea. Suomenruotsalaiset puhuvat ruotsia ja saamelaiset saamen kieltä.

Rouva M: Mutta Te puhutte suomea.

Arvid: Minä puhun sekä ruotsia että suomea. Minä olen kaksikielinen.

Rouva M: Sepä mielenkiintoista.

Dialogue 3

The same situation a little later turns the attention to Marjut and Arvid as a couple:

Rouva M: Oletteko te naimisissa?

Marjut: *(with a laugh)* Ei. Me emme ole naimisissa.

Rouva M: Oletteko kihloissa?

Arvid: Ei. Me emme ole kihloissakaan. Vielä.

Marjut: Me emme aiokaan mennä naimisiin. Mutta haluaisimme asua yhdessä.

Juhani L: Kyllä Te voitte odottaa vielä pari vuotta.

Marjut: Pari vuotta!!??!!

Narrative

Amerikassa asuu yli 600.000 ihmistä, joilla on juuret Suomessa. Kanadassa on noin 100.000 kanadalaista, joilla on suomalaista verta. He sanovat itseään amerikansuomalaisiksi ja kanadansuomalaisiksi. He eivät kaikki puhu suomea. Esimerkiksi Kanadassa noin 25.000 ihmistä puhuu suomea. Nämä ihmiset ovat kaksikielisiä, koska he puhuvat kahta kieltä hyvin, suomea ja englantia.

Suomi on kaksikielinen maa. Suomenkielisiä on noin 94 prosenttia, ruotsinkielisiä noin 6 prosenttia. Suomessa on yhteensä viisi miljoonaa asukasta. Suomenruotsalaisia on siis noin 300.000. Saamelaisia taas on noin 4 500.

8.2. INFORMATION

(A) Notes on Dialogue 1

1. *Meillä on kiire*

'To be in a hurry' is in Finnish expressed as a **have**-structure: *Minulla on kiire - Minulla ei ole kiire.*

2. *myöhemmin*

Myöhemmin 'later' is an adverbial of a comparative adjective *myöhempi*. Its antonym is *aikaisemmin* 'earlier' form the adjective *aikaisempi* 'earlier'.

(B) Word list

aikoa, aion (V1)	intend
amerikansuomalainen, -suomalaisen, -suomalaista, -suomalaisia (N17)	Finnish American
Amerikka, Amerikan, Amerikkaa, (Amerikoita) (N5)	America
asua, asun (V1)	live, dwell
asukas, asukkaan, asukasta, asukkaita (N9)	inhabitant
englanti, englannin, englantia, (englanteja) (N3)	English (language)
erittäin	extremely
hieman	a little, somewhat
ihminen, ihmisen, ihmistä, ihmisiä (N17)	human being
ilo, ilon, iloa, iloja (N1)	joy
italia, italian, italiaa, (italioita) (N5)	Italian (language)
jutella, juttelen, jutteli, jutellut (V6)	chat, talk
juuri, juuren, juurta, juuria (N2)	root
kaksikielinen, -kielisen, -kielistä, -kielisiä (N17)	bilingual
Kanada, Kanadan, Kanadaa, (Kanadoja) (N5)	Canada
kanadansuomalainen (N17)	Finnish Canadian
keskustella, keskustelen (V7)	discuss, converse
kieli, kielen, kieltä, kieliä (N2)	language; tongue
kihloissa, olla kihloissa; mennä kihloihin	be, get engaged
kiire, kiireen, kiirettä, kiireitä (N8)	hurry, haste
kotikieli, -kielen, kieltä, kieliä (N2)	home language
mielenkiintoinen, -kiintoisen, -kiintoista, -kiintoisia (N17)	interesting
Minnesota, Minnesotan, Minnesotaa, (Minnesotia) (5)	Minnesota
molemmat, molempia (N18)	both
muuttaa, muutan, muutti (V5)	move
myöhemmin	later
naimisissa, olla naimisissa; mennä naimisiin	be, get married
odottaa, odotan (V5)	wait, expect
prosentti, prosentin, prosenttia, prosentteja (N3)	per cent
puoli, puolen, puolta, puolia (N2)	half; side
ranska, ranskan, ranskaa, (ranskoja) (N5)	French (language)
ruotsalainen, ruotsalaisen, ruotsalaista, ruotsalaisia (N17)	Swedish
Ruotsi, Ruotsin, Ruotsia, (Ruotseja) (N3)	Sweden
ruotsi, ruotsin, ruotsia, (ruotseja) (N3)	Swedish (lang.)
ruotsinkielinen, -kielisen, -kielistä, -kielisiä (N17)	Swedish-language
saame, saamen, saamea, (saameja) (N2)	Sami language
saamelainen, saamelaisen, saamelaista, saamelaisia (N17)	Sami
saksa, saksan, saksaa, saksoja (N5)	German (lang.)
sanoa, sanon (V1)	say, tell
siirtolainen, -laisen, -laista, -laisia (N17)	immigrant
sitten	then, ahter that

suomalainen, suomalaisen, suomalaista, suomalaisia (N17)	Finnish
suomenkielinen (N17)	Finnish-language
suomi, suomen, suomea, (suomia) (N2)	Finnish (language)
taas	again
tavata, tapaan (V9)	meet, get together
todella	really, actually
ulkomaalainen, -maalaisen, -maalaista, -maalaisia (N17)	foreigner
tosi, toden, totta, tosia (N2)	true
venäjä, venäjän, venäjää, venäjiä (N4)	Russian language
veri, veren, verta, veriä (N2)	blood
vuonna	in the year
vuosi, vuoden, vuotta, vuosia (N2)	year, annum
vähän	a little
yhdessä	together
Yhdysvallat, yhdysvaltoja (N5)	United States
ystävä, ystävän, ystävää, ystäviä (N4)	friend

(C) Some phrases

eikö niin	isn't that right (as a tag question)
vuonna 1952	in the year 1952; in 1952
Ilo on meidän puolella.	The pleasure is all ours (lit. 'the joy is on our side.')
totta	true; that's true; right

8.3 Structural explanations

(A) Structures to learn

(i) How to ask and state nationality

Oletteko { ulkomaalainen? / amerikkalainen? / suomalainen? / kanadalainen? / ruotsalainen? }

'Are you { a foreigner?' / American/ an American?' / Finnish/a Finn?' / Canadian/a Canadian?' / Swedish/a Swede?' }

Mistä te tulette?	'Where do you come from?'
Mistä maasta te olette?	'What country are you from?'

(ii) How to ask about and state language skills

Puhutteko (te) { englantia? / ruotsia? / suomea? / ranskaa? / italiaa? / venäjää? }

'Do you speak { English?' / Swedish?' / Finnish?' / French?' / Italian?' / Russian?' }

Kyllä minä puhun suomea, ruotsia, englantia ja vähän saksaa.	'Yes, I do speak Finnish, Swedish, English and a little German.'
Osaatte (te) puhua venäjää?	'Do you know how to speak Russian?'
Osaatteko (te) venäjää?	'Do you know Russian?'

Alternatively languages may be referred to using the word *kieli* as well. If that is the case the name of the language is expressed with the genitive case (cf. English 'of' genitive): *Suomen kieli* 'the Finnish language' or 'the language (of) Finnish':

Puhun { ruotsin kieltä. / englannin kieltä. / suomen kieltä. }
'I speak { the Swedish language.' / the English language.' / the Finnish language.' }

(III) How to "call somebody or something something"

He sanovat itse**ä**än suomalaisi**ksi**.	They call themselves Finns.
Me sanomme hän**tä** Janne**ksi**.	We call him Janne.

(B) Grammar

(I) Existential sentences

Finnish sentences in their most basic forms fall into distinct types. The nominative subject ones: intransitive, transitive and the equative sentences, have been briefly introduced in previous chapters. Another prominent sentence type is **the existential sentence**. The existential sentence very often has a *there is/there are* structure in English. *Amerikassa on yli 600.000 amerikan-suomalaista.* 'There are more than 600.000 Finnish-Americans in America'. FINNISH DOES NOT HAVE "THERE- INSERTION".

The structure of the existential sentence differs considerably from other sentence types: its subject may be nominative or partitive, its intransitive verb is always in the third person singular, ie., never agrees with the subject, and the word order is **Adverbial + Verb + Subject**. The initial adverbial is almost always a locative adverbial. The technical specification is:

$$\mathbf{ADVL_{locative} + Verb_{intransitive;\ 3\ p\ sg} + Subject_{nom.or\ part.}}$$

Example: *Bussissa on ihmisiä.* 'There are people in the bus.'

Compared to English, Finnish takes the place adverbial from the end of the *There is/are*-sentences and puts it first in the sentence. This is so because Finnish does not have a *there*-insertion.

The existential sentences have subcategories such as the already familiar possessive sentence of the type *Minulla ei ole aikaa* 'I don't have time' and the quantifier sentence described in (ii) below. (For full subject rules, see chapter 9).

(II) Quantifier Sentences

In addition to transitive, intransitive and equative sentences (see above) there are so-called existential sentences and quantifier sentences. The quantifier sentence expresses how much or how many there is/are of something.

Saamelaisia on 4 500.	'There are 4 500 Sami (of the Sami).'
Meitä on vain kolme.	'There are only three of us.'
Kahvia on paljon.	'There is a lot of coffee.'

The structure of the quantifier sentence is quite distinct: in initial position is a nominal in **the partitive case** indicating that which is quantified, followed by the verb ***olla*** in **the third person singular** and finally an expression of quantity. The quantity expression, the quantifier, can be **a numeral** (*4 500, 3)* **an adverb** (*paljon*, *runsaasti* 'abundantly') or **a quantity noun** (*joukko* 'group', 'bunch'; *kasa* 'heap'). The technical specification is

$$\mathbf{NP_{partitive} + OLLA_{3\,p\,sg} + Quantifier}$$

Example: *Ruotsinkielisiä*$_{(partitive)}$ *on*$_{(3\,p\,sg)}$ *kuusi prosenttia.*

(III) Verbs requiring partitive objects

The rules governing object marking in Finnish transitive sentences are quite versatile. It is therefore often advisable to learn which verbs require partitive marking of their objects in a rather mechanical way. It will in many cases become almost a lexical phenomenon: This or that verb requires a partitive object for some semantic reason.

Such verbs are e.g. *puhua* 'speak, *odottaa* 'wait', *opiskella* 'study', *seurata* 'follow', *auttaa* 'help', *rakastaa* 'love', *kuunnella* 'listen to', *katsella* 'look at, watch', *tutkia* 'investigate', *etsiä* 'look for',etc.

*Arvid puhuu myös **ruotsia**.*	Arvid also speaks Swedish.
*Minä rakastan **sinua**.*	I love you.
*He odottavat **bussia**.*	They are waiting for the bus.

The object rules in Finnish are explained in full in the Reference grammar.

(IV) Relative clauses

The relative pronoun in Finnish is almost always *joka, jonka, jota, joita,* with the stem *jo-*. The other relative pronoun *mikä, minkä, mitä, mitä* (whose partitive singular and plural are identical) has the stem *mi-* but is used only in reference to a sentence or a clause. Finnish thus does not make a distinction in the relative pronoun between *who, which* and *that;* they are all *joka* in Finnish:

Tässä on opiskelija, ***joka*** *haluaa opiskella suomea.*	Here is a student *who* wants to study Finnish.
Pidän Duluthista, ***jossa*** *asuu paljon suomalaisiakin.*	I like Duluth, where/ in which also live many Finns.

The relative pronoun *joka* is subject to full case inflection which will be easily understood if thought about with more formal English in mind: 'to whom' *jolle*, 'from which' *josta,* 'with whom' *jonka kanssa*, etc. If the **antecedent** of *joka* is a plural nominal *joka* will itself be in the plural:

Pidän kirjoista, ***jotka*** *kertovat elämästä.*	'I like books *which* tell about life.'
Ihmiset, ***joilla*** *on juuret Suomessa, ovat jollain tavoin suomalaisia.*	'People *who* have their roots in Finland are in some waysFinnish.'

Finnish always separates relative clauses from main clauses using commas.

(V) *KIHLOISSA* AND *NAIMISISSA*

Finnish has a number of plural adverbial expressions which do not have very obvious explanations. Thus 'be engaged' and 'be married' are *olla kihloissa* and *olla naimisissa* respectively. Since they also involve a locative case inessive (**-ssa, -ssä**) the expression for 'get engaged' and 'get married' will use another locative case illative to reflect the change in status: *mennä kihloihin* and *mennä naimisiin.* Other adverbials which employ such plural locative expressions are e.g. *hereillä* 'awake' and *tajuissaan* 'conscious'.

(VI) SOME EXPERIENCER SENTENCES

Some Finnish **adessive + OLLA** structures have meanings in English which are not possessive, but rather refer to physical or mental state or experience. They are called experiencer sentences in Finnish.

Anitalla on / ei ole	kiire jano nälkä kuuma lämmin	'Anita is / is not	in a hurry.' thirsty.' hungry.' hot.' warm.'

> It is noteworthy that ***experiencer sentences*** differ from existential and possessive sentences in that the "subject' at the end **does not take the partitive case** when negated.

8.4. EXERCISES

SECTION A

EXERCISE 1

You enter into a conversation with people and they ask a lot of personal questions: What would you say? Here is an example:

Question:	Puhutteko te englantia?
Answer:	Puhun.
Question:	Oletteko te amerikkalainen?
Answer:	En ole. Olen englantilainen.

1. You speak Swedish, but are Finnish.
2. You speak Finnish, but are Swedish.
3. You speak French, but are Canadian.
4. You speak German, but are not German.
5. You speak English, but are Canadian.
6. You speak Italian and are Italian.

EXERCISE 2

Create a dialogue where various people ask you the following personal questions. Answer only by giving country of birth and marital status in various ways including negative statements. Here is one possible dialogue:

Question:	Missä sinä olet syntynyt?
Answer:	Minä olen syntynyt Suomessa.
Question:	Oletko sinä naimisissa?
Answer:	En ole. Olen kihloissa.

1. Sweden	- married
2. America	- engaged
3. Canada	- Kaarlo and I live together
4. Finland	- not engaged, not married
5. Germany (Saksa)	- engaged, I and Gretchen live together.
6. America	- want to get married
7. France (Ranska)	- want to get engaged
8. Finland	- don't have a wife.

SECTION B

EXERCISE 3

In order to state how many or how much there is of something we use so-called quantifier sentences. Make quantifier sentences in the present tense from the following material:

1. tickets - fifty-five
2. books - twelve
3. Finns - 600,000.
4. coffee - very much

5. Sami people - about 5 000
6. hotel rooms - three
7. tourists - extremely many
8. Finnish-Canadians - 99,000
9. Finnish-speakers - 94 per cent
10. bilingual persons - about ten or eleven

Exercise 4

Make one sentence consisting of a main clause and a relative clause from the two sentences given.

Example:	**Suomessa asuu ulkomaalaisia. He puhuvat suomea.**
	------> Suomessa asuu ulkomaalaisia, jotka puhuvat suomea.

1. Minä pidän tästä kaupungista. Se on niin kaunis.
2. Minä en pidä kirjasta. Kirjassa ei ole lapsia.
3. Sirkka Laine on professori. Hän opettaa historiaa.
4. Raymond Mäki on mies. Hän on syntynyt Amerikassa.
5. Kanada on maa. Maahan muuttaa paljon siirtolaisia.
6. Amerikassa on paljon suomalaisia. Niistä monet tulevat Pohjanmaalta.
7. Liisa on nainen. Naisella on kolme lasta.
8. Asemalla on kaksi junaa. Junissa istuu paljon matkustajia.

Exercise 5

Translate the following sentences into Finnish:

1. There are a lot of people at the market square.
2. There is good coffee at the railroad station.
3. There are many tourists at the airport
4. In Canada and America live many immigrants.
5. Finland has a good public transportation system (järjestelmä)
6. There live Finland-Swedes in Finland.
7. There are about 300,000 of them.
8. There are also about 4 500-5 000 Sami people in Finland.
9. People speak Finnish well, if the home language is Finnish.
10. My good friend has a Canadian wife.
11. My husband's name is Swedish, but he speaks Finnish.
12. There is not enough time to talk, unfortunately.

CHAPTER 9

PLACES AND WEATHER

Topics - How to ask about the location of towns; How to enquire about and describe places; How to enquire about and describe weather.
Grammar - Adverbs; Calendar and meteorological expressions; Cases in place names; Subject rules; Passive present tense; State sentences; Elative - the subject matter case.

9.1 DIALOGUES AND NARRATIVE

DIALOGUE 1

The Mäkis are planning the rest of their stay in Finland and are discussing their plans with the Niemeläs in Vaasa whom they have met in Duluth several years earlier as the Niemeläs visited their American cousins in Minnesota and South Dakota. Mr Niemelä's first name is actually Timo.

Timo:	Aiotte siis mennä Kauhavalle. Onko Teillä sukulaisia siellä?
Raymond:	On. Vaimolla on sukulaisia Kauhavalla. Vaimon tyttönimi on Latvala. Hänellä on pikkuserkkuja siellä.
Timo:	Entä sinä, Raymond, onko sinullakin sukulaisia Kauhavalla?
Raymond:	Ei. Minun perhe tulee Kurikasta. Perheen nimi oli alun perin Korkeamäki.
Timo:	Vai niin? Minulla on tuttava Kurikassa nimeltä Korkeamäki.
Raymond:	Onko hänen nimi Kustaa Korkeamäki?
Timo:	On. Ja hänen vaimonsa on Margit Korkeamäki.
Raymond:	Kustaa on minun serkku. Kukas olisi uskonut.

DIALOGUE 2

Having gone through and remembered a number of family members etc., the conversation continues with Marlene Mäki and Laila Niemelä taking part as well.

Marlene:	Millainen kaupunki Kauhava on?
Laila:	Se on nykyään moderni ja kaunis kaupunki.
Raymond:	Missä Härmä sijaitsee? Onko se kaukana Kauhavasta?
Timo:	Härmä on itse asiassa hyvin lähellä Kauhavaa. Onko sinulla sielläkin sukulaisia?

Raymond:	En ole varma. Mutta härmäläisistä puhutaan paljon. 'Härmän häijyt' ovat kuuluisia.
Timo:	*(with a laugh)* Se on kyllä totta. 'Härmän häijyt' ovat kuuluisia. Niistä kerrotaan lauluissakin. - Seuraavassa tunnetussa laulussa puhutaan sekä Kauhavasta että Vaasasta:

Isontalon Antti ja Rannanjärvi

Isontalon Antti ja Rannanjärvi
ne jutteli kahren kesken;
Isontalo Antti ja Rannanjärvi
ne jutteli kahren kesken;
Tapa sinä Kauhavan ruma vallesmanni,
niin minä nain sen komean lesken,
Tapa sinä Kauhavan ruma vallesmanni,
niin minä nain sen komean lesken,

.....

Vaasan veri ei vapise,
Eikä Kauhavan rauta ruostu,
Niskasta kiinni ja puukolla selkään,
jollei se muuten suostu.

DIALOGUE 3

The conversation about Ostrobothnian towns continues:

Marlene:	Entä Kurikka? Millainen paikkakunta se on?
Laila:	Se on enemmänkin maanviljelyskunta. Mutta se on kauniilla paikalla. Ja maisema on hyvin kaunis.
Marlene:	Sataako Suomessa aina kesällä?
Laila:	Ei. Mutta kyllä meillä sataa aika usein.
Marlene:	Onko Suomessa talvella kylmä?
Laila:	Kyllä talvella on usein kylmä. Sataa aika paljon luntakin.
Marlene:	Niin Minnesotassakin, erityisesti Duluthissa. Siellä on usein kova pakkanen talvella.
Laila :	Minusta talvi on kunnon talvi vain silloin kun ulkona on lunta ja pakkasia.
Marlene:	Niin meistäkin. Juuri siksi me pidämme Duluthista niin kovasti.

Narrative

Yli puolet tai oikeastaan lähes kaksi kolmasosaa Amerikan ja Kanadan suomalaisista tulivat Pohjanmaalta. Siksi monella amerikansuomalaisella on serkkuja tai pikkuserkkuja Pohjanmaan kaupungeissa ja kunnissa, esimerkiksi Seinäjoella, Kauhavalla, Härmässä, Jalasjärvellä, Isojoella, Kurikassa, Töysässä, ja niin edespäin.

Suomalaiset nimet ovat usein vaikeita englanninkielisille. Siksi monet lyhensivät nimensä Amerikassa. Esimerkiksi nimi Mäki voi tulla nimestä Korkeamäki tai Pienimäki. Samoin nimi Saari voi tulla nimestä Mäntysaari, jne.

9. 2 INFORMATION

(A) Notes on Dialogue 1

1. *Pohjanmaa*

Of the approximately 400,000 people who emigrated from Finland to North America some 60-65 per cent came from an area in Western Central Finland called Pohjanmaa 'Ostrobothnia'. There are therefore literally hundreds of thousands in Canada and the United States who hail from Ostrobothnia (See map).

2. *nimeltä*

This is a convenient way of stating the name of something; *nimeltä* means 'by the
name of'.

(B) Notes on Dialogue 2

1. *'Härmäläiset'; 'Härmän häijyt';*

Finland has regions or provinces which enjoy distinct reputations. The main provinces - there were originally nine - were Satakunta, Häme, Savo, Karjala, Pohjanmaa (Ostrobothnia) and Kainuu (see Map p.95). Popular lore maintains that Karelians are lively, Häme people laconic, Savo people have a great sense of humor, the Ostrobothnians proud and unyielding, etc. The Finns as a whole are associated in their own minds and in the minds of others with *sisu*. *Sisu* is a trait that implies perseverance, relentlessness, grit, ability to withstand adversity and hardship. It may even lean towards stubbornness.

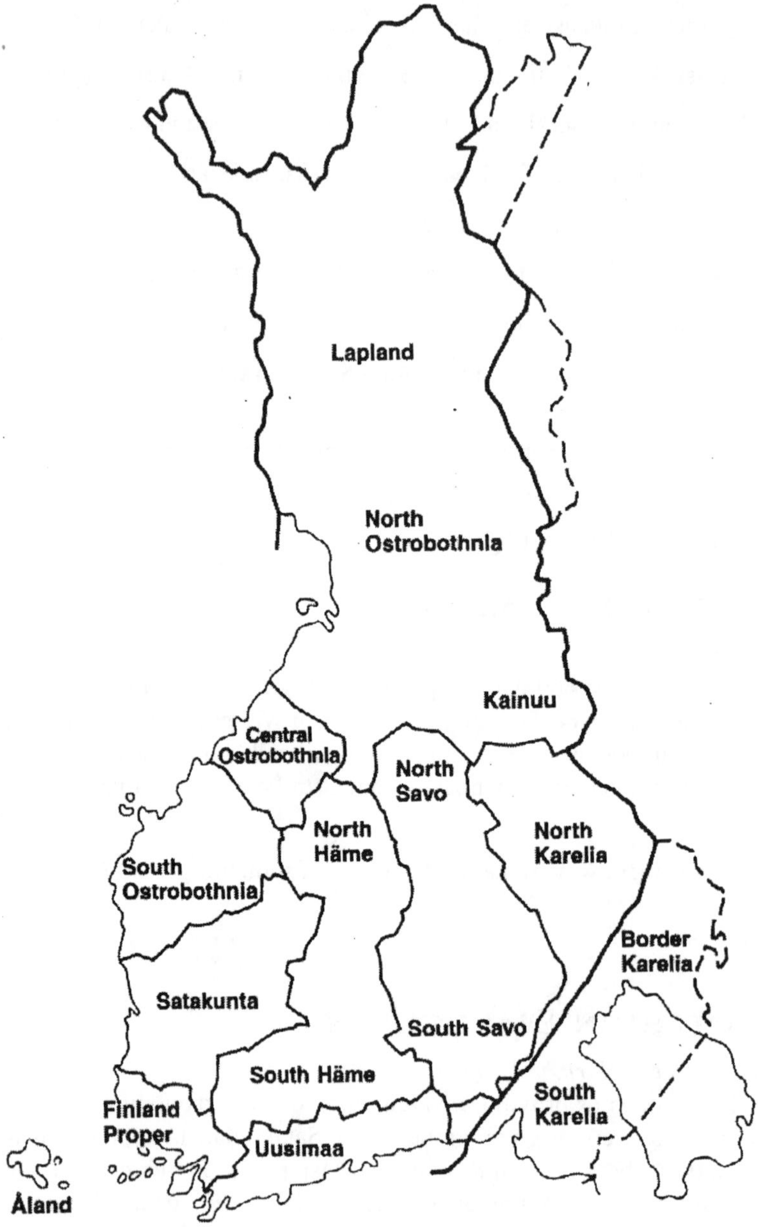

Map of the traditional provinces (*maakunta*) of Finland

Source: Ilmar Talve: *Finnish Folk Culture*, SKS, Helsinki 1997

The national mythology of Finnish *sisu* takes on special overtones when it comes to the reputation of the *härmäläiset. Härmän häijyt* 'the Härmä tough guys' (or *puukkojunkkarit* "the knife wielders") gained their reputation in the latter half of the 18th century and during the 19th century, for "crashing" neighboring parishes' celebrations and engaging in fights. Research indicates that the murder rate per 100,000 persons in the Kauhava-Härmä region in the early 1800s was 50-60, which compares to about 20 and 3 in present day New York City and Toronto, respectively.

2. *Isontalon Antti*
This song is an Ostrobothnian ballad about two notorious men, *Isontalon Antti* and *Rannanjärvi,* who were convicted of murder and later became legendary.

3. *kahren kesken*
The **r** in *kahren* in place of **d** (*kahden*) as we would expect, is a trait of an Ostrobothnian dialect. There are a number of dialects in Finland. These will not be discussed further in this book but you may come across them quite frequently in Finland.

4. *millainen & minkälainen*
The interrogative adjectives *millainen* and *minkälainen* are fully interchangeable in virtually all contexts. Students are recommended to choose one of the two for active use, leaving the other one as a recognized item only.

(C) Notes on Dialogue 3 and Narrative

1. *kovasti*
The word *kovasti* is very useful and translates conveniently into 'very much' in many contexts.

2. *puolet*
The word *puolet* appears only in plural when it refers **independently** (=alone) to 'half' of something. **Dependent** (=together with a noun) 'half' is expressed with singular: *puoli tuntia* 'half an hour'.

(D) Word List

aika	rather
alun perin	originally
enemmän	more
erityisesti	especially
häijy, häijyn, häijyä, häijyjä (N1)	mean, bad
härmäläinen, härmäläisen, härmäläistä, härmäläisiä (N17)	Härmä people
kaukana, kaukaa, kauas	far away (from/to)

kesä, kesän, kesää, kesiä (N4)	summer
kevät, kevään, kevättä, keväitä	spring
kolmasosa, -osan, -osaa, -osia (N5)	one third
kova, kovan, kovaa, kovia (N5)	hard, tough
kovasti	very much
kunnon	real (emphatic)
kunta, kunnan, kuntaa, kuntia (N5)	municipality
kuuluisa, kuuluisan, kuuluisaa, kuuluisia (N5)	famous
kuuma, kuuman, kuumaa, kuumia (N5)	hot
kylmä, kylmän, kylmää, kylmiä (N4)	cold
lumi, lumen, lunta, lumia (N2)	snow
lyhentää, lyhennän (V4)	shorten, abridge
lähellä, läheltä, lähelle (*lähellä* + partitive)	near, close to
lähes	almost, near
lämmin, lämpimän, lämmintä, lämpimiä (N14)	warm
maanviljelys, -viljelyksen, -viljelystä, -viljelyksiä (N12)	agriculture
maanviljelyskunta (cf kunta) (N5)	farm community
millainen, millaisen, millaista, millaisia (N17)	what kind of
minkälainen, minkälaisen, minkälaista, minkälaisia (N17)	what kind of
oikeastaan	actually
paikka, paikan, paikkaa, paikkoja (N5)	place
paikkakunta, -kunnan, -kuntaa, -kuntia (N5)	locality, place
pakkanen, pakkasen, pakkasta, pakkasia (N17)	frost, freezing cold
perhe, perheen, perhettä, perheitä (N8)	family
pikkuserkku, -serkun, -serkkua, -serkkuja (N1)	second cousin
puolet, puolia (N2)	half
räntä, rännän, räntää, (räntiä) (N4)	sleet
samoin	likewise, you too
sataa, (sadan) sataa (3rd person singular) (V5)	rain
serkku, serkun, serkkua, serkkuja (N1)	cousin
siksi	therefore; because
sukulainen, sukulaisen, sukulaista, sukulaisia (N17)	relative
syksy, syksyn, syksyä, syksyjä (N1)	fall, autumn
sää, sään, säätä, säitä (N6)	weather
talvi, talven, talvea, talvia (N2)	winter
tunnettu, tunnetun, tunnettua, tunnettuja (N1)	well-known
tuttava, tuttavan, tuttavaa, tuttavia (N5)	acquaintance
tyttönimi, -nimen, -nimeä, -nimiä (N2)	maiden name
ulkona, ulkoa, ulos	outside (to/from)
usein	often
uskoa, uskon (V1)	believe, think
varma, varman, varmaa, varmoja (N5)	certain, sure
vaikea, vaikean, vaikea(t)a, vaikeita (N5)	difficult

(E) Some phrases

ja niin edespäin = jne.	etc., and so forth, and so on
itse asiassa	as a matter of fact

kova pakkanen	severe frost
Nimestä Korkeamäki tulee Mäki.	'The name Korkeamäki becomes Mäki.' ("Out of the name Korkeamäki (be)comes Mäki.")
Kuka olisi uskonut	'Who would have thought ("It's a small world")' 'How about that!'

9.3 STRUCTURAL EXPLANATIONS

(A) STRUCTURES TO LEARN

(I) SOME CALENDAR EXPRESSIONS

The seasons are:

kevät, kevään, kevättä, keväitä	spring
kesä, kesän, kesää, kesiä (N4)	summer
syksy, syksyn, syksyä, syksyjä (N1)	fall, autumn
talvi, talven, talvea, talvia (N2)	winter

The months are:

tammikuu	January	**heinäkuu**	July
helmikuu	February	**elokuu**	August
maaliskuu	March	**syyskuu**	September
huhtikuu	April	**lokakuu**	October
toukokuu	May	**marraskuu**	November
kesäkuu	June	**joulukuu**	December

(II) SOME LOCATIVE ADVERBIALS OR POSTPOSITIONS TO LEARN:

The following words reflect the familiar tripartite locative division *missä?* 'in/on/at', *mistä?* 'from', and *Minne?/Mihin?* 'into/onto/to':

Missä?	*Mistä?*	*Mihin?/Minne?*	
kaukana	kaukaa	kauas	'far away'
ulkona	ulkoa	ulos	'outside'
kotona	kotoa	kotiin	'home'
poissa	-	pois	'away'
luona	luota	luo / luokse	'by / at X's place'

(III) Some weather expressions.

Temperatures:

Tänään on kuuma.	'It's hot today.'
Nyt on lämmintä	'It's warm today.'
Tänään on aika viileää.	'It's rather cool today.'
Tänään on kylmä.	'It's cold today.'
Nyt on pakkasta.	'It's freezing today.'

General meteorological events:

Aurinko paistaa.	'The sun is shining.'
On aurinkoista.	'It's sunny.'
Tuulee.	'It's windy.'
Sataa.	'It's raining.'
Sataa vettä.	'It's raining.'
Sataa lunta.	'It's snowing.'
Sataa räntää.	'(It's raining) sleet.'
On pilvistä.	'It's cloudy.'
On puolipilvistä.	'It's partly cloudy.'
Kaunis sää tänä kesänä.	'Beautiful weather this summer.'

For syntactic explanations see below **(iv)** in the grammar section of this chapter.

(B) Grammar

(I) External and internal locative cases in place names

Place names normally take **internal locative cases,** i.e., inessive, elative, illative. However, if the name in its meaning refers to some water (lake, river, rapids) or to a peninsula or hill, **external locative cases** are used. i.e., adessive, ablative, allative. Names which end in *-joki* 'river', *-järvi* 'lake', *-niemi* 'peninsula', and *-mäki* 'hill' are sure candidates for external cases. Tampere and Rauma are old names referring to water, and *Vöyri* and *Lapua* refer to the rivers that runs through them.

Mikä?	**Missä?**	**Mistä?**	**Minne? Mihin?**
Tampere	Tampereella	Tampereelta	Tampereelle
Seinäjoki	Seinäjoella	Seinäjoelta	Seinäjoelle
Saarijärvi	Saarijärvellä	Saarijärveltä	Saarijärvelle
Rauma	Raumalla	Raumalta	Raumalle
Pieksämäki	Pieksämäellä	Pieksämäeltä	Pieksämäelle
Vöyri	Vöyrillä	Vöyriltä	Vöyrille
Lapua	Lapualla	Lapualta	Lapualle

Kuortane	Kuortaneella	Kuortaneelta	Kuortaneelle
Rovaniemi	Rovaniemellä	Rovaniemeltä	Rovaniemelle

(II) Subject rules in Finnish

The approach to syntax which relies on sentence types yields some very important rules. One of the most powerful rules in Finnish syntax controls the case marking in the subject in the so-called nominative subject sentences:

"THE 100% RULE"
I. The subject of the intransitive sentence, the transitive sentence and the equative sentence is always in the nominative case.
Mandatorily nominative subjects also control agreement in the verb:

Examples:

Opiskelijat *nukkuvat hyvin.*	'Students sleep well.'
Suomalaiset *juovat paljon kahvia.*	'Finns drink a lot of coffee.'
Kahvi *on kallista.*	'Coffee is expensive.'

This has consequences for expressions involving *paljon* or *monta* which occur only with nominals in the partitive: they must be exchanged for expressions compatible with the nominative case, such as *suuri määrä* 'a large amount' or monet 'many':

Monet suomalaiset ovat vaaleita.	'Many Finns are blond.'
Suuri määrä kirjoista ovat suomalaisia.	'A large amount of the books are Finnish.'

II. Only in **existential sentences** does the subject vary between nominative and partitive. The rules stating when the subject is to be nominative and partitive respectively are as follows:

1. The subject of an existential sentence will be in **the partitive** if it is **an indefinite mass noun** or **an indefinite plural**:

Examples:

Suomessa asuu vain vähän ***ulkomaalaisia.***	'There are only few foreigners living in Finland.'
Paketissa on ***kahvia.***	'There is coffee in the package.'

2. The subject of an existential sentence will be in **the nominative** if it is **a singular non-mass noun** or **a plural 'natural set'** (see Reference grammar).

Examples:

Huoneesta on ***hieno näköala.***	'The room has a fine view.'
Laurilla on ***siniset silmät.***	'Lauri has blue eyes.'
Amerikansuomalaisilla on ***juuret*** *Suomessa.*	'Finnish-Americans have their roots in Finland.'

3. The subject of an existential sentence will be in **the partitive** if **the sentence is negated**:

Examples:

Huoneesta ei ole ***näköalaa.***	'There is no view from the room.'
Minulla ei ole ***kynää*** *mukana.*	'I don't have a pen with me.'

(III) Passive forms

In speech, the first person plural uses **passive** rather than the **-mme** form (see Chapter 7). The passive present form is formed either from the first or the second principal part of the verb depending on the form of the infinitive.

Present tense passive

The passive marker always involves a **t - d** or a **tt - t.** The weak grade of **t** may involve **d** or an assimilated form of it: **ll - lt, nn - nt, rr - rt** (see gradation, Chapter 4).

How to proceed to form passive:

To derive the present tense passive form **one starts with the infinitive,** i.e., the first principal part of the verb

1. if the infinitive ends in one vowel only, i.e., the last vowel is preceded by a consonant, the **infinitive form is used**, and

2. if the infinitive ends in two vowels, we **go to** the stem which we get from the **second principal part**.

These procedures are as follows:

1. If the infinitive ends in one vowel only, the passive is formed by adding **-an** or **-än** directly to the infinitive:

olla+an > ollaan; mennä+än > mennään; huomata+an > huomataan

The negative present passive in turn is formed using the negation verb in the form **ei** and removing the last **vowel + n**:

ollaan > ei olla; mennään > ei mennä; huomataan > ei huomata

2. If the infinitive ends in two vowels, one must proceed to the second principal part to obtain the stem. To this stem is added **-taan**, **-tään**:

*kertoa, kerro/n > kerro**taan**; vaatia, vaadi/n > vaadi**taan***

If the stem vowel is **a** or **ä,** it changes into an **e**:

*kirjoittaa, kirjoit**a**/n > kirjoit**e**-+taan > kirjoit**etaan**;*
*tietää, tied**ä**/n > tied**e**+tään > tied**etään**.*

Negative present passive of type 2 follows the same principle as type 1:

kerrotaan - ei kerrota	*vaaditaan - ei vaadita,*
kirjoitetaan - ei kirjoiteta	*tiedetään - ei tiedetä.*

(IV) Uses of the passive in Finnish

The uses of passive are partly the same as in English, partly quite different. The following three distinct uses of the passive form of the verb should be noted:

1. **The passive** is used as substitute for **first person plural active** forms on the one hand in the imperative, the *lauletaan* 'let's sing' function, on the other
the non-formal regular first person plural *(me) ollaan, (me) mennään,* etc.

2. **The passive** may express **generic 'people,' 'they', even 'one'**:

***Sanotaan**, että kahvi kaunistaa.* 'People/They say coffee makes beautiful.'
*Suomessa **juodaan** paljon kahvia.* 'They drink a lot of coffee in Finland.'

3. **The passive**, of course, also has **regular passive function**:

*Kirjoja **ostetaan** ja myydään.*	'Books are being bought and sold.'
*Avaimet **unohdetaan** usein kotiin.*	'Keys are often forgotten at home.'

The object of a passive verb form does not use the **accusative I** form in singular ending in **-n** (like genitive), but uses instead **accusative II** which is like nominative in appearance. In plural there is no formal distinction between accusative I and II; they both look like nominative and end in **-t**. (For fuller object rules see Chapter 15 and the *Reference grammar*).

(V) State sentences - A subjectless sentence type in Finnish

Impersonal sentences were introduced in Chapter 6. Among the most distinct subjectless sentences in Finnish are the so-called state sentences. They have the verb in the 3rd person singular and no formal subject and often refer to meteorological states:

Aina sataa.	'It's always raining.'
Sataa lunta.	'It's snowing (lit. 'It's raining snow')'
Tuulee.	'It's windy/There is a wind blowing.'
On kylmä tänään.	'It's cold today.'
Oli kesä.	'It was summer.'

Please note that Finnish does not even use a formal subject equivalent of **It** in these cases (or any other for that matter).

(vi) Elative - the case of topic or subject matter

Stories, conversations, songs, etc. are usually 'about' some topic. That topic or subject matter is expressed with the **elative case (-sta, -stä)** in Finnish:

*Laulu kertoo Kauhava**sta.***	'The song tells about Kauhava.'
*Isontalon Anti**sta** puhutaan vieläkin.*	'People still speak about Isontalon Antti.'

9.4 EXERCISES

Section A

Exercise 1

Say where the following towns are in two ways (a. and b.):

Example:	**Q: Missä Härmä on?**	**a. Lähellä Kauhavaa.** **b. Ei kaukana Kauhavalta.**

1. Missä Juuka on?	Joensuu
2. Missä Haapamäki on?	Raahe
3. Missä Raahe sijaitsee?	Oulu
4. Missä Kuusamo on?	Kajaani
5. Missä Imatra on?	Lappeenranta
6. Missä Kalajoki sijaitsee?	Kokkola
7. Missä Naantali on?	Turku
8. Missä Kouvola sijaitsee?	Lahti
9. Missä Merikarvia on?	Pori
10. Missä Nurmijärvi sijaitsee?	Helsinki

Exercise 2

Create a dialogue about weather conditions and temperatures in summer and/or winter in the following places:

Example:	**Q: Sataako Kanadassa paljon lunta talvella?** **A: Kyllä, mutta kesällä on usein hyvin kuumaa.**

1. New York
2. Florida
3. Lappi
4. Etelä-Suomi
5. Minnesota
6. Italia

Exercise 3

Provide answers to the questions presented by using the topics given in parenthesis. Please answer in complete sentences.

Example:	**Q: Mistä opiskelijat puhuvat? (kirja, pl.)** **A: He puhuvat kirjoista.**

Question:
1. Mistä suomalaiset laulavat? (ONNETTOMUUS (N11)'unhappiness')
2. Mistä kanadalaiset keskustelevat? (SÄÄ)
3. Mistä kerrotaan suomalaisissa lauluissa? ("HÄRMÄN HÄIJYT")
4. Mistä tuo kirja kertoo? (IHMINEN, pl.)
5. Mistä amerikkalaiset kirjoittavat? (AUTO, pl. ja SUKULAINEN, pl.)
6. Mistä lapset puhuvat? (ISÄ ja ÄITI)
7. Mistä isä ja äiti puhuvat? (LAPSI, pl.)
8. Mistä kaikki ihmiset puhuvat? (TYÖ ja PERHE)

Section B

Exercise 4

Change the following sentences into the negative taking into account that it may affect other members than the verb as well:

1. Helsingissä on hyvä taksipalvelu.
2. Kadulla kulkee vanha bussi.
3. Onko sinulla uusi auto?
4. Kahvi on kovin kuumaa.
5. Suomalaiset ovat iloisia.
6. Liisa on nuori tyttö.
7. Kallella on pikkuserkku Kanadassa.
8. Talvella ihmisillä on lämpimät vaatteet.
9. Monella amerikkalaisella on serkkuja ja pikkuserkkuja Suomessa.
10. Suomalaiset nimet ovat joskus helppoja pohjois-amerikkalaisille.

Exercise 5

Translate the following sentences into Finnish:

1. Many Swedish speakers live in Ostrobothnia.
2. We really like Wisconsin very much.
3. The Sami people are talked about a lot.
4. It is said that Finns are not famous.
5. What is being done to the people?

6. Where did more than half of the Finnish-Americans come from?
7. Why did many Finns shorten their names in America and Canada?
8. People say that Finnish names are difficult for English speakers.
9. We don't always remember Mother's Day or a birthday.
10. Keys are often forgotten at home.
11. People come from far and near to see our new child.
12. We have to go to work every day, but not on Saturday and Sunday.

CHAPTER 10

AN EVENING OUT

Topics - How to ask for a table at a restaurant; How to summon the waiter; How to ask for the menu; How to ask what someone would like to eat or drink; How to order a meal; How to ask for the bill.
Grammar - Colors; Avoidance of personal address; Mass nouns & individual nouns; Predicate adjective / predicate noun rules; Mass nouns as object.

10.1 DIALOGUES AND NARRATIVE

DIALOGUE 1

Arvid and Marjut want to celebrate the fact that it is one year since they first met. They are doing it by going out to eat at a fine restaurant.

Arvid:	Hyvää iltaa! Haluaisimme rauhallisen pöydän kahdelle.
Hovimestari:	Hyvää iltaa! Tuo nurkkapöytä olisi varmasti rauhallinen.
Arvid:	Kiitos. Se sopii erinomaisesti.
Hovimestari:	(*having seen them to their table*) Tarjoilija tulee aivan kohta.

Tarjoilija:	Hyvää iltaa. Mitä saisi olla? Haluatteko ruokalistan?
Marjut:	Kyllä kiitos. Haluamme romanttisen illallisen.
	(*They look through the menu. Marjut calls on the waiter/waitress*)
Marjut:	Tarjoilija!
Tarjoilija:	Niin.
Marjut:	Millä tavalla tämä lohi valmistetaan?
Tarjoilija:	Sen saa paistettuna, savustettuna tai grillattuna.
Marjut:	Entä mikä on 'päivän erikoinen' tänään?
Tarjoilija:	Tänään meidän 'päivän erikoinen' on hiillostettu siika.
Marjut:	Okei. Minä otan 'päivän erikoisen'.
Tarjoilija:	Hyvä on. *(turning to Arvid)* Entä Teille?
Arvid:	Taidan tänään syödä lihaa. Minä otan vaikka vieninleikkeen.
Tarjoilija:	Entä juotavaa. Mitä haluatte juoda? Saako olla olutta tai viiniä?
Arvid:	(*turning to Marjut*) Eikö oteta viinipullo päivän kunniaksi, Marjut?
Marjut:	Joo. Otetaan vain! (*turning to waiter/waitress.*) Otetaan pullo viiniä.
Tarjoilija:	Saako olla punaviiniä vai valkoviiniä?

Arvid: Pullo valkoviiniä.
Tarjoilija: Entä tuleeko jälkiruokaa?
Arvid: En tiedä. Voidaanko päättää ruuan jälkeen?
Tarjoilija: Kyllä voitte. Tuon juomat hetken kuluttua.

Arvid: Onko siika hyvää?
Marjut: On, se on erittäin maukasta. Entä liha?
Arvid: Tämä liha on todella hyvää ja mureaa.
Marjut: No, sehän on kiva. Minusta viinikin on erinomaista.

Arvid: Marjut, sinä tiedät, että minä pidän sinusta kovin paljon.
Marjut: Ja minä pidän sinusta.
Arvid: Maljasi, Marjut! Skool!
Marjut: (*their klink their glasses lightly*) Skool!
Arvid: Minä rakastan sinua, Marjut. Mennäänkö kihloihin?
Marjut: Joo. Mennään. Minäkin rakastan sinua.

Arvid: Haluatko vielä jotain jälkiruokaa?
Marjut: Eikö oteta vielä pala suklaakakkua illan kunniaksi.
Arvid: Tarjoilija! Voisimmeko saada vielä kaksi suklaakakkupalaa jälkiruuaksi? Ja teetä, kiitos.
Tarjoilija: Kaksi suklaakakkua ja kaksi teetä.
Arvid: Saammeko sitten myös laskun?

NARRATIVE

Suomen ravintolakulttuuri on muuttunut paljon viime vuosina. On sekä hienoja ja kalliita ravintoloita että halpoja ja epämuodollisia kahvila-ravintoloita. Hienossa ravintolassa on aina valkoiset liinat pöydissä.

Suomessa on hampurilaispaikkoja, pizzapaikkoja, kiinalaisia ja venäläisiä ravintoloita, ja kaikenlaisia muita ruokabaareja. Suomalaiset eivät kuitenkaan syö ulkona yhtä paljon kuin amerikkalaiset tai kanadalaiset. Tavat muuttuvat kuitenkin koko ajan. Pizzoja ja muutakin valmista ruokaa toimitetaan koteihin. Suomessa on myös useita 'pikaruokapaikkoja'.

10. 2 INFORMATION

(A) NOTES ON DIALOGUE 1

1. *hovimestari - tarjoilija*
The maitre'd is called *hovimestari*, a term reminiscent of royal court tradition, literally 'court master'. A waiter is *tarjoilija* (from *tarjoilla, tarjoilen* 'to serve'). The female derivative *tarjoilijatar*, equivalent of 'waitress' in English, is no longer used as frequently as in the past.

The restaurant traditions in Finland are generally speaking similar to North American ones. However, the serving personnel is often more matter of fact and not overly friendly or chatty. The tip is built in as a service charge so no tip is expected, except for some 'rounding off of numbers'.

2. *paistettuna, savustettuna*, etc.
The **-na, -nä** on *paistettuna, savustettuna* and *grillattuna* is the **essive case** (see Chapter 12). It gives the expressions the meaning 'as fried, smoked or grilled', 'in fried, smoked or grilled state or form'.

3. *Coffee or tea?*
Finns are ardent consumers of both coffee and tea. In fact, coffee is the social drink *par excellence.* Virtually any time someone comes to someone's house, coffee is offered. However, coffee or tea is typically not drunk with, but rather following a meal. Coffee and tea are associated with either dessert or with 'coffee or tea breaks' at various times.

4. *Millä tavalla?*
Other ways of expressing approximately the same question is *Kuinka?* or *Miten?*

5. *'Päivän erikoinen'*
Many restaurants may have a daily special, *päivän erikoinen,* which is not printed in the permanent menu.

6. *Hyvä on.*
This response is largely equivalent to OK in English. It does not mean 'well then.' Another expression with the same meaning and use is *selvä* 'check', 'got it'.

7. *Taidan syödä*
Finnish, particularly in speech, uses an auxiliary verb *taitaa, taidan* + infinitive of the main verb, eg. *Taidan syödä lihaa* which means 'I guess I'll eat meat', 'I think I'll have meat', 'I'll probably have meat.' It replaces a verb form called potential, which has become largely obsolete in the language. Potential mood is not included in this textbook.

8. *vaikka*
This word *vaikka* is used to add a nuance or attitude of arbitrary choice. *Otan vaikka kalaa* 'I'll have fish (for no particular reason; just to have something; "just for the heck of it")'.

(B) Notes on Narrative

1. *kuitenkin, kuitenkaan*
The word *kuitenkin* means 'however, yet, still' and is very frequent. It is, however, used only in affirmative sentences. The corresponding expression for use in negative sentences is *kuitenkaan*, which in English is translated the same way as *kuitenkin*. This suggests that there is a distribution of the particle *-kin* and *-kaan, -kään* along these lines.

2. *jopa*
Jopa 'even, no less', is one of these small words which tend to be hard to remember. Another word of very similar meaning is *peräti* 'even, altogether'.

(C) Word list

appelsiinimehu, -mehun, -mehua, -mehuja (N1)	orange juice
epämuodollinen, -muodollisen, -muodollista, -muodollisia (N17)	informal
erikoinen, erikoisen , erikoista, erikoisia (N17)	special, strange
erinomaisesti	excellently
grillattu, grillatun, grillattua, grillattuja (N1)	grilled, barbecued
halpa, halvan, halpaa, halpoja (N5)	cheap
hampurilaispaikka, -paikan, -paikkaa, -paikkoja (N5)	hamburger 'joint'
hetki, hetken, hetkeä, hetkiä (N2) (cf. *hetkinen*)	moment
hiillostettu, hiillostetun, hillostettua, hiillostettuja (N1)	broiled
illallinen, illallisen, illallista, illallisia (N17)	dinner, supper
jälkeen (genitive + *jälkeen)*	after
jälkiruoka, -ruuan, -ruokaa, -ruokia (N5)	dessert
jokin, jonkin, jotain, joitain	some; something
jokin, jonkin, jotakin, joitakin	some; something
jopa	even; no less
juoda, juon (V6)	drink
juoma, juoman, juomaa, juomia (N5)	beverage
juotava, juotavan, juotavaa, juotavia (N5)	drink
kahvila, kahvilan, kahvilaa, kahviloita (N5)	cafeteria, cafe
kaikenlainen, kaikenlaisen, kaikenlaista, kaikenlaisia (N17)	all kinds
kiinalainen, kiinalaisen, kiinalaista, kiinalaisia (N17)	Chinese
kohta, cf pian	soon
kuitenkin, kuitenkaan	however, yet
kulttuuri, kulttuurin, kulttuuria, kulttuureja (N3)	culture
kuluttua (genitive + *kuluttua)*	after (time span)
kunnia, kunnian, kunniaa, kunnioita (N5)	honor, glory

lasku, laskun, laskua, laskuja (N1)	bill, check
liha, lihan, lihaa, lihoja (N5)	meat
liina, liinan, liinaa, liinoja (N5)	cloth, scarf
lohi, lohen, lohta, lohia (N2)	salmon
maukas, maukkaan, maukasta, maukkaita (N9)	tasty, tasteful
murea, murean, murea(t)a, mureita (N5)	tender (of meat)
muuttua, muutun (V1)	change
nurkka, nurkan, nurkkaa, nurkkia (N5)	corner (or room)
olut, oluen, olutta, oluita (N16)	beer
paistettu, paistetun, paistettua, paistettuja (N1)	fried
pala, palan, palaa, paloja (N5)	piece
pikaruoka, -ruuan, -ruokaa, -ruokia (N5)	fast food
pizza, pizzan, pizzaa, pizzoja (N5)	pizza
pöytä, pöydän, pöytää, pöytiä (N4)	table
pullo, pullon, pulloa, pulloja (N1)	bottle
päättää, päätän (V4)	decide
rakastaa, rakastan (V5)	love
rauhallinen, rauhallisen, rauhallista, rauhallisia (N17)	peaceful, quiet
ravintola, ravintolan, ravintolaa, ravintoloita (N5)	restaurant
romanttinen, romanttisen, romanttista, romanttisia (N17)	romantic
ruokabaari, -baarin, -baaria, -baareja (N3)	eatery; restaurant
savustettu, savustetun, savustettua, savustettuja (N1)	smoked
siika, siian, siikaa, siikoja (N5)	white fish
sopia, sovin (V3)	be suitable, agree
suklaakakku, -kakun, -kakkua, -kakkuja (N1)	chocolate cake
tapa, tavan, tapaa, tapoja (N5)	habit, custom
tarjoilija, tarjoilijan, tarjoilijaa, tarjoilijoita (N5)	waiter/waitress
vaikka	although valkoinen,
valkoisen, valkoista, valkoisia (N17)	white
valmistaa, valmistan (V5)	prepare
varmasti	surely, certainly
viime	last, previous
viini, viinin, viiniä, viinejä (N3)	wine
vieninleike, -leikkeen, -leikettä, -leikkeitä (N8)	Wiener schnitzel
yhtä (iso kuin)	as (large as)

(D) Some phrases

koko ajan	all the time
mennä kihloihin	get engaged
päivän kunniaksi	In honor of the day
jälkiruuaksi	for dessert

10.3 STRUCTURAL EXPLANATIONS

(A) STRUCTURES TO LEARN

(I) HOW TO ASK FOR A TABLE AND THE MENU

Haluaisimme rauhallisen pöydän kahdelle. 'We'd like a quiet table for two.'

Saanko Saisinko Saammeko Saisimmeko	ruokalistan?	'May I have 'Could I have 'May we have 'Could we have	the menu, please?'

(II) HOW TO ORDER FOOD AND BEVERAGES

1. Simple mention of the items desired may be sufficient with a *kiitos* added:

Vieninleike ja lasi viiniä, kiitos. 'Wiener schnitzel and a glass of wine, please.'

2. You can make requests with *saanko, saisinko*, etc.

Saanko 'päivän erikoisen'?	'Can I have Today's Special, please?'
Saisinko jauhelihapihvin?	'Can I have a ground beef steak, please?'
Saanko hampurilaisen?	'Can I have a hamburger, please?'

To order various beverages:

(yksi)	kahvi tee lasi viiniä olut maito mehu tuoremehu vesi appelsiinimehu	'One	coffee, tea, glass of wine, beer, milk, fruit drink, juice, water, orange juice,	please.'

(III) ADDITIONAL VOCABULARY RELATED TO EATING

1. Tools

lauatanen (N17)	'plate'	veitsi (N2)	'knife'
syvä lautanen (N17)	'soup bowl'	haarukka (N5)	'fork'
lasi (N3)	'glass'	lusikka (N5)	'spoon'
teekuppi (N3)	'tea cup'	lautasliina (N5)	'napkin'
kahvikuppi (N3)	'coffee cup'		

2. Parts of a meal are

ateria (N5)	'meal'	jälkiruoka (N5)	'dessert'
alkupala (N5)	'hors d'oevre'	jäätelö (N1)	'ice cream'
keitto (N1)	'soup'	salaatti (N3	'salad'
lämmin ruoka (N14;5)	'main entree	ruokajuoma (N5)	'beverage'

3. Meals of the day are

aamiainen (N17)	'breakfast'
lounas N10)	'lunch'
illallinen (N17)	dinner, supper'
päivällinen (N17)	'dinner, supper'
iltapala (N5)	'evening snack'
välipala (N5)	'snack'

(iv) Dealing with colors in Finnish

The **main colors** in Finnish are:

punainen (N17)	'red'	valkoinen (N17)	'white'
keltainen (N17)	'yellow'	musta (N5)	'black'
sininen (N17)	'blue'	harmaa (N6)	'grey'
vihreä (N4)	'green'	violetti (N3)	'violet'
ruskea (N4)	'brown '	oranssinvärinen (N17)	'orange'

In **compound words** shortened forms of color names are frequent:

punaviini	'red wine'	sinivalkoinen lippu	'blue and white flag'
valkoviini	'white wine'	keltaruusu	'yellow rose'

To express **dark** or **light shades** of colors the words *tumman-* and *vaalean-* are compounded before the name of the color involved:

vaaleanpunainen	'pink'	vaaleanvihreä	'light green'
tummanpunainen	'dark red'	tummansininen	'dark blue, navy blue'

(v) Relating and comparing

yhtä - kuin:	yhtä vanha kuin	'as old as'
	samalla kuin	'at the same time as'
comparative - *kuin:*	suurempi kuin	'larger than'
	aikaisemmin kuin	'earlier than'
	mieluummin kuin	'rather than'

(B) Structures to understand

Saako olla	olut/olutta?	'Would you like	a beer/some beer?'
	viiniä?		wine?'
	kahvia?		coffee?'
	kuppi kahvia?		a cup of coffee?'
	juotavaa?		something to drink?
	syötävää?		something to eat?'

(C) Grammar

(i) Avoidance of personal address. We have encountered a number of phrases in which third person singular has been used when asking someone (who normally is second person singular or plural) a polite question:

Saako olla kahvia? 'Would you like some coffee?'
Literally "May there be coffee?"
Tuleeko muuta? 'Would you like something else?'
Literally "Is (there) anything else coming?"
Mitä saisi olla? 'What would you like?' / 'What can I do for you?'
Literally "What may there be?"

Some effort is also made not to refer to oneself in the first person singular:

Pannaanko lahjapakettiin? 'Do you want (it) gift wrapped?'
/ 'Do you want me to gift wrap it for you?'
(Lit. "Will it be put in gift wrapping?")

You will also never in Finland hear any salesclerk say e.g. in the shoe department: 'I don't have that size in stock, but I have some coming in next week.' Instead, even in a one person family store, the owner and only employee will say:

*Valitettavasti **meillä** ei ole sitä...* 'Unfortunately, we don't have it.'

(ii) Mass nouns and individual nouns
Nouns are either mass nouns or individual nouns. Mass nouns denote masses or substances (*wood*), liquids (*water*), gases (*air*) or other materials (*silk*). Masses have two important properties which set them apart from individual objects (*book, cat*).

1. Masses are **divisible** into smaller quantities with the mass still retaining its properties. **Individual objects** are **indivisible** in the sense that the partitioning of an object results in parts of an object, which are different from the object before the partitioning.

2. Mass nouns are also said to be **uncountable**, while **individual nouns** are **countable**. That is why mass nouns do not as masses take plural; when occasionally a mass noun does occur in plural, it denotes instances, kinds, amounts of a substance, e.g. *two coffees, three beers*.

Grammatically the distinction between mass noun and individual noun is quite pronounced in many languages. In English the mass noun **does not take an indefinite article** (*a, an*) and it may often have the indefinite pronoun *some* while in Finnish the indefinite mass noun **leans towards partitive** (*vettä* '(some) water', *kahvia* 'coffee' and *voita* '(some) butter'). By contrast the individual noun in English takes **a, an** while the Finnish individual noun favors nominative (*kirja* 'a book', *omena* 'an apple').

Note! The word *omena* 'apple' illustrates the fact that the same word will sometimes be seen as a mass, sometimes as an individual noun: an apple is an object, but chopped up and used for sauce or for baking has become a mass, a substance.

A summary of the noun and its properties:

Mass nouns	**Individual nouns**
- divisible	- indivisible
- uncountable	- countable
- no article when indefinite	- ***a, an*** in the indefinite
- favors partitive when possible	- favors nominative when possible

The distinction between mass and non-mass is relevant and of importance in the rules for subject, object and predicate adjective/noun.

(III) Rules for the predicate adjective/noun

The equative sentence has a subject, which must always be in the nominative case (see 100% rule, Chapter 9), the verb OLLA and a predicate adjective or a predicate noun. The predicate adjective and the predicate noun will be either in the nominative or the partitive case according to specific rules.

The predicate adjective is otherwise very similar to the predicate noun except it must look to the subject of the sentence for clues to determine choice of case. The predicate noun is 'self-sufficient' and controls its own case marking. The predicate adjective and predicate noun rules are as follows:

The factors influencing the choice of case are: number (singular or plural), semantics of the subject or the predicate noun (mass or non-mass, natural set or arbitary set).

Predicate Noun/Adjective Rule 1: The predicate noun/adjective is marked with **the nominative case** if it (the predicate noun) or the subject is (1) **a non-mass** (individual) **noun in the singular**, or (2) **a natural set in plural**:

Non-mass noun singular:

*Liisa on **tyttö**.*	'Liisa is a girl.'
***Kirja** ei ole **kallis**.*	'The book is not expensive.'

Predicate Noun/Adjective Rule 2: The predicate noun/adjective is marked with **the nominative case** if it (the predicate noun) or the subject is **a natural set in plural**: ("5% rule"):

Natural set in plural:

*Nämä ovat Erkin **uudet silmälasit**.*	'These are Eric's new glasses.'
***Kissan silmät** olivat **keltaiset**.*	'The cat's eyes were yellow.'

Predicate Noun/Adjective Rule 3: The predicate noun/adjective is marked with **the partitive case** if **it** (predicate noun) or **the subject is a mass noun**.

*Tämä on **brasilialaista kahvia.***	'This is Brasilian coffee'.
Kahvi** oli **hyvää	'The coffee was good/delicious.'
***Viini** oli **erinomaista**.*	'The wine was superb.'

Predicate Noun/Adjective Rule 4: The **plural** predicate noun/adjective is marked with **the partitive case** unless it is a natural set ("95% rule").

Normal (non-natural set) plural:

*Nämä kirjat ovat hyvin **vanhoja**.*	'These books are very old.'
*Härmäläiset ovat **kuuluisia**.*	'The Härmä people are famous.'
*Kaikki kissat eivät ole **kotieläimiä**.*	'All cats are not pets.'

NOTE: The term natural set refers to collectives which are 'the natural order of the world' or given 'by design'. (For an elaboration on the term natural set, see Reference grammar).

(IV) Mass nouns and the object in Finnish

The object is marked either with the accusative or the partitive case. The rules which require partitive are more powerful than those governing the use of accusative in the sense that if any criterion requires partitive, partitive it will be. One such criterion is the nature of the object noun itself, whether it is a mass noun and whether it is definite or indefinite.

Object Rule: If the **object** is **an indefinite mass noun**, it will be marked with **the partitive case**.

*Syön tänään **lihaa**.* 'I'll eat meat today.'
*Otatko **olutta**.* 'Would you like some beer.'

NB! If the mass noun is definite, the rule does not apply, but accusative is used instead (see further Chapter 11):

*Haluatko **tämän oluen**?* 'Would you like this (bottle of) beer?'

Frequently masses are indicated by instances, amounts or other measures. Liquids come by the bottle: *pullo viiniä* 'bottle of wine', or by the cup: *kuppi kahvia* 'cup of coffee'; substance may come by weight *kilo voita* 'kilogram of butter', or package *paketti voita* 'package of butter', etc. These expressions have so-called partitive attributes, i.e., the mass is expressed with the partitive case following the measure, unit or amount word. These expressions are then actually countable: ***kaksi pulloa*** **viiniä** 'two bottles of wine', or ***viisi kiloa*** **voita** 'five kilos of butter'.

Another way of dealing with instances of masses is to use compound words: *olutpullo* 'beer bottle', *teekuppi* 'tea cup', etc. In these cases the element of mass is only a built-in feature of an individual compound noun.

10.4. EXERCISES

SECTION A

EXERCISE 1

Below is given an "Eclectic menu". You are visiting a restaurant at three different occasions and under different circumstances. How would you order in the following situations? If you are working with a partner take turns playing role of waiter and customer.

1. You go with a couple of children to a hamburger place which also serves pizzas. One child wants pizza and french fries and a soft drink. The other one likes hamburgers, french fries and milk, and you want a hot dog, a cup of coffee and blueberry pie for dessert.

2. You go to lunch with a colleague. You have something light, maybe an omelette or maybe some fish dish, and your colleague will have a sandwich. You have a glass of white wine, but your colleague has only some juice. You order two coffees for dessert.

RUOKALISTA "ECLECTIC MENU"

Assortment of typical Finnish food items

ALKUPALAT	***hors d'oeuvre***	***VIHANNEKSET***	***vegetables***
sillilautanen	herring platter	porkkanaraaste	shredded carrots
graavilohi	grav lax	täytetyt tomaatit	stuffed tomatoes
salaatti	salad	herneitä	green peas
hanhenmaksa	goose liver	kukkakaali	cauliflower
		lanttulaatikko	rutabaga casserole

KEITOT	***soups***	***PERUNAT***	***potatoes***
lihaliemi	bouillon	keitetty peruna	boiled potato
hernekeitto	split pea soup	paistetut perun	fried potato
kalakeitto	fish soup	perunasose	mashed potato
kesäkeitto	vegetable soup	ranskalaiset perunat	french fries

VOILEIVÄT JA PIIRAKAT	***sandwiches and pies***	***JÄLKIRUUAT***	***desserts***
oopperavoileiä	opera sandwich	juustotarjotin	cheese platter
muna-anjovis-voileipä	egg-anchovy sandwich	hedelmätarjotin	fruit platter
		jäätelö	ice cream
kinkkuvoileipä	ham sandwich	omenapiirakka	apple pie
karjalanpiirakka	Karelian pie	mustikkapiirakka	blueberry pie
lihapiirakka	meat pie	luumukiisseli	plum pudding
riisilohipiirakka	rice salmon pie	mansikkakakku	strawberry cake
hampurilainen	hamburger	suklaakakku	chocolate cake
nakkisämpylä	hot dog		
pizza	pizza		
lenkkimakkara	sausage		

AAMIAINEN	***breakfast***
kaurapuuro	oatmeal hot cereal
ohukaiset	(thin) pancakes
keitetty muna	boiled egg
munakas	omelette

LÄMPIMÄT RUUAT entrees

Kalaruuat	**fish dishes**
paistetut silakat	fried Baltic herring
hillostettu siika	broiled whitefish
savustettu lohi	smoked salmon
meren antimia	seafood assortment

lihapyörykät	meat balls
karjalanpaisti	Karelian stew
kanapaisti	roasted chicken
häränpaisti	roast beef
vieninleike	Wiener schnitzel
lampaanpaisti	roasted lamb

JUOMAT	***beverages***
kahvi	coffee
tee	tea
maito	milk
pirtelö	milk shake
olut	beer
appelsiinimehu	orange juice
puolukkamehu	lingonberry juice
virvoitusjuoma	soft drink
punaviini	red wine
valkoviini	white wine
tuoremehu	orange juice

Liharuuat	***meat and fowl***
nakkikastike	knackwurst and gravy
jauhelihapihvi	chopped steak
lihamureke	meat loaf
kaalikääryleet	cabbage rolls
porsaankyljys	pork chop
vasikan kyljys	veal cutlet
maksalaatikko	liver casserole

3. You are going out with your spouse to celebrate your 10th anniversary. You are willing to spend what it takes to have an enjoyable and special evening. You have hors d'oeuvre, soup, salad, fish, meat, dessert and coffee. You also have your favorite wine.

Exercise 2

From the same "Eclectic menu" , working with a partner, create at least two "dream dinners" or meals of the season. Practise ordering them by taking turns. For obvious reasons, no answers have been given for this exercise.

Exercise 3

You go to a better restaurant without an advance reservation. What do you say?

1. Ask if there is a table for three.
2. Call the attention of a waiter.
3. Say that you would like to order.
4. Order beer for the three of you.
5. Say you would like to know what "Today's Special" is.
6. Say you would like broiled salmon for all three of you.
7. Ask for a bottle of white wine.
8. Ask for the bill.

If you are working with a partner, take turns to play the role of the waiter.

Section B

Exercise 4

Complete the following sentence by placing the words given in the correct case as predicate nouns/adjectives:

1. Tämä liha on (HYVÄ).
2. Nämä ranskalaiset perunat ovat liian (SUOLAINEN 'salty').
3. Ranskalainen viini on usein hyvin (KALLIS).
4. Suomalaiset ovat (HYVÄ ASIAKAS, plur.).
5. Lapsen kädet ovat (LIKAINEN 'dirty').
6. Onko tuo (VIINI) vai (OLUT).
7. Tämä kahvi on (KUUMA).
8. Nämä ravintolat eivät ole kovin (HYVÄ).
9. Kaikki hotellit ovat (VARATTU).
10. Suomen kaupungit ovat (SIISTI).
11. Sinun silmäsi ovat (KAUNIS).
12. Onko tuo (VODKA) vai (VESI)?
13. Ovatko pöytien liinat aina (VALKOINEN)?

EXERCISE 5

Translate the following sentences into Finnish:

1. Many Finns are bilingual.
2. They often speak three or four languages.
3. Finnish is an interesting language but it's said to be difficult.
4. American Finns like Finland and Finnish culture very much.
5. The scenery in northern Finland is quite beautiful.
6. I'll eat chocolate cake for dessert tonight.
7. Do you rather eat pizza than hamburgers?
8. Pizza. I don't like hamburgers.
9. Will you have ("Do you take") red wine or white wine with the meal? 10. Do you drink coffee, tea or juice in the morning?
11. In my family we often eat bread and fruit for breakfast.
12. Milk is white, orange juice is yellow and red wine is dark red.
13. Let's go to a Chinese restaurant.
14. Do you like Chinese food?
15. Do you love me as much as I love you?

CHAPTER 11

ASKING PERMISSION

***Topics*:** How to ask permission to borrow things; How to decline permission.
Grammar - Household vocabulary; Indirect questions; The accusative case; Ability, permission and necessity; Syntax of necessive sentences; Past tense active; The third principal part in the verb.

11.1 DIALOGUES AND NARRATIVE

DIALOGUE 1

Lauri Väänänen would like to write a letter to Marjut whom he continues to adore.

Lauri: Anteeksi. Saanko lainata kynää?
Ystävä: Valitettavasti, minulla ei ole kynää mukana. Kysy vaikka Hilkalta!
Lauri: Hilkka, onko sinulla lainata minulle kynää?
Hilkka: On, tässä on, ole hyvä.
Lauri: Kiitos. ---- Kiitos lainasta.

DIALOGUE 2

Lauri notices that Hilkka is carrying a nicely wrapped package. Thinking that he may get a clue for a nice present for Marjut he expresses interest in the contents of the package. After that he wishes to give Marjut a call but does not have any change.

Lauri: Voitko kertoa mitä tuossa paketissa on?
Hilkka: Kyllä minä voisin kertoa, mutta minä en saa sanoa sitä.
Lauri: Mikset saa sanoa sitä?
Hilkka: Se on salaisuus. Liisa kielsi minua sanomasta sitä kenellekään.
Lauri: Mutta kai sinä voit sen minulle kertoa?
Hilkka: Valitettavasti en voi. Lupasin Liisalle etten kerro sitä kenellekään. Minun täytyy pitää lupaukseni.
Lauri: Ymmärrän. ----- Minun pitää soittaa Marjutille, mutta minulla ei ole yhtään kolikoita. Onko sinulla lainata kaksi markkaa?
Hilkka: Hetkinen. Minulla oli kyllä pari markkaa tässä aamulla. Joo. Tässä on, ole hyvä.

Lauri: Kiitos. ----- (*Dials and gets Marjut on the line*).
Marjut! Lauri täällä. Mitä sinä teet?

Marjut: Luen tässä Kalevalaa. Minä en ehdi valitettavasti nyt jutella.

Lauri: Okei. Jutellaan myöhemmin. ----- (*Lauri upon some reflection starts talking to to Hilkka*). Minun pitäisi lukea Kalevala. Saanko lainata sen sinulta.

Hilkka: Voi, meillä on kaksikin Kalevalaa, mutta ne ovat molemmat kesämökillä.

Lauri: Mistä minä voisin lainata sen?

Hilkka: Kirjastossa täytyy olla useitakin kopioita Kalevalasta.

Lauri: Saanko minä lainata kirjoja kirjastosta, vaikka minulla ei ole lainakorttia?

Hilkka: En ole varma. Minä olen menossa nyt kirjastoon. Sinä voit tulla mukaan.

Lauri: Kiva. Mennäänkö nyt heti?

Dialogue 3

In the meantime Marjut is actually spending her day in Arvid's company. They are now sitting in the Laines' garden in Vaasa. Marjut remembers that Arvid sang to her at her birthday.

Marjut: "Kesäilta" on niin kaunis laulu. Voitko laulaa sen minulle?

Arvid: Minä en ole varma, osaanko sitä.

Marjut: Kyllä osaat.

Arvid: Voitko laulaa mukana? Lauletaan yhdessä!

Marjut: Ei. Minä en osaa laulaa.

Arvid: Minusta sinä laulat ihan kivasti. Sinun täytyy laulaa mukana!

Marjut: Sitä paitsi eilen lääkäri varoitti minua rasittamasta ääntäni liikaa.

Arvid: Voithan sinä ainakin hyräillä mukana.

Kesäilta

Ol' kaunis kesäilta, kun laaksossa kävelin,
Ol' kaunis kesäilta, kun laaksossa kävelin.
Siell' kohtasin ma tytön, jot' aina muistelen,
siell' kohtasin ma tytön, jot' aina muistelen.

Hän kanteloa soitti ja laulun lauleli,
Hän kanteloa soitti ja laulun lauleli.
Se tunteeni voitti ja heltyi syömmeni,
se tunteeni voitti ja heltyi syömmeni.

11.2 INFORMATION

(A) NOTES ON DIALOGUE 1

1. *Anteeksi*

Anteeksi is a word used to prepare someone for an up-coming question or request.

(B) NOTES ON DIALOGUE 2

1. *pitää lupauksensa*

To keep one's promise in Finnish is pitää lupauksensa. Lupaus is the object of pitää and will fluctuate according to object rules, eg. will be in the partitive in a negative sentence: Hän ei pidä lupaustaan. 'He/She does not keep his/her promise.' Another expression with similar meaning is pysyä sanassaan (lit."stay within one's word").

2. *Lauri täällä*

On the phone one often identifies oneself using this phrase: Terve, Erkki täällä; hei, Anneli täällä.

(C) NOTES ON DIALOGUE 3

1. *mukana, mukaan*

Mukana and mukaan 'along' also adjusts to case requirements in the verb. If the verbs denotes stationary activity mukana is chosen. If there is any "sense of direction" the illative form mukaan is required.

(D) WORD LIST

ainakin	at least, at the very least
estää, estän, esti (V4)	prevent, hinder
hyräillä, hyräilen, hyräili (V7)	hum
kai	I guess, probably
kertoa, kerron, kertoi (V1)	tell, recount
kieltää, kiellän, kielsi (V4)	forbid, prohibit, deny
kirjasto, kirjaston, kirjastoa, kirjastoja (N1)	library
kolikko, kolikon, kolikkoa, kolikoita (N1)	coin, change
kukaan; (ei) kukaan, kenenkään, ketään, keitään	no one, nobody
kynä, kynän, kynää, kyniä (N4)	pen; pencil
laina, lainan, lainaa, lainoja (N5)	loan
lainakortti, -kortin, -korttia, -kortteja (N3)	library card
lainata, lainaan, lainasi (V9)	borrow, lend, loan
lukea, luen, luki (V2)	read; count
lupaus, lupauksen, lupausta, lupauksia (N12)	promise, vow

luvata, lupaan, lupasi (V9)	promise
osata, osaan, osasi (V9)	know how, can
pitää, pidän, piti (V4)	hold; keep; give; like
rasittaa, rasitan, rasitti (V5)	strain, burden, stress
saada, saan, sai (V6)	aux.: may, can, main verb: receive, get
salaisuus, salaisuuden, salaisuutta, salaisuuksia (N11)	secret n.
sanoa, sanon, sanoi (V1)	say, tell
soittaa, soitan, soitti (V5)	play (instr.), phone, ring
vaikka	even though
varoittaa, varoitan, varoitti (V5)	warn
voida, voin, voi (V6)	be able to, can; feel
ymmärtää, ymmärrän, ymmärsi (V4)	understand, grasp
ääni, äänen, ääntä, ääniä (N2)	voice; sound; noise

(D) Some phrases

olla menossa	be on one's way, be going
olla tulossa	be on one's way, be coming, arriving

11.3 STRUCTURAL EXPLANATIONS

(A) Structures to learn

(I) "Questions, answers and other communication"

1. Questions and answers represent information going from one (ablative **-lta, -ltä**) to another (allative **-lle**). The following structures are therefore good to learn:

Kysyn { sinu**lta** / Hilka**lta** / häne**ltä** } saanko... 'I'll ask { you / Hilkka / her/him } whether I may...'

Hän vastaa minu**lle**. 'He/she answers me.'

2. Answers are given, in addition to the one(s) who asked the question, also to the actual question itself (with illative (= vowel prolongation + n)):

Me vastaamme kysymykseen.	'We answer the question.'
He vastaavat tiedusteluun.	'They answer the inquiry.'

3. Topics of linguistic communication are marked with the elative case (**-sta, -stä**):

Me puhumme uudesta kirjasta.	'We are talking about the new book.'
He keskustelevat amerikansuomalaisista.	'They are discussing/conversing about Finnish-Americans.'
Laulu kertoo kesäillasta.	'The song tells about a summer evening.'

4. Other communication

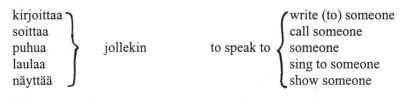

kirjoittaa soittaa puhua laulaa näyttää	jollekin	to speak to	write (to) someone call someone someone sing to someone show someone

(II) Household items needed in homes and sometimes borrowed:

hammastahna (N5)	tooth paste
hammasharja (N5)	tooth brush
harja (N5)	brush
henkari (N3)	coat hanger
herätyskello (N1)	alarm clock
hiustenhoitoaine (N8)	hair conditioner
kampa (N5)	comb
parranajokone (N8)	electric razor
peili (N3)	mirror
polkupyörä (N4)	bicycle
pyyhe (N8) or **pyyheliina** (N5)	towel
saippua (N5)	soap
sanakirja (N5)	dictionary
sanomalehti (N2)	newspaper
sateenvarjo (N1)	umbrella
shampoo (N6)	shampoo

(III) Allowing, forbidding, preventing and warning

Johtaja antaa	meidän sihteerin työntekijöiden	olla rauhassa.
'The boss leaves	us the secretary the employees	alone (lit."be in peace")'

Erkki	esti kielsi varoitti	minua Liisaa poikia	menemästä ulos.
'Erkki	prevented forbade warned	me Liisa the boys	from going out.' to go out.' about going out.'

(iv) How to thank someone for something:

Kiitos	ruuasta.	'Thank you	for the food.'
	kaikesta.		for everything.'
	lainasta.		for the loan.'
	avusta.		for the help.'
	kysymästä.		for asking.'
	viimeisestä.		for last time (= last occasion you hosted).'

Kiitos viimeisestä is a phrase used the first timeone sees or talks to someone who has (recently) hosted a party or some other occasion where you were a guest. Another way of expressing thanks is to say:

Kiitos että annat minun tulla mukaan.
'Thank you for letting (lit. that you let) me come along.'

(v) Contracted forms of että + ei

että +	en	=	etten	'that I not'
	et	=	ettet	'that you not'
	ei	=	ettei	'that he/she not'
	emme	=	ettemme	'that we not'
	ette	=	ettette	'that you not'
	eivät	=	etteivät	'that they not'

(B) Structures to understand

(i) In addition to more or less direct requests to borrow something, Finnish also uses negative statements for this purpose. The following examples are to be understood as requests to borrow a pen:

Ei sinulla ole kynää(?)	'Do you have a pen?'
Sinulla ei sattuisi olemaan kynää(?)	'You wouldn't happen to have a pen, would you?'

(ii) Money related words

kolikko (N1)	coin; change	**penni** (N3)	penny
markka (N5)	mark	**seteli** (N3)	bill
shekki (N3)	cheque	**dollari** (N3)	dollar
valuutta (N5)	currency		

(B) Grammar

(I) Indirect questions in Finnish

The indirect question in Finnish is grammatically exactly like the direct question in word order and structure.

Tuletko mukaan? ~ 'Are you coming along?'
Minä kysyin, tuletko mukaan. 'I asked whether/if you are coming along.'

Mistä voi ostaa ruokaa? ~ 'Where can I buy food?'
Hän halusi tietää, mistä voi ostaa ruokaa. 'He wanted to know where one can buy food.'

Just as is the case in English, *jos* 'if' has penetrated fromconditional, hypothetical clauses to indirect questions as well, in the place of **-ko, -kö** structures. These are still not fully accepted as correct Finnish:

He kysyivät jos he saavat tulla mukaan. 'They asked if they could come along.'

(II) The accusative case in Finnish

Among the Finnish cases the accusative is particularly controversial. At the heart of the controversy is the fact that the accusative sometimes looks like a nominative, sometimes like the genitive and in the personal pronouns is distinctly unique.

The function of the accusative is to mark the object under certain circumstances. If there are no factors requiring the partive case in the object it will be marked accusative. The choice between accusative I and accusative II is relevant only in singular as they are identical in the plural (see chart above).

Schematically the accusative looks like this:

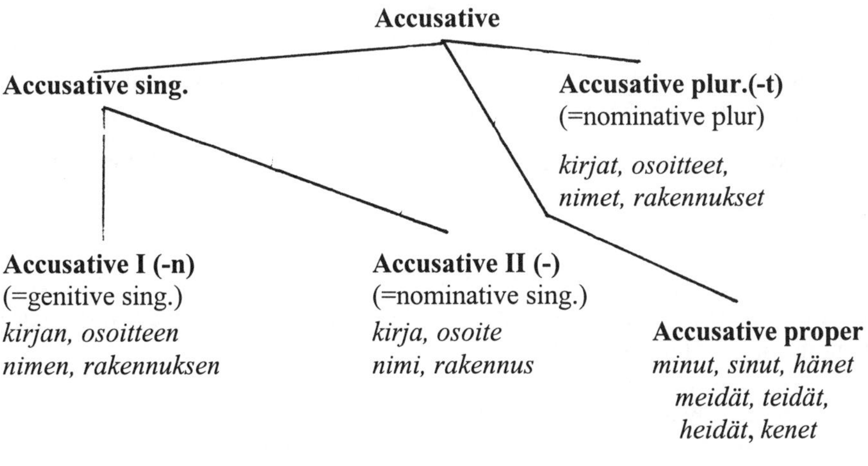

Accusative Rules

Accusative II is chosen over Accusative I in the object:

1. if the verb form is **passive**:

Annetaan **tämä kirja** äidille.	'Let's give this book to mother.'
Lainataan **kynä** Liisalta.	'We'll borrow a pen/pencil from Liisa.'

2. if the structure is a **necessive sentence**:

Meidän pitäisi sanoa **nimi ja osoite**.	'We should state name and address.'
Täytyykö **lasku** maksaa käteisellä?	'Does the bill have to be paid in cash?'

3. if the verb form is **imperative**:

Anna **kirja** äidille.	'Give the book to mother.'
Tehkää **aikavaraus** aina etukäteen!	'Always make an appointment ahead of time.'

4. if the sentence is otherwise **impersonal** (See above Chapter 6):

On hauska saada **lahja** omilta lapsiltaan.	'It is good to get a present from one's own children.'
Minusta on helppo muistaa **Marjutin osoite**.	'I find it easy to remember Marjut's address.'

(III) Ability, permission and necessity in Finnish

Many Finnish auxiliary verbs combine with main verbs in the basic infinitive form and do not involve any special grammar:

Sinä **voit** mennä.	'You can go.'
Hän **saa** lähteä.	'He may leave.'
Osaatko laulaa?	'Do you know how to/Can you sing?'
Minä en **halua** myöhästyä.	'I do not want to be late.'

Necessive sentences (see Chapter 6), however, involve effects both for subject and object.

(IV) The syntax of necessive sentences

1. The "subject person" of a necessive sentence is marked with *the genitive case* in nominative subject sentences.

Pojat lähtivät syömään.	'The boys went to eat.'
Poiki**en täytyi** lähteä syömään.	'The boys had to go to eat.'

Sinä tulet mukaan.	'You will come along.'
Sin**un pitää** tulla mukaan.	'You have to come along.'

If the sentence is *an existential sentence*, i.e., not a nominative subject sentence, the subject is unaffected.

Minulla ei ole kolikoita.	'I don't have any change/coins.'
Minulla ei tarvitse olla kolikoita.	'I don't need to have change.'
Ruuassa on suolaa.	'There is salt in the food.'
Ruuassa täytyy olla suolaa.	'There must be salt in the food.'

2. The accusative object of a necessive sentence is marked with the Accusative II, which *looks like nominative*.

Sinun täytyy ostaa tämä kirja.	'You have to buy this book.'
cf. Sinä ostat tämän kirjan.	'You'll buy this book.'
Meidän pitäisi antaa äidille lahja.	'We should give mother a present.'
cf. Me annamme äidille lahjan.	'We'll give mother a present.'

(V) PAST TENSE IN THE VERB

The past tense form of verbs employs the past tense marker -i which is added to the stem between stem and personal suffix: *sano-n > sano-i-n >sanoin.* As was the case in plural whose marker also was *-i*, the stem is subject to the following changes:

(1) - **-o, -u, -ö,** and **-y** are not affected: *puhu-i, kerto-i*, etc.;

(2) - **-e, -i** and **-ä** drop: *ole-i-n > olin, etsi-i-n > ets-in* 'search, look for';

(3) - **-a** either drops (if the word has three or more syllables, and in two-syllable words if the first syllable in the word is an **o** like in *koira* 'dog' or **u** like in *tupa* 'cabin') or changes into an **-o** (in two-syllable words where the first vowel is not **o** or **u**). The same Dog & Cabin rule which applies in the noun (cf Chapter 4 and the *Reference Grammar* section in this book) also applies in the past tense of the verb.

(4) - if there is a **t - d** (or other equivalent of weak grade of **t**) immediately before a resulting **-i**, it changes into an **s**. This *-ti* or *-di > si* is prominently present in many paradigms, eg.

kieltä-i- >> kielsi; ymmärtä-i >> ymmärsi,

and also systematically in so-called contracted verbs, i.e. verbs which in the infinitive end in **-ata, -ätä, -ota, -ötä, -uta, -yta, -ita, -itä, -eta, -etä**, i.e., any vowel plus **-ta, -tä, (i.e., V+tA)**. These make up verb types 9, 10, and 11:

tavata, tapaan, tapasi 'meet'
osata, osaan, osasi 'know how'
lainata, lainaan, lainasi 'borrow, lend'
haluta, haluan, halusi 'want'

Past tense personal endings are otherwise the same as in present, but third person singular has no personal ending in the past tense, which thus ends in the past tense marker alone: oli, meni, osasi, sanoi, etc.

(vi) The third principal part in the verb

The third principal part in the verb will be the third person singular form of past tense affirmative. The principal part patterns are given in the word lists and of the verbs olla, ostaa, antaa, varoittaa, ymmärtää, lainata they are the following:

olla, olen, oli
ostaa, ostan, osti
antaa, annan, antoi
varoittaa, varoitan, varoitti
ymmärtää, ymmärrän, ymmärsi
lainata, lainaan, lainasi

11.4 Exercises

Section A

Exercise 1

Imagine that you live with a Finnish family and wish to borrow some things. You would ask something like this:

Example: Saanko/Saisinko lainata autoa?

How would you ask to use the following things?

1. polkupyörä 'bicycle'
2. hammastahna 'tooth paste'
3. kirja
4. herätyskello
5. radio
6. pusero
7. Kalevala
8. sanakirja

Exercise 2

You are being asked for various things and you will respond by granting or declining to give permission as you find appropriate:

1. Saanko lainata Teidän hammastahnaanne?
2. Saisinko lainata sanomalehteäsi?
3. Saanko lainata hammasharjaasi?
4. Saisinko lainata sinun autoasi?
5. Saanko lainata sanakirjaa?
6. Saanko lainata Teidän miestänne?
7. Saanko lainata sinun vaimoasi?
8. Saanko lainata Teidän televisiotanne?

Section B

Exercise 3

Insert in object position the words given, but in the appropriate form:

1. Saako ystäväni lainata (KIRJA, indef. plur.) kirjastosta?
2. Laula minulle (JOKIN LAULU).
3. Älä unohda (PAKETTI) ostoskeskukseen.
4. Sinun täytyy muistaa (TÄMÄ PÄIVÄ) aina, sanoi Arvid.
5. On hauska katsella (TELEVISIO).
6. Minä ymmärrän vain vähän (RUOTSI).
7. Minä luen mielelläni (VANHA KIRJA, indef. plur.).
8. Sinun täytyy tehdä (AIKAVARAUS) etukäteen.
9. Mistä minä voin ostaa (HYVÄ ITALIALAINEN VIINI)?
10. Älkää unohtako maksaa (TÄMÄ ISO LASKU)!
11. Annetaanko äidille (HIENO LAHJA)?
12. Turistit käyvät kaupassa ostamassa (UUSI KENKÄ 'shoe', plur.)

Exercise 4

Translate the following sentences into Finnish:

1. Young people discuss everything.
2. Could someone answer this question?
3. I'll ask mother to buy a new scarf for me.
4. We have to warn Juhani about drinking that milk.
5. Lauri wants to call Marjut, but he doesn't have any change.
6. You may not borrow my pen, I am sorry.
7. They can't let us buy their home.
8. In my opinion we should try to prevent our children from eating bad food.
9. Don't tell this nice secret to your children.
10. What do you want to talk about?
11. He wants to know what we want to discuss.
12. I don't know who gets to borrow his bicycle today.
13. Do they always have to answer difficult questions?

CHAPTER 12

TAKING A SAUNA

Topics - How to ask the right questions in the sauna; Aspects of sauna culture.
Grammar - Comparative and superlative; Essive and translative; Going visiting; Saada + -maan, -mään; saada + -ksi; Liking and caring; Uses of conditional; Expressions of time.

12.1 DIALOGUES

DIALOGUE 1

Kustaa Korkeamäki and Margit Korkeamäki are hosting Raymond and Marlene Mäki in their home in Kurikka and the sauna is a big social factor. Kustaa and Raymond are second cousins.

Kustaa: Meillä olisi sauna lämpimänä.

Raymond: Emme ole kahteen viikkoon olleet saunassa. Olisi oikein mukava saunoa tänä iltana.

Kustaa: Mennäänkö me miehet ensin?

Margit: Menkää Te vain ensin, Marlene ja minä mennään sitten teidän jälkeen.

Raymond: Teillä on mukava sauna.

Kustaa: Kiva kun kelpaa. Onko teillä sauna kotona?

Raymond: On, mutta sitä ei lämmitetä puulla, vaan sähköllä.

Kustaa: Niin, kyllä sähkösaunankin tietysti saa kuumaksi.

Raymond: En tiedä mikä on parempi, mutta sähkösauna on ainakin helpompi lämmittää.

Kustaa: Haluatko vihdan?

Raymond: Kiitos, kyllä ihan mielelläni.

(*They whisk themselves with the birch whisks to stimulate circulation and to produce a birch fragrance.*)

Kustaa: Kuule Raimo, laulatteko saunassa tuolla Amerikassa.

Raymond: Eihän saunassa saa laulaa.

Kustaa: Meillä kyllä lauletaan saunassa aina. Osaathan sinä tämän:

Hepokatti

Oli hepokatti maantiellä poikittain,
jala jallai, jala, jala, vei
ja se kaiveli haravalla hampaitaan
jala, jallai, jala, jala, vei.
Jala vei! - Jala vei -
Jala, jallai, jala, jala, vei
ja se kaiveli haravalla hampaitaan,
jala, jallai, jala, jala, vei.

Kuului aitasta kananpojan aivastus,
Jala, jallai, jala, jala, vei
Oli raukalla lapsihalvaus,
Jala, jallai, jala, jala, vei
Jala vei - ---

Raymond: Eikö saunassa laulaminen ole äänelle vaarallista tai jotenkin paha?
Kustaa: Voi se olla, jos on oopperalaulaja, nimittäin.
Raymond: Ei kai me olla ihan vielä oopperalaulajia, he he.
Kustaa: Heitänkö lisää löylyä?
Raymond: Heitä lisää vettä kiukaalle! Heitä kunnon löylyt! Tässä saunassa on makeat löylyt. Täytyy myöntää: makeammat kuin meillä.
Kustaa: Kyllähän tässä hiki tulee.
Raymond: Nyt minun täytyy mennä vähän jäähtymään.

Kustaa: Tässä olisi pari kylmää olutta. Otathan saunaoluen?
Raymond: Totta kai saunan jälkeen maistuu olut.
Kustaa: Oli todella mukava, että tulit meille kylään, pikkuserkku. Kippis!
Raymond: Kippis!

Dialogue 2

Now the women are in the sauna.

Marlene: Taidat pitää saunasta, Margit.
Margit: Kyllähän minä saunasta tykkään. Etkö sinä sitten pidä siitä?
Marlene: En minä paljon siitä välitä. Mutta kyllä minä käyn saunassa silloin tällöin.

Marlene:	Duluth on kauniimpi kesällä kuin talvella.
Margit:	Se taitaa olla talvella kylmempi paikka kuin Kurikka.
Marlene:	On. Se on aivan Amerikan kylmimpiä kaupunkeja.
Margit:	Jos joskus pääsisin näkemään Amerikan!
Marlene:	Tulisitte ensi kesänä meille. Kesällä matka on halvempi, jos on tilauslentoja.
Margit:	Jos saisin Kustaan innostumaan, niin minä olisin valmis.
Marlene:	Niin, eihän se halvemmaksikaan tule.
Margit:	Silloin me voisimme käydä myös Kanadan puolella, Thunder Bayssa. Meillä olisi sielläkin tuttuja.

Dialogue 3

At bed time Margit brings up with Kustaa the idea of perhaps going to Duluth the following summer.

Margit:	Kuule Kustaa, mitä jos lähtisimme ensi kesänä Amerikkaan?
Kustaa:	Niin mekö? Onnistuisikohan se meiltä?
Margit:	Miksei onnistuisi? Me olemme sentään vielä terveitä.
Kustaa:	Niin. Ja sitten voisimme ehkä käydä Jussiloiden luona Kanadassakin!
Margit:	Niin, minäkin ajattelin sitä mahdollisuutta.
Kustaa:	Eiköhän mietitä asiaa yön yli. Hyvää yötä!
Margit:	Hyvää yötä, ukkoseni.

12.2 Information

(A) Notes on Dialogue 1

1. *Sauna, löyly, vihta, kiuas*
The *sauna* is an important element of Finnish folk tradition as well as modern living in Finland. Virtually every family has one or even two saunas, or at least access to one on a regular basis. Finns will bathe in the sauna, 'take a sauna' at least once a week, often more frequently. The sauna heater, called *kiuas*, may be heated by wood or electricity. The sauna is heated to temperatures ranging form about 180F (80C) to above 200F (95C). The *löyly* '(sauna) vapor' is an important element of sauna enjoyment. It is created by throwing water on the sizzling hot rocks on top of the stove. That produces a rush of invisible hot, humid vapor, which is not really 'steamy steam'. The *löyly* spreads in the sauna and increases

sweating. *Vihtas* 'birch whisks, "sauna slappers"', in North America sometimes substituted for cedar or oak whisks, are soaked in hot water and used to softly beat one's skin all over the body. This activity has the effect of massage, stimulates circulation, and creates a beautiful fresh fragrance of birch leaves in the sauna. The sauna bath is followed by a dip in a lake, a cool shower, or even in some circles with a quick roll in the snow. The feeling after a sauna is one of envigoration and relaxation, and of course of cleanliness. The older version, the *savusauna* 'smoke sauna', is making a comeback into Finnish culture.

2. *Kiva kun kelpaa*
Finnish sometimes favors understatement. Kiva kun kelpaa should be translated as 'glad you like it', but it's literal meaning is something like ''nice that it qualifies/is good enough.'

3. *tuolla Amerikassa*
The word tuolla means 'there', but very much in the sense of 'over there'. Kustaa, therefore, is asking about traditions "over there".

4. Singing in the sauna
There are a number of taboos or rules of conduct associated with the sauna. Many of them date back to folk beliefs and ritual traditions. One of the rules is that you shall not sing in the sauna. There are, however, many Finns who find singing in the sauna especially social and fun.

5. *Löylyt*
Sometimes the plural form löylyt is used to signify the kind of löyly a particular sauna produces.

6. *Raymond - Raimo*
Many Finnish first names belong to an international set of names. Often English and Finnish first names are said to be the same name in slightly different form. Names such as Raymond, Andrew, James have equivalents in the Finnish names Raimo, Antti, Jaakko or Janne. Female names have similar equivalencies: Mary / Marja, Elizabeth / Liisa, Anne / Anna or Anne.

7. *Nimittäin, meinaan*
These expressions are used as explanatory comments 'you see', 'I mean', 'that is'.

8. *Otathan oluen?*
This kind of phrase is used to mean 'You'll have a beer, won't you'.

(B) Notes on Dialogues 2 and 3

1. *Eihän se halvemmaksikaan tule*
This phrase translates into English as 'It's not getting any cheaper, you know.' The
tone is largely determined by the **-kaan (-kään)** particle.

2. *Onnistuuko se meiltä*
The party for whom something succeeds, is forgotten, etc. is expressed with the ablative case **-lta, -ltä**. Another such expression is *Se unohtuu häneltä aina* 'He always forgets it/that.'

(C) Word list

ehkä	maybe, perhaps
ensin	first
halpa, halvan, halpaa, halpoja (N5)	cheap
hiki, hien, hikeä, hikiä (N2)	sweat
jäähtyä, jäähdyn, jäähtyi (V1)	cool off or down
jotenkin	somehow
kelvata, kelpaan, kelpasi (V9)	be good enough
kiuas, kiukaan, kiuasta, kiukaita (N9)	sauna heater
kylä, kylän, kylää, kyliä (N4) **(mennä kylään)**	village; go to visit
käydä, käyn, kävi (V6) **(käydä + jossakin)**	visit some place
lisää	more
löyly, löylyn, löylyä, löylyjä (N1)	sauna vapor
makea, makean, makeaa, makeita (N5)	sweet
mies, miehen, miestä, miehiä (N2?)	man
mukava, mukavan, mukavaa, mukavia (N5)	nice
myöntää, myönnän. myönsi (V4)	admit
nimittäin	you see, namely
nukkua, nukun, nukkui (V1)	sleep
oikein	right, correct
olut, oluen, olutta, oluita (N16)	beer
onnistua, onnistun, onnistui (V1)	succeed, manage
oopperalaulaja, -laulajan, -laulajaa, -laulajia (N5)	opera singer
paha, pahan, pahaa, pahoja (N5)	bad, evil
puu, puun, puuta, puita (N6)	wood; tree
sauna, saunan, saunaa, saunoja (N5)	sauna
saunaolut (N16)	sauna beer
saunoa, saunon, saunoi (V1)	have a sauna bath
sähkö, sähkön, sähköä, sähköjä (N1)	electricity
sähkösauna, -saunan, -saunaa, -saunoja (N5)	electrically heated sauna
sentään	after all; 'now'
silloin	then, at that time
silloin tällöin	now and then

tällöin	at this time
terve, terveen, tervettä, terveitä (N8)	healthy
tilauslento, -lennon, -lentoa, -lentoja (N1)	charter flight
totta kai	(but) of course
vaarallinen, vaarallisen, vaarallista, vaarallisia (N17)	dangerous
välittää, välitän, välitti (V4)	care for; broker

(D) Some phrases

silloin tällöin	now and then,occasionally
tulla or **mennä kylään**	come or go visiting
olla kylässä	visit, be visiting
ukkoseni	my dear (old) man

12.3 STRUCTURAL EXPLANATIONS

(A) Structures to learn

(I) Liking and caring

Marlene { pitää / tykkää / välittää / ei välitä } saunasta. 'Marlene { likes / likes / cares for / doesn't care for } the sauna.'

(II) Going visiting

The verb visit differs from go (somewhere) in that visit implies coming back as well. That may explain why in Finnish käydä 'visit' is combined with inessive or
adessive, i.e., the stationary location cases:

Voimme käydä { saunassa / Kanadassa / lentokentällä / USA:n puolella } We can visit { the sauna / Canada / the airport / the US side }

The word *kylä* is also used for social visits:

He ovat meillä kylässä.	'They are at our place visiting.'
Hän meni Korkeamäen luo kylään.	'He went to visit the Korkeamäkis.'

(III) Saada + -maan, -mään; saada + -ksi

To express 'get someone / something to do/be something' the following structure is used:

Hän **saa** Juhan**in** innostu**maan**. 'She get Juhasni excited.'
Minä **sain** sauna**n** hyvin kuuma**ksi**. 'I got the sauna very hot.'

(B) Structures to understand

Duluth on kylmimpiä kaupunkeja. 'Duluth is one of the coldest cities.'

(C) Grammar

(i) Comparative and superlative

The property that adjectives denote may occur in varying degrees. Comparison yields comparative or superlative forms, which in English have the suffixes **-er** (warm**er**) and **-est** (warm**est**) respectively. In Finnish the suffixes are quite distinct.

1. The comparative. The comparative suffix is **-mpi** which is added to the stem of the adjective.

*suuri, suure-**mpi*** 'bigger, greater' *rikas, rikkaa-**mpi*** 'richer'
*makea, makea-**mpi*** 'sweeter'

The only adjustment to the stem happens if *a 2-syllable stem ends in a short* ***-a*** *or* ***-ä***. It will **change into -e:**

*vanh**e**-**mpi*** — *vanha, vanh**e-mpi*** 'older' *kylmä, kylm**e-mpi*** 'colder'

It is important to note, however, that the comparative (and superlative) represent new basic forms or nominatives, and that the comparative forms have a clear principal part pattern and clear stems:

suurempi, suuremman, suurempaa, suurempia 'larger, bigger'
rikkaampi, rikkaamman, rikkaampaa, rikkaampia 'richer'
vanhempi, vanhemman, vanhempaa, vanhempia 'older'

In fact, the comparative forms of adjectives are listed as a distinct derivational word type of their own, type 18 (see the Nominal Sheet in the *Reference grammar*).

2. The superlative. The suffix in superlative is **-in** which is added to the stem of the adjective. The stem vowel is subject to the following changes:

(1) **-e, -a, -ä drop**: *suure+in* > *suurin* 'largest'; *vanha+in* > *vanhin* 'oldest', *kylmä+in* > *kylmin* 'coldest';

(2) **-i changes into an -e-**: *kilti+in* > *kiltein* 'nicest';

(3) **long vowel shortens**: *rikkaa+in* > *rikkain* 'richest'.

If the shortened vowel is ***-i*** it will also change into an **-e-** as in (2) above and thus undergo two separate changes: *kaunii+in* > *kauni+in* > *kaunein* 'most beautiful'.

The superlative also makes up a nominal derived type of its own with its principal parts pattern and stems, type 19:

> *suurin, suurimman, suurinta, suurimpia* 'largest, biggest'
> *vanhin, vanhimman, vanhinta, vanhimpia* 'oldest'
> *kaunein, kauneimman, kauneinta, kauneimpia* 'most beautiful'

A few adjectives have exceptional comparative and superlative forms:

hyvä: *parempi, paremman, parempaa, parempia* 'bettter'
paras, parhaan, parasta, parhaita 'best'

pitkä: *pitempi, pitemmän, pitempää, pitempiä* 'longer, taller'
pisin, pisimmän, pisintä, pisimpiä 'longest, tallest'

NB! Unlike English which frequently uses **more + adjective** (*more beautiful*) and **most + adjective** (*most comfortable*) to form comparative and superlative, Finnish always forms these categories using only the suffixes **-mpi** and **-in** regardless of how long or complex the adjective may be or become.

(II) Essive and translative - the role cases

The essive and the translative are two additional interrelated cases in Finnish. Essive suggests more or less temporary role or state, translative indicates changing role or state.

1. The essive. The essive case has the suffix **-na, -nä** which is added to the stem. Essive always has strong grade of any **k, p or t** element in the stem:

> *tytö+nä* (insert strong grade) >> *tyttönä*
> *kevää+nä* (*kevät* has no gradation) >> *keväänä*
> *illa+na* (insert strong grade) >> *iltana*
> *piene+nä poja+na* (insert strong grade) >> *pienenä poikana*

The uses of essive are primarily to express role or capacity: *opettajana* 'as a teacher'; *nuorena tyttönä* 'as a young girl' and to give form to specific time: *tänä kesänä* 'this summer'. Often the meaning is one of temporary state:

Meillä olisi sauna lämpimänä. 'We (would) have the sauna warm (hot).'

2. The translative. The translative case has the suffix **-ksi** which is added to the stem: *suure+**ksi** ilo+**ksi*** >> *suureksi iloksi; kuuma+**ksi*** >> *kuumaksi.* The most prominent use of translative is together with the verb *tulla* to mean 'become' in English:

Sauna tulee kuumaksi.	'The sauna becomes hot.'
Miehet tulivat ystäviksi.	'The men became friends.'

Translative may also be used in time expressions to express the length of time for which a trip or action is made:

Raymond ja Marlene menivät Suomeen kuukaudeksi.	'Raymond and Marlene Mäki went to Finland for a month.'
Menen ulos pariksi tunniksi.	'I am going out for a couple of hours.'

(III) The uses of conditional

The conditional mood (see Chapter 6) has three rather distinct uses:

1. Conditional, hypothetical scenarios:

Ostaisitteko uuden talon, jos olisitte rikkaita?	'Would you buy a new house, if you were rich?'
En, en ostaisi mitään erikoista, vaikka olisin rikas.	'No, I wouldn't buy anything special even if I were rich.'

2. Polite questions

Voisinko saada...?	'Could I have...?'
Voisitteko sanoa...?	'Could you say/tell me...?'
Haluaisimme jälkiruokaa.	'We would like some dessert.'

3. Wishful exclamations

Jos joskus pääsisin Amerikkaan!	'If I'd only get to go to America some time!'
Oi, että osaisin soittaa pianoa!	'If only I knew how to play the piano!'

(IV) Time adverbials in Finnish

In answer to the question when Finnish uses basically *(1) independent time adverbs (2) the adessive or (3) the essive case.*

(1) Independent adverbs

nyt	'now'	*sitten*	'then, after that'
usein	'often'	*silloin*	'then, at that time'
nykyään	'nowadays'	*silloin tällöin*	'now and then'

(2) Adessive is used for general (non-modified) time expressions

a. Times of the day

aamulla	'in the morning'
aamupäivällä	'in the morning (before noon)'
päivällä	'during the day, in daytime'
iltapäivällä	'in the afternoon'
illalla	'in the evening'(at night)'
yöllä	'at night, during the night'

b. The seasons

keväällä	'in the spring (time)'
kesällä	'in the summer (time)'
syksyllä	'in the fall'
talvella	'in the winter (time)'

(3) Essive is used for specific (modified) time expressions:

tänä aamuna	'this morning'	*eräänä talvena*	'one winter'
tuona päivänä	'that day'	*viime vuonna*	'last year'
sinä kesänä	'that summer'	*ensi keväänä*	'next spring'

(4) The following nouns take adessive regardless of modification (=*viikko, hetki, kausi tunti*)

tällä	{ viikolla	'(during)	{ week'
	hetkellä		this moment'
	kaudella		season, period'
	tunnilla		class period'

NB! The word *kuu* 'month' always takes inessive:

tässä }	*kuussa*	'this }	month'
ensi		'next	
samassa		'the same	

NB! the adjectives ***ensi*** 'next', viime 'last' and ***joka*** 'every' do not get inflected to agree with their head nouns; they remain unchanged.

(VI) EXPRESSING TIME WHICH HAS PASSED SINCE LAST OCCURRENCE:

A negatively stated time during which something has not happened is expressed with the illative case.

En lähde Suomeen kahteen vuoteen.	'I won't go to Finland for 2 years.'
En saa kolmeen viikkoon palkkaa.	'I won't get a salary for 3 weeks.'

The same circumstance can be stated affirmatively but somewhat elaborately:

Siitä on kaksi vuotta kun olin viimeksi Suomessa.	'It's two years since I was in Finland last.'

12.4 EXERCISES

SECTION A

EXERCISE 1

You are planning to go on a vacation, but it has not been decided yet. How do you say that you want to go on vacation at the times suggested?

Example: Haluaisin mennä lomalle ensi kesänä.

1. next winter
2. this fall
3. next month
4. tomorrow
5. this week
6. in two months
7. every spring
8. in the summer
9. in the spring
10. the same month every year

EXERCISE 2

Engage in some wishful thinking stating your wishes as in the example:

Example: Jos joskus saisin paljon rahaa.

Say you wish:

1. you could become rich.
2. you were on vacation.
3. you were not at work.
4. you could sing beautifully.
5. you could get your wife/husband to become glad.
6. you would get the sauna hotter.
7. your salary would become bigger.
8. Finland would become even more beautiful.
9. America were older.
10. the weather not become colder.
11. the summer would last much longer.

SECTION B

EXERCISE 3

Answer the following questions using the words given:

1. Milloin Te saavuitte Suomeen? (VIIME, VIIKKO)
2. Milloin olitte Suomessa ensimmäistä kertaa? (VUOSI 1972)
3. Milloin menette töihin? (AAMU)
4. Milloin tulette töistä kotiin? (ILTA)
5. Kuinka pitkään aikaan ette ole puhunut suomea. (KAKSIKYMMENTÄ, VUOSI)
6. Kuinka usein sinä käyt lääkärissä? (KAKSI, KERTA, VUOSI)

7. Kuinka pitkäksi ajaksi menet Vaasaan? (KUUKAUSI)
8. Milloin sataa lunta? (TALVI)
9. Milloin aurinko paistaa? (PÄIVÄ)
10. Milloin sinun täytyy maksaa tuo lasku? (TÄMÄ, VIIKKO)
11. Milloin Arvid ja Marjut menevät kihloihin? (TÄMÄ, KESÄ)
12. Milloin meidän pitää syödä? (JOKA, PÄIVÄ)

Exercise 4

Make comparative and superlative forms of the adjectives given in the sentences so that the first will be the comparative form, the second the superlative. Remember to inflect it for the case and number required.

1. Meidän saunamme on (KUUMA) kuin teidän saunanne, mutta Kustaan sauna on (KUUMA).
2. Minä pidän (KYLMÄ) säästä, mutta en pidä kaikkein (KYLMÄ) ilmasta.
3. (VANHA) ihmiset tietävät paljon, mutta (VANHA) ihmiset eivät aina tiedä kaikkea.
4. Saksa on (HELPPO) kieli, mutta (HELPPO) kieli on englanti.
5. Liisa osaa sanoa sen (KAUNIS) tavalla, mutta Marjut sanoo sen (KAUNIS) tavalla.
6. Kanadalaiset asuvat (LÄMMIN) maassa kuin suomalaiset, mutta italialaiset asuvat kaikkein (LÄMMIN) maassa.
7. Kari Laine on (NUORI) kuin Marjut, mutta Outi on perheen (NUORI) lapsi.
8. Monet haluavat muuttaa (LÄMMIN) ja (HYVÄ) maihin, mutta he eivät kuitenkaan halua muuttaa kaikkein (KUUMA) maihin.
9. Ruotsi ja Kanada ovat (RIKAS) kuin Suomi, mutta Saksa ja Amerikka ovat maailman (RIKAS) maita.

Exercise 5

Translate the following sentences into Finnish:

1. I have not visited Finland in two weeks.
2. Doctors now and then go on vacation in the winter.
3. This morning the sun is shining and the day will be warmer than last week.
4. If people don't like the sauna, they don't know what one can do there.
5. Next year one can visit more interesting localities than last year.
6. I am very glad and satisfied at this moment that you came to visit.
7. Warm beer does not taste as good as colder beer.
8. There are really good vapors in your sauna.
9. Duluth is both colder and more beautiful than Minneapolis, says Raymond Mäki.
10. Traveling does not get any cheaper next summer.
11. I am thinking of the possibility that we could travel to Canada and America next year.
12. It is better to travel now; we are still young and healthy.

CHAPTER 13

A VISIT TO A CONCERT AND AN EXHIBIT

Topics - How to understand a tour guide's instructions; How to discuss concerts and art shows; How to write a letter.
Grammar - Ordinal numbers; The basic infinitive I; Verb types 1-3; Nominal types 8-12.

13.1 DIALOGUES AND NARRATIVE

DIALOGUE 1

Marlene and Raymond Mäki have booked a tour to Eastern Finland to visit the Savonlinna Opera Festival, the wooden church of Kerimäki and the underground art gallery of Retretti. The tour guide, Helena Aho, is giving directions to her group.

Nti Aho:	No niin.Nyt olemme Savonlinnan Oopperajuhlissa. Tässä ovat lippunne. Kävelkää ensin suoraan sillan yli lavinlinnaan. Kokoonnumme linnan pihalla.
Raymond:	Tule nyt, kulta, muuten me myöhästymme!
	(*In the courtyard of the castle*).
Nti Aho:	Oopperaesitys alkaa kolmenkymmenenviiden minuutin kuluttua. Teillä on vain muutama hetki katsella linnoitusta. Etsikää kuitenkin paikkanne ajoissa.
Raymond:	Istummeko kaikki yhdessä?
Nti Aho:	Kyllä, meillä on kaikilla liput käytävän vieressä, yhdeksännellä ja kymmenennellä rivillä.
Raymond:	Mennäänkö nyt jo istumaan, Marlene, ettei eksytä muusta joukosta.
Marlene:	Ehkä se olisi parasta.
	(*Raymond & Marlene converse as they get on the bus after the concert.*)
Raymond:	Kerro mitä pidit Jorma Hynnisen esityksestä?
Marlene:	Loistava esitys. Hän on mahtava oopperalaulaja. Ikävä että se päättyi niin nopeasti.

Raymond:	Tunnelma vanhassa linnassa oli todella hieno.
Marlene:	Meidän pitäisi lukea lehdestä minkälaiset arvostelut tämä oopperanäytös on saanut.
	(*Helena Aho is speaking on the microphone in the bus.*)
Nti Aho:	Onko kellään kysymyksiä?
Raymond:	Kuinka kauan kestää Retrettiin?
Marlene:	Ja olisiko meillä siellä aikaa juoda kahvia?
Nti Aho:	Retrettiin kestää vain puoli tuntia, olemme pian perillä. Siellä on kahvila ja naisten- ja miestenhuoneet.
Marlene:	Kiitos, (*turning to Raymond*) siellä juodaan sitten kuppi kahvia, eikö niin?

Dialogue 2

Inside the Retretti museum which is blasted underground in the rock.

Marlene:	Tämäpä on erikoinen taidegalleria. Täällä on niin pimeää. Tavallisesti galleriat ovat hyvin valoisia. Odota hetki. Pidä minua kädestä kiinni.
Raymond:	Juu, ole varovainen ettet kompastu. Ota kiinni käsivarrestani.
Nti Aho:	Pyytäisin hetken hiljaisuutta! Huomio! Tänä kesänä on Retretissä Oiva Toikan lasinäyttely. Lisäksi on kuukauden erikoisnäyttelynä Schjerfbeckin öljymaalaukset. Varokaa askeltanne!
Marlene:	Eikö Oiva Toikka ole kuuluisa lasilinnuista?
Nti Aho:	Kyllä, muun muassa. Hän on meidän parhaita taiteilijoitamme. Helene Schjerfbeck on Suomen uuluisimpia taidemaalareita.
Raymond:	(*Turning to Marlene*) Kuuntele, kuinka kaikki kaikuu täällä kiviholvissa.
Marlene:	Ja katso miten lasiveistokset heijastuvat kauniisti kiveä vasten. Rakastan taidetta.
Nti Aho:	Katselkaa ja tutustukaa taideteoksiin kaikessa rauhassa. Lähdemme kiertoajelulle Kerimäelle vasta kello kuusi.

Narrative

At the hotel that evening Marlene writes a short letter to her dear sister in Minneapolis.

Kerimäellä 10. heinäkuuta

Rakas Sisareni,

Tänään kävimme Savonlinnan Oopperajuhlissa. Ne järjestetään vanhassa linnassa, jonka nimi on Olavinlinna. Linna, joka on keskiajalta, on hyvin kaunis. Oopperassa lauloi Suomen kuuluisa laulaja Jorma Hynninen ja kaikki oli niin kaunista.

Savonlinnasta ajoimme bussilla taidegalleria Retrettiin, jossa esitettiin Schjerfbeckin tauluja ja Oiva Toikan lasiveistoksia. Retretti on maan alla ja kallion sisällä. Se oli hyvin mielenkiintoista. Koko matka oli seuramatka, jonka oli järjestänyt helsinkiläinen matkatoimisto. Oppaana oli oikein miellyttävä ja pätevä nainen, jonka nimi oli Helena Aho. Meillä oli taas kerran unohtumaton päivä, Suomen matkamme antoisimpia. Kävimme myös Kerimäellä katselemassa puukirkkoa. Väitetään, että se on maailman suurin puukirkko.

Vaikka kaikki on mielenkiintoista ja kaikki ovat ystävällisiä, meillä on hieman ikävä kotiin. Meillä on nyt vielä viikko jäljellä ja sitten tulemme kotiin.

Voi hyvin ja sano kaikille kovasti terveisiä.

Lämpimin terveisin,

Marlene

13.2. INFORMATION

(A) NOTES ON DIALOGUE I

1. *Savonlinnan oopperajuhlat*
The Savonlinna Opera Festival is held annually in Olavinlinna castle in the city of Savonlinna. The castle dates back to medieval times. The beauty of the surroundings and the light summer nights, the Festival is on in late June and in

July only, combine to create a rather unique atmosphere. The Festival has also been the scene of a number of launchings of new operas by contemporary Finnish composers such as Aulis Sallinen, Joonas Kokkonen and others.

2. *Jorma Hynninen*
The Finnish opera singers of note include the sopranos Soile Isokoski and Karita Mattila, baritones Jorma Hynninen and Walton Grönroos, and the basses Matti Salminen, Jaakko Ryhänen and the late Martti Talvela.

3. *lukea lehdestä*
Note that reading something in some publication is expressed using the "from-case" **elative**, maybe to indicate from where one gets one's information. The same applies to *Kuulin radiosta, että...* 'I heard on (lit. from) the radio that...'

4. *perillä, perille*
The words *perillä* and *perille* are used to indicate that one has reached the destination. *Olimme perillä vasta kello seitsemän.* 'We were there/we got there only at seven.' *Paketti tulee perille huomenna.* 'The package will be there tomorrow.'

(B) Notes on Dialogue 2

1. *Pidä kädestä kiinni & Ota kiinni käsivarresta*
The word for 'hand' in Finnish is *käsi*. The word for 'arm' will vary between *käsi* and *käsivarsi*. *Käsi* is used when no misunderstanding is imminent: *Hänellä on pitkät kädet* 'He has long arms' vs. '*Hänellä on isot kädet* 'He has big hands'. Also, the word *jalka* means either 'foot' or 'leg' depending on context.

2. *Oiva Toikka & Helene Schjerfbeck*
Among Finland's best known designers are glass designers Oiva Toikka and Timo Sarpaneva. Painters who rank among the classics of Finnish art include Akseli Gallen-Kallela, Helene Schjerfbeck, and Eero Järnefelt.

(C) Notes on Narrative

1. *ikävä kotiin*
Homesickness can be exressed either by saying *Minulla on ikävä kotiin* or *Minulla on koti-ikävä* both meaning essentially 'I am home sick'.

2. *Rakas sisar, Lämpimin terveisin*
Certain phrases tend to become stereotyped in letters. Finnish uses equivalents of **dear** and **love** much more sparingly than English. Thus *rakas* borders on 'beloved' more than on generic 'dear' and is used only very endearingly. The typical counterpart to **Dear Leena** will in Finnish be *Hyvä Leena* or *Leena hyvä*.

Some even use *Hei Leena* 'Hello Leena' in letters.

Personal letters are often concluded with *Lämpimin terveisin* or *Parhain terveisin* 'Warm' and 'best regards', respectively. If one wants to indicate strong affection one may write *Rakkain terveisin* 'with loving greetings'.

(D) WORD LIST:

alkaa, alan, alkoi (V5)	begin, start
alla, alta, alle (genitive + ***alla***)	under, underneath
antoisa, antoisan, antoisaa, antoisia (N5)	rewarding
arvostelu, arvostelun, arvostelua, arvosteluja (N1)	review, criticism
askel, askeleen, askelta, askeleita (N15)	step
eksyä, eksyn, eksyi (V1)	go astray, get lost
ensin	first, erstwhile
erikoinen, erikoisen, erikoista, erikoisia (N17)	special, peculiar
erikoisnäyttely (N1)	special exhibit
esittää, esitän, esitti (V4)	perform, show
esitys, esityksen, esitystä, esityksiä (N12)	performance
etsiä, etsin, etsi (V3)	look for, search
heijastua, heijastun, heijastui (V1)	become reflected
heinäkuu, -kuun, -kuuta, -kuita (N6)	July
hieno, hienon, hienoa, hienoja (N1)	fine, refined
hiljaisuus, hiljaisuuden, hiljaisuutta, hiljaisuuksia (N11)	silence
huomio, huomion, huomiota, huomioita (N1)	observation
ikävä, ikävän, ikävää, ikäviä (N4)	sad, longing
istua, istun, istui (V1)	sit
joukko, joukon, joukkoa, joukkoja (N1)	group
juoda, juon, joi (V6)	drink
jäljellä	left
järjestää, järjestän, järjesti (V4)	arrange, organize
kahvila, kahvilan, kahvilaa, kahviloita (N5)	cafeteria, cafe
kaikua, kaiun, kaikui (V1)	echo, resound
kallio, kallion, kalliota, kallioita (N1)	rock
katsella, katselen, katseli (V7)	look at, watch
kauan	long, a long time
kauniisti	beautifully
keskiaika, -ajan, -aikaa, -aikoja (N5)	middle ages
kestää, kestän, kesti (V4)	last; endure
kiertoajelu, -ajelun, -ajelua, -ajeluja (N1)	sightseeing tour
kiinni	closed, fastened
kiviholvi, -holvin, -holvia, -holveja (N3)	stone vault
kokoontua, kokoonnun, kokoontui (V1)	gather together
kompastua, kompastun, kompastui (V1)	trip, stumble
kukaan, kenenkään, ketään, keitään	anyone, anybody
kuukausi, kuukauden, kuukautta, kuukausia (N2)	month
kuunnella, kuuntelen, kuunteli (V7)	listen

kymmenes, kymmenennen, kymmenettä, kymmenensiä (N20)	tenth
kysymys, kysymyksen, kysymystä, kysymyksiä (N12)	question
käsi, käden, kättä, käsiä (N2)	hand
käsivarsi, -varren, -vartta, -varsia (N2)	arm
kävellä, kävelen, käveli (V7)	walk, hike
käytävä, käytävän, käytävää, käytäviä (N4)	aisle; corridor
lasilintu, -linnun, -lintua, -lintuja (N1)	glass bird
lasinäyttely, -näyttelyn, -näyttelyä, -näyttelyjä (N1)	glass exhibit(ion)
lasiveistos, -veistoksen, -veistosta, -veistoksia (N12)	glass sculpture
laulaja, laulajan, laulajaa, laulajia (N5)	singer
lehti, lehden, lehteä, lehtiä (N2)	(news) paper; leaf
linna, linnan, linnaa, linnoja (N5)	castle, palace
linnoitus, linnoituksen, linnoitusta, linnoituksia (N12)	fortress
lisäksi	in addition
loistava, loistavan, loistavaa, loistavia (N5)	brilliant, excellent
mahtava, mahtavan, mahtavaa, mahtavia (N5)	mighty
matka, matkan, matkaa, matkoja (N5)	trip, travel
matkatoimisto, -toimiston, -toimistoa, -toimistoja (N1)	travel agency
mielenkiintoinen, mielenkiintoisen, mielenkiintoista, mielenkiintoisia (N17)	interesting
miellyttävä, miellyttävän, miellyttävää, miellyttäviä (N4)	pleasant
miestenhuone, -huoneen, -huonetta, -huoneita (N8)	men's room
minuutti, minuutin, minuuttia, minuutteja (N3)	minute
muuten	besides, otherwise
muutama, muutaman, muutamaa, muutamia (N5)	a few
myöhästyä, myöhästyn, myöhästyi (V1)	be late
naistenhuone, -huoneen, -huonetta, -huoneita (N8)	ladies' room
näytös, näytöksen, näytöstä, näytöksiä (N12)	show, act
oopperajuhlat, -juhlia (N5)	opera festival
opas, oppaan, opasta, oppaita (N9)	guide
perillä	atdestination
piha, pihan, pihaa, pihoja (N5)	(court) yard
pimeä, pimeän, pimeä(t)ä, pimeitä (N4)	dark
pitää, pidän, piti kiinni	hold on to
puukirkko, -kirkon, -kirkkoa, -kirkkoja (N1)	wooden church
pyytää, pyydän, pyysi (V4)	ask, request
pätevä, pätevän, pätevää, päteviä (N4)	competent
päättyä, päätyn, päättyi (V1)	end, come to end
rivi, rivin, riviä, rivejä (N3)	row; line
seuramatka, -matkan, -matkaa, -matkoja (N5)	organized tour
silta, sillan, siltaa, siltoja (N5)	bridge
sisällä (genitive + ***sisällä***)	inside
taidegalleria, -gallerian, -galleriaa, -gallerioita (N5)	art gallery
taidemaalari, maalarin, -maalaria, -maalareita (N3)	painter
taideteos, -teoksen, -teosta, -teoksia (N12)	work of art
taiteilija, taiteilijan, taiteilijaa, taiteilijoita (N5)	artist
taulu, taulun, taulua, tauluja (N1)	picture, painting
tavallisesti	usually, generally

terveiset, tervisiä (N17)	greetings, regards
tunnelma, tunnelman, tunnelmaa, tunnelmia (N5)	atmosphere; mood
tunti, tunnin, tuntia, tunteja (N3)	hour
tutustua, tutustun, tutustui (V1) (***tutustua johonkin***)	get acquainted
unohtumaton, unohtumattoman, unohtumatonta, unohtumattomia (N22)	unforgettable
valoisa, valoisan, valoisaa, valoisia (N5)	light, full of light
varoa, varon, varoi (V1)	beware (of)
varovainen, varovaisen, varovaista, varovaisia (N17)	careful, cautious
vasten (partitive + ***vasten***)	against
vieressä (genitive + ***vieressä***)	next to, beside
väittää, väitän, väitti, väittänyt (V4)	claim, assert, argue
yhdeksäs, yhdeksännen, yhdeksättä, yhdeksänsiä (N20)	nineth
ystävällinen, ystävällisen, ystävällistä, ystävällisiä (N17)	friendly, kindly
öljymaalaus, -maalauksen, -maalausta, -maalauksia (N12)	oil painting

(E) Some phrases

kaikessa rauhassa	in peace, without interruption
muun muassa (abbrev. **mm.**)	among other things
kukaan, kenenkään, ketään, ketään	anyone, anybody
ei kukaan	no one, nobody
Mitä pidit?	How did you like.../ What did you think..?

13.3 STRUCTURAL EXPLANATIONS

(A) Structures to learn

(i) Some units of time

vuosituhat (N20)	millenium	*päivä* (N4)	day
vuosisata (N5)	century	*vuorokausi* (N2)	24 hours
vuosikymmen (N15)	decade	*tunti* (N3)	hour
vuosi (N2)	year	*minuutti* (N3)	minute
kuukausi (N2)	month	*sekunti* (N3)	second
viikko (N1)	week		

(B) Grammar

(i) Ordinal numbers

Ordinal numbers are used to organize or rank things. Ordinals were originally derived from cardinal numbers with a suffix **-s** (cf English **-th**) added to the stem: *neljäs, viides, kuudes, seitsemäs, yhdestoista*, etc. All ordinal numbers have one principal part pattern. It is thus the suffix that has an inflection pattern, which will be the same in all ordinals. Ordinal numbers make up a nominal type of their own, type 20 (N20):

> *kolmas, kolma**nnen**, kolma**tta**, kolma**nsia*** 'third'
> *viides, viide**nnen**, viide**ttä**, viide**nsiä*** 'fifth'
> *kymmenes, kymmene**nnen**, kymmene**ttä**, kymmene**nsiä*** 'tenth'

It is only fitting that the three first ordinals should be exceptional, as they are in English:

ensimmäinen (N17)	'first'
toinen (N17)	'second'
kolmas (N20)	'third'

Larger ordinals such as *seitsemäskymmeneskahdeksas* 'seventy-eighth (78th)' get all their parts inflected for the same case and may become somewhat unwieldy, but are on the other hand rare:

> *seitsemäskymmeneskahdeksas, seitsemännenkymenennenkahdeksannen, seitsemättäkymmenettäkahdeksatta, seitsemänsiäkymmenensiäkahdeksansia*

(II) The basic infinitive

The basic form or dictionary entry form of the verb is called **the infinitive**. The infinitive has clearly identifiable suffixes. The infinitive marker is basically **-a, -ä**, and **-da, -dä**. All others are assimilations of these. The infinitives fall into three major categories based on how they end:

Infinitve I Markers in Finnish

1. **(any vowel) + -a, -ä**: *kerto/a* 'tell', *puhu/a* 'speak', *anta/a* 'give, *tietä/ä* 'know'.
2. **-da, -dä**: *saa/da* 'get', *näh/dä* 'see';
   (n)-na, (n)-nä: *men/nä* 'go';
   (l)-la, (l)-lä: *ol/la* 'be', *tul/la* 'come';
   (r)-ra, (r)-rä: *surra* 'mourn';
   (s)-ta, (s)-tä: *nous/ta* 'rise', *pääs/tä* 'get to go'.
3. **(any vowel + t) + -a, -ä**: *halut/a* 'want', *kadot/a* 'disappear', *tarvit/a* 'need', *vanhet/a* 'grow old'.

The stem before the infinitive marker is called the **infinitive stem**. It is used to form the **past participle active** by adding **-nut, -nyt**: *kerto/nut* 'told', *men/nyt* 'gone'. The same assimilations occur as were evident in the infinitive markers: *ol/lut* 'been', *sur/rut* 'mourned', *nous/sut* 'risen'. See Chapter 14 and *Reference Grammar.*

(III) Verb types 1-3

Although briefly introduced in Chapter 5, verb types 1-3 will be reintroduced here. Verb inflection shares many similarities with nominal inflection and the Nominal Sheet and the Verb Sheet (see Reference grammar) have been organized to reflect those similarities. The following comments already include the fourth principal part of the verb which are formally introduced in chapter 14.

Type 1: *kertoa, kerron, kertoi, kertonut* 'tell'
This type has a stem ending in the vowels **o-, -u, -ä,** or **-y**, which are not subject to change when various suffixes are added. Once again these verbs represent the most 'regular' verb type. Other examples: *sanoa, sanon, sanoi, sanonut* 'say', *muuttua, muutun, muuttui, muuttunut* 'change, mutate, become different'; *asua, asun, asui, asunut* 'live, dwell'.

Type 2: *tuntea, tunnen, tunsi, tuntenut* 'know'; 'feel'
Verbs like **tuntea** have an **-e-** both in the infinitive stem and the verb stem. In the past tense form the stem vowel **-e-** drops before the past tense marker **-i-**, e.g. *luki.* If there is a **t / d** element immediately before the **-i-**, the **t** or **d** becomes an **s** as is so often the case historically: *tunsi.* Other verbs of this type are *hakea, haen, haki, hakenut* 'fetch', 'apply for' and *laskea, lasken, laski, laskenut* 'count'; 'lower, descend'.

Type 3: *vaatia, vaadin, vaati, vaatinut* 'require, demand'
This type differs from type 2 only in the stem vowel, which here is **-i-**. This **-i-** also drops before the past tense marker **-i-** resulting in identical present and past tense forms. Other verbs of this type are: *tutkia, tutkin, tutki, tutkinut* 'investigate, research'; *pyrkiä, pyrin, pyrki, pyrkinyt* 'strive'.

(IV) Nominal types 8-12:

1. Type 8: *tarve, tarpeen, tarvetta, tarpeita* 'need'
Like types 9-12, type 8 displays weak grade in the nominative singular. In 9-12 this is what one would expect since the final consonant closes the last syllable: *rakas, puhelin.* In type 8, the **final -e type**, however, weak grade is regular only on historical consideration. This type systematically ended in ***-h** or ***-k** and thus has weak grade in the nominative singular: *tarve.* The genitive form **tarpeen** and the partitive singular double **tt** in *tarvetta* are also consequences of this historical fact and explains the gradation pattern in type 8. Other examples:

perhe, perheen, perhettä, perheitä 'family'

osoite, osoitteen, osoitetta, osoitteita	'address'
taide, taiteen, taidetta, taiteita	'art'
tiede, tieteen, tiedettä, tieteitä	'science'

2. Type 9: *rikas, rikkaan, rikasta, rikkaita* 'rich'
This type ends in **-as** or **-äs** and is characterized by the long **aa** or **ää** in the genitive singular stem (a result of a dropped **h** between these vowels, cf dialectal *rikkahan*). The partitive singular is formed by simply adding **-ta** or **-tä** to the basic (nominative) form: *älykäs+tä > älykästä*. This is the norm in nominals ending in consonants (except in types 11: *vanhuus* and 15: *nainen*). Other examples:

asiakas, asiakkaan, asiakasta, asiakkaita	'customer'
innokas, innokkaan, innokasta, innokkaita	'eager'
armas, armaan, armasta, armaita	'dear, beloved'
allas, altaan, allasta, altaita	'pool, basin'

3. Type 10: *kaunis, kauniin, kaunista, kauniita* 'beautiful'
This type largely resembles type 9 and is separated only because in this type the plural stem merges with the singular stem, if the basic form ends in **-is**: *kaunii- + i + ta > kauni- + i +ta >* ***kaunii****-ta*. Cf the singular word stem ***kaunii****-n*.
Other words of type 10 are:

altis, alttiin, altista, alttiita	'prone'
kallis, kalliin, kallista, kalliita	'expensive'
valmis, valmiin, valmista, valmiita	'ready, finished'

4. Type 11: *Vanhuus, vanhuuden, vanhuutta, vanhuuksia 'old age', 'oldness'*
Type 11 ends in **-uus**, **-yys**, or other **vowel + -us** or **-ys** (*terveys 'health', heikkous 'weakness'*). This type is characteristically derived from adjectives and represents the name of the property the adjective conveys, much like the suffixes **-th**, **-ness** or **-ity** in English: *width = leveys, darkness = pimeys, possibility = mahdollisuus*. Many of these 'property names' are so infrequent in the plural that the type has borrowed its plural stem from type 12: *vanhuu****ksia*** 'old ages', *pimey****ksiä*** 'darknesses'. Other examples:

salaisuus, salaisuuden, salaisuutta, salaisuuksia	'secret'
valmius, valmiuden, valmiutta, valmiuksia	'potentiality'
nuoruus, nuoruuden, nuoruutta, nuoruuksia	'youth'
mahdottomuus, mahdottomuuden, mahdottomuutta, mahdottomuuksia	'impossibility'

One means of seeing the distinctness of this type is to look for its underlying adjective: *vaikeus* 'difficulty' < *vaikea; nuoruus* 'youth' < *nuori, mahdottomuus* 'impossibility' < *mahdoton.*

5. Type 12: *kysymys, kysymyksen, kysymystä, kysymyksiä 'question'*
In type 12 the word final **-s** was historically ***-ks**. But Finnish does not accept consonant clusters at the end of words so it became **-s**. This **ks** element surfaces in all positions where clusters of two consonants are allowed, i.e., between two vowels: *kysymykse-n* and *kysymyksi-ä*, while also becoming reduced in *kysymystä* because **kysymykstä* would have three consonants in a row, which generally is not allowed. As type 12 is strongly associated with **-us, -ys,** it is true that it may also end in **-as, -äs, -es, -is, -os, -ös.** Other examples:

vastaus, vastauksen, vastausta, vastauksia 'answer'
julkkis, julkkiksen, julkkista, julkkiksia 'celebrity, public figure'
rakennus, rakennuksen, rakennusta, rakennuksia 'building'

13.4. EXERCISES

SECTION A

EXERCISE 1

You are helping the tour guide on an excursion and give advise to the people on the tour, all in Finnish.

1. Say that everybody will meet in front of the castle at 3 o'clock.
2. Tell them they should go to the bridge.
3. Say that the concert begins in half an hour.
4. Ask them to find their places in good time.
5. Tell them all the seats ("places") are together.
6. Say their tickets are in the third and the fourth row.
7. Ask them to be quiet for a moment.
8. Ask whether anyone has any questions.
9. Ask them to watch their step.
10. Ask them to acquaint themselves with the paintings and the art.
11. Thank them for everything.

EXERCISE 2

Play the role of a tourist on an excursion in dialogue with the tour guide. The role of the guide is already provided. If you are working together with a partner, take turns and play both roles.

Tourist	*Tour guide*
1. Ask how far it is to the next city.	
	2. Seuraavaan kaupunkiin on noin tunti.
3. Ask if they will have coffee there.	
	4. Kyllä. Siellä juodaan kahvia tai teetä.
5. Ask if you are going to a gallery today.	

7. Ask what Hvitträsk is.

6. Ei. Mutta me käydään Hvitträskissä.

8. Hvitträsk oli Eliel Saarisen, kuuluisan suomalaisen arkkitehdin, koti ja ateljee.

Tourist

Tour Guide

9. Ask if you will also visit Ainola, Sibelius' home, today.

10. Ei. Ainolaan me mennään huomenna.

11. Ask whether it is true Finns like opera.

12. On. Helsingissä on uusi loistava oopperatalo ja Suomessa on erinomaisia oopperalaulajia.

13. Ask whether the Savonlinna Opera Festival is open still in September.

14. Ei. Oopperajuhlat päättyvät jo heinäkuussa.

15. Thank the tour guide for the good work and fun day.

16. Kiitos. Ilo oli minun puolellani.

Section B

Exercise 3

Complete the following sentences by writing out in full the ordinal numbers given here only as digits In Finnish a period after the digit signifies *ordinal number*):

1. Turisti käveli 3. kerroksesta 5. kerrokseen.
2. Me istumme kaikki 1. tai 2. rivillä, mutta Eero istuu 7. rivillä.
3. Kukaan ei halua olla töissä joulukuun 23. päivästä tammikuun 3. päivään.
4. Huomenna ei ole 19. vaan 20. toukokuuta.
5. Yliopistossa 3. vuosi on usein vaikeampi kuin 2. tai 4. vuosi.

Exercise 4

Translate the following sentences into Finnish:

1. Next summer we will visit the Savonlinna Opera Festival in.
2. Eero Järnefelt is one of Finland's best and most famous painters.
3. This excursion was quite rewarding for all of us (us all).
4. They read in the newspapers about an unforgettable art exhibit.
5. Oiva Toikka and Timo Sarpaneva are famous for their glass sculptures.
6. The tour guide warned us not to stray / of straying from the rest of the group.
7. The atmosphere in Olavinlinna was very beautiful.

8. Olavinlinna is one of Finland's oldest castles and is from the Middle Ages.
9. They got acquainted with Finland's best art.
10. The trip from here to Ainola is short; we will be there in about forty-five minutes.

Exercise 5

Translate into Finnish the following letter from a young American student to a close friend at home in Seattle, Washington:

Jyväskylä, August 27

My Dear Friend,

Yesterday I visited the Alvar Aalto museum here in Jyväskylä. It is a modern building with many light rooms and areas. I read a book about Aalto's architecture last year and it was, in my opinion, very interesting to see the museum.

After that I met two other Americans who are studying at the university of Jyväskylä. They said that they too liked Finnish culture, especially Finnish architecture. Eliel and Eero Saarinen, Alvar Aalto and Reima Pietilä are among the most well-known architects of Finland.

As you can see, I really like my trip and everything is very interesting. I will tell you more about Finland when I come home next month.

Warm greetings,

Jennifer

CHAPTER 14

ABOUT STUDIES AND JOBS

Topics - Discussing jobs and studies; How to ask about jobs and studies.
Grammar - Negative past tense; The past participle; The fourth principal part in the verb; "Becoming something" in Finnish; Generic person in Finnish; Illatives of infinitive III; Verb types 4 and 5.

14.1 DIALOGUES AND NARRATIVE

DIALOGUE 1

Two young men, Oiva Alho and Markku Lehmusvirta, meet and discuss their lives now and in the recent past.

Oiva:	Missä sinä olit työssä viime vuonna?
Markku:	Minä en ollut työssä lainkaan viime vuonna.
Oiva:	Olitko sinä siis työtön?
Markku:	Tavallaan, mutta toisaalta minä menin takaisin opiskelemaan.
Oiva:	Mitä sinä opiskelit?
Markku:	Aloitin valtiotieteellä, mutta en jatkanut siinä vaan siirryin lukemaan historiaa.
Oiva:	Mihin sinä pyrit opinnoillasi? Et kai aikonut opettajaksi?
Markku:	En tiennyt vielä silloin, mutta nyt tiedän: minusta tulee historian opettaja, toivottavasti.Valmistun parin vuoden kuluttua opettajaksi.
Oiva:	Kyllä se varmaan onnistuu. Ja se on hyvä ammatti.

Oiva:	Mitä sinä teit työksesi?
Markku:	Minä korjasin tietokoneita ja kopiointikoneita.
Oiva:	Piditkö työstäsi?
Markku:	Kyllä, se oli varsin mielenkiintoista työtä.
Oiva:	Menitkö sinä koneiden luo vai lähettivätkö firmat koneet sinulle korjaamoon.

Markku:	Minä yleensä jouduin menemään eri toimistoihin korjaamaan koneita paikan päällä.
Oiva:	Kuinka sinä opit korjaamaan näitä koneita? Oliko siihen kouluja?
Markku:	Minulla oli tekniikan opinnot pohjana - olen insinööri - mutta sitten firma koulutti itse, jos se ei lähettänyt meitä kurssille.

Oiva:	Minkälaista työtä voi saada jos opiskelee kieliä?
Markku:	Kielenopiskelija voi tulla opettajaksi. Mutta hän toimii myös usein kielenkääntäjänä tai tulkkina.
Oiva:	Eikö aikaisemmin päässyt ulkomaille töihin?
Markku:	Kyllä. Joskus kielenopinnot saattoivat johtaa johonkin kansainväliseen työhön.
Oiva:	Entä mitä psykologian tai sosiologian opinnoilla voi tehdä?
Markku:	Psykologiaa tarvitaan esimerkiksi opinnonohjaajan työssä. Sosiologia on usein tärkeä osa eri hoitoammatteja.
Oiva:	Entä jos opiskelee filosofiaa?
Markku:	Silloin oppii ajattelemaan selvästi ja pohtimaan asioita monipuolisesti.
Oiva:	Mutta sillä ei saa työtä?
Markku:	Ehkä ei aina suoraan, ellei jatka esim. filosofian tohtoriksi.

Narrative

Amerikassa opiskelijat työskentelevät joskus taksinkuljettajana tai tarjoilijana koska he ovat usein muuten rahattomia. Suomessa kilpailu opiskelijapaikoista on hirveän kova. Opettajaksi hakee paljon enemmän kuin pääsee. Ulkomaalainen, joka haluaa mennä Suomeen tekemään työtä tarvitsee työluvan. Silloin kun työttömyyttä on paljon, on vaikeampi saada työlupia. Mutta aina kannattaa yrittää. Minä olen ainakin sitä mieltä.

14.2. Information

(A) Notes on Dialogue I

1. *firma*

The word *firma* is a loanword from Swedish and has connotations of colloquial speech. The more correct according to standard norm is the word *yhtiö*. Sometimes you will hear in non-formal speech the word *bisnes* (*bisneksen, bisnestä, bisneksiä*) originating in English business. It does, however, also mean activities. If you are self-employed in Finland you may say:

Minulla on oma { firma. / yhtiö. / "bisnes". } 'I have my own company.'

2. *toisaalta (toisaalta)*
In Finnish toisaalta 'on the other hand' is also used in both parts of the two-part expression 'on the one hand - on the other (hand)':

Toisaalta hän on iloinen, mutta toisaalta myös onneton.
'On the one hand he is glad, but on the other hand also unhappy.'

It is related to the "one - the other" pattern as well, which in Finnish is *toinen, toinen:*

Toinen sanoo niin ja toinen noin. 'One says this, the other that.'

3. *siinä, siitä, siihen*
Remember that the inessive, elative and illative forms of *se* are *siinä, siitä*, and *siihen*, respectively.

4. *en tiennyt*
As the Verb Sheet indicates the past participle form of *tietää* 'to know' is most frequently *tiennyt* and not the less frequent *tietänyt.*

5. *pohjana*
The word *pohja* is used for both 'bottom' and 'base'. Here *pohjana* means 'as a base'.

6. *psykologia and sosiologia*
A number of disciplines which in English end in **-logy** have **-logia** in Finnish: *psykologia, sosiologia, biologia, teologia, teknologia*, etc. Also disciplines which end in **-y** tend to become **-ia** in Finnish: *kemia* 'chemistry', *historia* 'history'.

7. *ellei*
This is a contracted form of **jos + ei**. There is also *jollei*, which also comes from **jos + ei**. Remember also that **että + ei** becomes *ettei.* These three appear in all six grammatical persons, of course, eg. *ellen, ellet, ellei, ellemme, ellette, elleivät.*

(B) Notes on Narrative

1. *muuten*
Muuten is a useful little word meaning 'by the way', 'otherwise', 'a propos'.

2. *Silloin kun*
Finnish uses *silloin kun* as an expanded expression for *kun* when the meaning is something like 'in/at times when', 'then when'.

(C) Word list

aikaisemmin	earlier, before
ajatella, ajattelen, ajatteli, ajatellut (V7)	think, ponder
ammatti, ammatin, ammattia, ammatteja (N3)	occupation, profession
asia, asian, asiaa, asioita (N5)	matter, thing
filosofian tohtori	doctor of philosophy
filosofia, filosofian, filosofiaa, filosofioita (N5)	philosophy
firma, firman, firmaa, firmoja (N5)	firm, company
hakea, haen, haki, hakenut (V2)	apply
hirveä, hirveän, hirveää, hirveitä (N4)	horrible, terrible
historia, historian, historiaa, historioita (N5)	history
hoitoammatti, -ammatin, -ammattia, -ammatteja (N3)	care profession
insinööri, insinöörin, insinööriä, insinöörejä (N3)	engineer
itse	self
jatkaa, jatkan, jatkoi, jatkanut (V5)	continue
johtaa, johdan, johti, johtanut (V5)	lead, direct
kannattaa, kannatan, kannatti, kannattanut (V5)	be worthwhile, "pay"
kansainvälinen, -välisen, -välistä, -välisiä (N17)	international
kielenkääntäjä, -kääntäjän, -kääntäjää, -kääntäjiä (N4)	translator
kielenopinnot, -opintoja (N1)	language studies
kielenopiskelija (N5)	language student
kilpailu, kilpailun, kilpailua, kilpailuja (N1)	competition, contest
kone, koneen, konetta, koneita (N8)	machine
kopiointikone, -koneen, -konetta, -koneita (N8)	copying machine
korjaamo, korjaamon, korjaamoa, korjaamoja (N1)	repair shop
korjata, korjaan, korjasi, korjannut (V9)	repair, fix
koulu, koulun, koulua, kouluja (N1)	school
kouluttaa, koulutan, koulutti, kouluttanut (V5)	train, educate, school
kova, kovan, kovaa, kovia (N5)	hard, tough
kurssi, kurssin, kurssia, kursseja (N3)	course
lähettää, lähetän, lähetti, lähettänyt (V4)	send, dispatch
mieli, mielen, mieltä, mieliä (N2)	mind, opinion
monipuolisesti (from ***monipuolinen***)	in a versatile way
opettaja, opettajan, opettajaa, opettajia (N5)	teacher
opinnonohjaaja, -ohjaajan, -ohjaajaa, -ohjaajia (N5)	guidance counselor
opinnot, opintoja (N1)	studies
opiskelija, opiskelijan, opiskelijaa, opiskelijoita (N5)	student
opiskelijapaikka, -paikan, -paikkaa, -paikkoja (N5)	student opening
opiskella, opiskelen, opiskeli, opiskellut (V7)	study
oppia, opin, oppi, oppinut (V3)	learn
osa, osan, osaa, osia (N5)	part, portion

pohja, pohjan, pohjaa, pohjia (N5)	bottom, basis, foundation
psykologia, psykologian, psykologiaa, psykologioita (N5)	psychology
pyrkiä, pyrin, pyrki, pyrkinyt (V3)	strive
rahaton, rahattoman, rahatonta, rahattomia (N21)	moneyless, penniless
siirtyä, sirryn, siirtyi, siirtynyt (V1)	transfer, move
sosiologia, sosiologian, sosiologiaa, sosiologioita (N5)	sociology
taksinkuljettaja, -kuljettajan, -kuljettajaa, -kuljettajia (N5)	taxi driver
tavallaan	in a way, kind of
tehdä työtä; teen, teki, tehnyt (V6)	work, do work
tekniikka, tekniikan, tekniikkaa, tekniikkoja (N5)	technology
tietokone, -koneen, konetta, -koneita (N8)	computer
toimia, toimin, toimi, toiminut (V3)	function, serve
toimisto, toimiston, toimistoa, toimistoja (N1)	office
toivottavasti	hopefully
tulkki, tulkin, tulkkia, tulkkeja (N3)	interpreter
työlupa, -luvan, -lupaa, -lupia (N5)	work permit
työskennellä, työskentelen, työskenteli, työskennellyt (V7)	work
työtön, työttömän, työtöntä, työttömiä (N21)	unemployed
ulkomaalainen, -maalaisen, -maalaista, -maalaisia (N17)	foreigner
ulkomailla, ulkomailta, ulkomaille	abroad
valmistua, valmistun, valmistui, valmistunut (V1)	graduate
valtiotiede, -tieteen, -tiedettä, -tieteitä (N8)	political science
varmaan	certainly, surely

(D) Some phrases

Olen sitä mieltä	'I am of the opinion'
toimia jonakin	'serve as something'

14.3. STRUCTURAL EXPLANATIONS

(A) Structures to learn

(I) Working in Finnish

Finnish lacks a simple verb for English 'work' and expresses it in various ways: *olla työssä* or *töissä* (lit. "be at work"), *tehdä työtä* ('lit. "do work"), or the verb *työskennellä* 'to work'. The verb *työskennellä* is, however, rather infrequent, at least in speech.

Nainen { on työssä / on töissä / tekee työtä / työskentelee } yliopistossa. 'The woman works at the university.'

To ask about someone's line of work you may ask:

Mitä sinä teet työksesi?	'What is your line of work?' (lit. "What do you do for work?")
Mikä sinun leipätyösi on?	'What is your line of work?' (lit. "What is your bread job"?)

(II) Expressing one's opinions

To express 'I think...' or 'I am of the opinion that...' one can use the following structures:

Minusta / Minun mielestäni / Olen sitä mieltä, että	Suomi on kaunis.

'I think / (According) to me / 'I think / In my opinion / 'I think / am of the opinion that	Finland is beautiful.'

Other grammatical idioms used to indicate opinion are:

Minä pidän	hän**tä**	hyvä**nä** urheilija**na**.
	Suome**a**	kauni**ina** maa**na**.
	hinto**ja**	kohtuuttomi**na**.

'I consider/find	him/her a good athlete.'
	Finland a beautiful country.'
	the prices unreasonable.'

(III) Idiomatic uses of illative of infinitive III:

1. Intransitive verb plus *-maan, -mään*

Hän	oppi / rupesi / ryhtyi / innostui / joutui / kyllästyi	korjaa**maan** koneita.	'He	learned / began / began / got excited / ended up having	to repair machines.'
				got bored repairing machines.'	

Among the verbs which require the illative of infinitive III (**-maan, -mään**) are a large number of **-ua, -yä** verbs: besides those above (*ryhtyä, innostua, kylllästyä, joutua*), *tottua* 'get used to', *sattua* 'happen to', etc.

2. Some transitive verbs with object in the partitive + **-maan, -mään**:

Juhani	auttoi kehotti opetti pyysi neuvoi	oppilai**ta** luke**maan**.	'Juhani	helped urged taught asked advised	students to read.'

(IV) "PART OF SOMETHING" IN FINNISH

The word *osa* 'part' requires **partitive** or **elative** on the whole of which a part is spoken about:

*Se on **osa** eri **tehtäviä**.*	'It is part of different assignments.'
***Osa heistä** lähti kotiin.*	'Part of them went home.'

(B) GRAMMAR

(I) NEGATIVE PAST TENSE ACTIVE

The negative past does not employ the past tense marker **-i-** as we know it. Instead it employs the negation verb (**en, et, ei, emme, ette, eivät**) and **the past participle form**.

I. FORMATION OF THE PAST PARTICIPLE ACTIVE.

The past participle, which also serves as the fourth principal part of the verb, is formed from the so-called infinitive stem by adding the suffix **-nut, -nyt**:

***sano**-a: sano+nut > sanonut* 'said';
***lähte**-ä: lähte+nyt > lähtenyt* 'gone';
***näh**-dä: näh+nyt > nähnyt* 'seen'.

The past participle suffix assimilates easily with the consonant (if one is present) at the end of the infinitive stem:

-l:	*ol/la*	- *ol+nut >> ollut* 'been'
-r:	*pur/ra*	- *pur+nut >> purrut* 'bitten'
-s:	*juos/ta*	- *juos+nut >> juossut* 'run'
-t:	*vastat/a*	- *vastat+nut >> vastannut* 'answered'

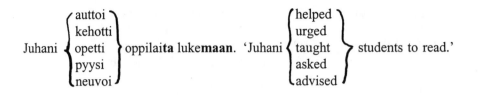

2. FORMATION OF THE NEGATIVE PAST

The negative past is a combination of the *negation verb and a past participle form*. In plural the past participle will end in **-neet (-leet, reet, -seet)**:

Affirmative	*Negative*	*Affirmative*	*Negative*
minä sanoin	en sanonut	ajattelin	en ajatellut
sinä sanoit	et sanonut	ajattelit	et ajatellut
hän sanoi	ei sanonut	ajatteli	ei ajatellut
me sanoimme	emme sanoneet	ajattelimme	emme ajatelleet
te sanoitte	ette sanoneet	ajattelitte	ette ajatelleet
he sanoivat	eivät sanoneet	ajattelivat	eivät ajatelleet
minä annoin	en antanut	tapasin	en tavannut
sinä annoit	et antanut	tapasit	et tavannut
hän antoi	ei antanut	tapasi	ei tavannut
me annoimme	emme antaneet	tapasimme	emme tavanneet
te annoitte	ette antaneet	tapasitte	ette tavanneet
he antoivat	eivät antaneet	tapasivat	eivät tavanneet

(II) THE FOURTH PRINCIPAL PART OF THE VERB

The fourth principal part of the verb is the past participle active. It will be listed in the word lists starting with chapter 14. The most successful way of learning the past participle is to memorize it with the principal parts pattern of each learned verb. The Verb Sheet contains additional observations of features of the past participles (See *Reference grammar*).

Examples:

hakea, haen, haki, hakenut (V2)	fetch, apply
kouluttaa, koulutan, koulutti, kouluttanut (V5)	school, train
pyrkiä, pyrin, pyrki, pyrkinyt (V3)	strive
opiskella, opiskelen, opiskeli, opiskellut (V7)	study
johtaa, johdan, johti, johtanut (V5)	lead
korjata, korjaan, korjasi, korjannut (V9)	repair, fix
jatkaa, jatkan, jatkoi, jatkanut (V5)	continue
tarvita, tarvitsen, tarvitsi, tarvinnut (V10)	need

(III) NOMINAL TYPE 21 : *TYÖTÖN, TYÖTTÖMÄN, TYÖTÖNTÄ, TYÖTTÖMIÄ* 'JOBLESS, UNEMPLOYED'

Word type 21 is very distinct. It consists of adjectives which carry the meaning 'lack or negation of what the base word denotes'. The type is derived from nouns or verbs explained in the following:

1. from nouns with the derivational suffix **-ton** or **-tön**: *raha-ton* > *rahaton* 'moneyless, penniless', *nime-tön* > *nimetön* 'nameless, anonymous', or

2. from verbs with the same derivational suffix **-ton** or **-tön** but added to the third infinitive stem ending in **-ma, -mä** (see Chapter 7 and 12): *asu-ma-ton* > *asumaton* 'uninhabited', *käsittä-mä-tön* > *käsittämätön* 'incomprehensible'. In English equivalent words are formed using means such as *-less, -free*, or *un-... -ed*

(IV) "Becoming something" in Finnish

Finnish has two prominent ways of expressing that 'something becomes something'.

1. The translative case (**-ksi**) is used together with several verbs to indicate resultant state, role or capacity.

	tuli			became	
	muuttui			changed into	
Serkkuni	joutui	opettaja**ksi**.	'My cousin	had to become	a teacher.'
	halusi			wanted to become	
	aikoi			intended to become	
	valmistui			graduated and became	

Remember that the translative has a companion case in the **essive case** (cf chapter 12), in that being in a state, role or capacity is expressed with **-na, -nä**:

*Hän vieraili Helsingissä turisti**na***. 'He/she visited (in) Helsinki as a tourist.'

2. The other way is an existential sentence type with an **elative expression** followed by the verb *tulla* (or some other appropriate verb) in **3rd person singular** and an adjective or noun in **the nominative** or **partitive** to indicate the result of a change:

Minu**sta tulee** matematiikan opettaja.	I'll become a teacher of mathematics. (lit. Of me will (be)come a teacher...)'
Liisa**sta tulee** laulaja.	'Liisa will become a singer.'
Mei**stä tuli** ystäviä.	'We became friends.'

The difference in meaning between the "translative case becoming" and the **-sta, -stä + tulla** structure is that the latter represents a lasting, essential change, while the former simply indicates change without other connotations.

(V) Generic person in Finnish

Finnish uses a subjectless, but active, 3rd person singular form to refer to a generic (one ~ "anyone") kind of person:

Mitä työtä **voi saada** jos **opiskelee** kieliä?	'What kind of work can one get if one studies languages?"
Voi voittaa vain jos **osallistuu**.	'One can win only if one participates.

Sometimes passive is used in very similar cases:

Suomessa juo**daan paljon kahvia.** 'People drink a lot of coffee in Finland.'

(VI) Verb Types 4 and 5

1. Type 4: *pyytää, pyydän, pyysi, pyytänyt* 'ask, request'
This type has its stem ending in **-ä** which will then drop before the past tense marker **-i-**. The **t / d** element becomes an **s** when immediately before the past tense marker **i**. The **tt / t** gradation pattern does not go to **s** before **i:** Other examples:

> *lentää, lennän, lensi, lentänyt* 'fly'
> *näyttää, näytän, näytti, näyttänyt* 'show',
> *esittää, esitän, esitti, esittänyt* 'present'
> *tietää, tiedän, tiesi, tiennyt* 'know, have knowledge'

2. Type 5: *ottaa, otan, otti, ottanut* 'take'; *antaa, annan, antoi, antanut* 'give'
This type invokes the Dog & Cabin Rule again in the two-syllable stems ending in **a**: If the first vowel in the word is **o** or **u,** the **a** in the stem drops before the suffix **i**, otherwise the **a** in the stem becomes **o**: *otan, otti; annan, antoi*. In three-syllable verb stems the **a** in the stem always drops in the past tense: *kirjoittaa, kirjoitan, kirjoitti, kirjoittanut 'write'*. Other examples:

> *ostaa, ostan, osti, ostanut* 'buy'
> *auttaa, autan, autoin, auttanut* 'help',
> *saattaa, saatan, saattoi, saattanut* 'accompany', 'may, can',
> *jatkaa, jatkan, jatkoi, jatkanut* 'continue'.

14.4. EXERCISES

Section A

Exercise 1

You are conducting interviews with people outside of Stockman's department store in Helsinki. Your question to each individual is the same:

Q: Mitä Te teette työksenne?

You receive different answers from each person or group. If you are working with a partner, take turns playing the roles of interviewer - interviewee.

1. A man says he is a bus driver.
2. One woman says she will be a teacher next year.
3. A young couple says they are both unemployed at this moment.
4. One woman says she worked as a waitress in a pizza restaurant last year.
5. One man says he wants to become an opera singer.
6. One woman says she works at various care giving jobs.
7. One man says he isn't working now, because he is a student at the university.
8. One woman says she fixes copying machines and computers.
9. One man says he is not from Helsinki and does not know anything.

Exercise 2

You are conducting interviews on the campus of Åbo Akademi in Turku with a few students. You ask only two questions:

Q1: Mitä sinä opiskelet? *Q2: Miksi sinä opiskelet sitä?*

to which the students provide various answers:

1. a. She studies Finnish and Swedish.
   b. She wishes to become a translator.
2. a. He studies computers.
   b. He is very much interested in computers.
3. a. She studies American and European history.
   b. She wants to get into an international job.
4. a. He studies political science.
   b. He likes his professors.
5. a. They study theater and achitecture at the University of Turku.
   b. They are interested in art and want to teach culture.
6. a. She studies English and German.
   b. She wants to work as a translator and interpreter. Or as a teacher.
7. a. He studies psychology and sociology.
   b. He wants to understand people and maybe get a job in a hospital.

Section B

Exercise 3

Change the following affirmative past tense sentences into the negative:

1. Hän oppi puhumaan englantia pienenä lapsena.
2. Me halusimme opiskella suomea Kanadassa tai Amerikassa.
3. Nuoret työntekijät innostuivat keskustelemaan teatterista.
4. Isä ja äiti kehottivat lapsia tekemään työtä koulussa.
5. Pyysitkö Jussia käymään pankissa eilen?
6. Matti halusi tulla työttömäksi.

7. Tuliko Erkistä suomen kielen opettaja?
8. Asiakkaat pitivät hintoja aivan kohtuuttomina.

Exercise 4

Translate the following sentences into Finnish:

1. What did you do for a living / "as your work"?
2. I studied technology and worked as an engineer for many years.
3. Did you end up having to go to the customers?
4. Did you need to know English and German in that job?
5. Yes, I had to speak both English and German many times.
6. Did your company train you or send you to language courses?
7. Sometimes, but everyone advised me to study English and German and also Swedish at home.
8. Is there competition for student positions in Finland?
9. Yes, the competition is hard: many more apply to universities than get in.
10. It is part of life in many European countries.
11. I didn't have to become unemployed or even change jobs for many years.
12. Why didn't the foreigners learn to speak Swedish?
13. They didn't really need the Swedish language in eastern Finland.
14. I think many occupations are very rewarding and interesting.

CHAPTER 15

DISCUSSING THE THE KALEVALA AND FINNISH HISTORY

Topics - How to ask about and describe a cultural treasure (the *Kalevala*); How to ask and state the what, when and why of the *Kalevala* and Finnish history.
Grammar - Object rules; Interrogative pronouns and adverbs; Languages and nationalities; Verb types 5-6; Nominal inflection types 13, 14 and 16.

15.1 DIALOGUES AND NARRATIVE

DIALOGUE 1

Marlene Mäki has time to talk at some length with professor Sirkka Laine during their stay in Vaasa. Marlene has decided to learn some basic things about the Kalevala.

Marlene: Kuuntelin eilen radio-ohjelmaa, jossa puhuttiin Kalevalasta. Mitä Kalevala oikeastaan on?

Sirkka: Se on vaikea kysymys. Kalevala on suomalaisten oma kansalliseepos. Se on kokoelma vanhoja runoja ja se on suomalaisen kirjallisuuden kuuluisin kirja.

Marlene: Miksi se on niin tärkeä suomalaisille?

Sirkka: Se johtuu siitä, että Kalevalassa kerrotaan kauniisti vanhoista uskomuksista ja vanhoista myyteistä.

Marlene: Onko Kalevala vaikea lukea suomeksi?

Sirkka: Kyllä se on ehkä hieman vaikea. Siinä käytetään vanhaa suomen kieltä.

Marlene: Onko Kalevalassa sankareita ja jumalia?

Sirkka: On. Kalevala kertoo vanhasta kulttuurisankarista, Väinämöisestä, hurjapää Lemminkäisestä, seppä Ilmarisesta sekä traagisesta Kullervosta.

Marlene: Nuo ovat kaikki miehiä. Eikö siinä puhuta naisista mitään?

Sirkka: Puhutaan siinä naisistakin, mutta ei yhtä paljon. Siinä on Pohjolan emäntä Louhi, kaunis Aino, ylpeä Kyllikki ja pyhä Marjatta.

Marlene: Onko Kalevalassa rakkautta?
Sirkka: Enemmän on kyllä Kantelettaressa.
Marlene: Mikä sitten Kanteletar on?
Sirkka: Se on toinen Lönnrotin mestariteos, kokoelma lyyrisiä runoja, jossa on surua, rakkautta, ja kaipausta.
Marlene: Sepä mielenkiintoista. Mutta palaan vielä Kalevalaan. Voiko Kalevalaa lukea englanniksi?
Sirkka: Kyllä voi. Kalevalasta on olemassa useita käännöksiä englanniksi.

(*A while later Marlene Mäki again returns to the topic of the Kalevala.*)

Marlene: Mikä Kalevalan kirjoittajan nimi oli taas?
Sirkka: Kirjoittajan nimi on Elias Lönnrot.
Marlene: Mutta Lönnrot ei itse kirjoittanut niitä runoja, eihän?
Sirkka: Ei. Hän keräsi vanhoja kansanrunoja ja yhdisti niitä kirjaksi. Sen vuoksi häntä pidetään Kalevalan kokoonpanijana eikä kirjoittajana.
Marlene: Milloin Kalevala ilmestyi?
Sirkka: Se ilmestyi kaksi kertaa. Ensimmäinen kerta oli 1835.
Marlene: Milloin se ilmestyi toisen kerran?
Sirkka: Vuonna 1849.
Marlene: Miksi se julkaistiin kaksi kertaa?
Sirkka: Ensimmäinen versio oli lyhyempi. Siinä oli 32 runoa ja vähän yli 12.000 säettä. Toinen taas oli laajempi: 50 runoa ja lähes 23.000 säettä!

NARRATIVE

Suomen historiassa on ehkä tärkeä tietää, että Suomi oli osa Ruotsia vuodesta 1157 vuoteen 1809, siis yli 650 vuotta. Siksi Suomessa puhutaan vieläkin myös ruotsia. Vuonna 1809 Suomi liitettiin Venäjään, mutta suhteellisen autonomisena osana. Suomalaiset alkoivat vasta 1800-luvun alkupuolella kehittää omaa suomenkielistä identiteettiään. Juuri siksi Kalevala oli niin tärkeä: se antoi suomalaisille uuden, tai oikeastaan hyvin vanhan, identiteetin suomen kielellä. Suomi tuli sitten itsenäiseksi valtioksi vuonna 1917 ja on nyt hyvinvoiva tasavalta. Mutta Kalevala on vieläkin tärkeä inspiraation lähde taiteilijoille, kirjailijoille ja säveltäjille. Niinpä Kullervosta, Kalevalan traagisesta sankarista, on olemassa näytelmiä, ooppera ja muita sävellyksiä, esimerkiksi Sibeliuksen Kullervo-sinfonia.

15. 2. INFORMATION

(A) NOTES ON CHAPTER 15

Some key dates in Finnish political and cultural history, which all Finns are very much aware of, can be said to be the following: 1157, 1540s, 1809, 1835, 1917, 1918, 1939-40, 1941-44.

1157: the year of the first Catholic crusade to Finland undertaken by the Swedes, subjugating Finland under Swedish and Catholic rule;

1540s: The decade during which Finland (and Sweden) became firmly Lutheran through the efforts of Finland's reformer Mikael Agricola;

1809: the year Finland's ties to Sweden were severed and the country became an autonomous Grand Duchy under Russia;

1835: the year of the publication of the *Kalevala*, and the beginning of a distinct Finnish identity;

1917: the year Finland declared itself independent from Russia;

1918: the year of the Civil War in Finland;

1939-40: The year of the Russo-Finnish Winter War;

1941-44: The years of the so-called Continuation War against the Soviet Union.

(B) NOTES ON DIALOGUE I

1. *kokoelma runoja*
A collection of something is expressed with a partitive attribute: *kokoelma jotakin*, and not, as one might expect, *jostakin*.

2. *sen vuoksi*
This is a useful expression meaning 'therefore, because of that'. Other synonymous expressions are *sen takia, sen tähden* and *sitä varten, siksi*. Note also that the genitive expression may vary: *tämän vuoksi, sinun takiasi*, etc.

3. Note the abundance of existential sentences in this dialogue and the need to translate them with there is/are or have structures: *Onko Kalevalassa sankareita*? 'Are there heroes in the K.'; *kokoelma...,jossa on surua, rakkautta, ja kaipausta* 'a collection... which has sorrow, love, and yearning.'; ***Kalevalasta** on useita käännöksiä*. 'There are several translations of the K.', etc.

(C) WORD LIST

1800-luku, -luvun, -lukua, -lukuja (N1)	19th century, 1800s
alkupuoli, -puolen, -puolta, -puolia (N2)	first half, top half
autonominen, autonomisen, autonomista, autonomisia (N17)	autonomous
eilen	yesterday
emäntä, emännän, emäntää, emäntiä (N4)	mistress, hostess,
hurjapää, -pään, -päätä, -päitä (N6)	hot head
hyvinvoiva, -voivan, -voivaa, -voivia (N21)	thriving
identiteetti, identiteetin, identiteettiä, identiteettejä (N3)	identity
ilmestyä, ilmestyn, ilmestyi, ilmestynyt (V1)	appear, come out
inspiraatio, inspiraation, ispiraatiota, inspiraatioita (N1)	inspiration
itsenäinen, itsenäisen, itsenäistä, itsenäisiä (N17)	independent
johtua, johdun, johtui, johtunut (V1)	derive from
julkaista, julkaisen, julkaisi, julkaissut (V8)	publish
jumala, jumalan, jumalaa, jumalia (N5)	god
juuri	precisely
kaipaus, kaipauksen, kaipausta, kaipauksia (N12)	longing, yearning
Kalevala, Kalevalan, Kalevalaa, Kalevaloita (N5)	the Kalevala
kansalliseepos, -eepoksen, -eeposta, -eepoksia (N12)	national epic
kansanruno, -runon, -runo, -runoja (N1)	folk poem/poetry
Kanteletar, Kantelettaren, Kanteletarta, Kantelettaria (N15)	the Kanteletar
kehittää, kehitän, kehitti, kehittänyt (V4)	develop
kerätä, kerään, keräsi, kerännyt (V9)	collect, gather
kirjailija, kirjailijan, kirjailijaa, kirjailijoita (N5)	author, writer
kirjallisuus, kirjallisuuden, kirjallisuutta, kirjallisuuksia (N11)	literature
kirjoittaja, kirjoittajan, kirjoittajaa, kirjoittajia (N5)	writer
kokoelma, kokoelman, kokoelmaa, kokoelmia (N5)	collection
kokoonpanija, -panijan, -panijaa, panijoita (N5)	compiler
kulttuurisankari (N3)	culture hero
käyttää, käytän, käytti, käyttänyt (V4)	use
käännös, käännöksen, käännöstä, käännöksiä (N12)	translation
laaja, laajan, laajaa, laajoja (N5)	wide, large
liittää, liitän, liitti, liittänyt (V4)	join, attach
lyhyt, lyhyen, lyhyttä, lyhyitä (N16)	short
lähde, lähteen, lähdettä, lähteitä (N8)	source; spring, well
mestariteos, -teoksen, -teosta, -teoksia (N12)	master piece, work
mikään; (ei) minkään, mitään, mitään	nothing
myytti, myytin, myyttiä, myyttejä (N3)	myth
niinpä	and so, consequently
näytelmä, näytelmän, näytelmää, näytelmiä	play, drama
olla (V7) **olemassa**	exist
palata, palaan, palasi, palannut (V9)	return
pyhä, pyhän, pyhää, pyhiä (N4)	sacred, holy
radio-ohjelma, ohjelman, ohjelmaa, ohjelmia (N5)	radio program
rakkaus, rakkauden, rakkautta, rakkauksia (N11)	love
runo, runon, runoa, runoja (N1)	poem, rune
sankari, sankarin, sankaria, sankareita (N3)	hero,heroine

seppä, sepän, seppää, seppiä (N4)	blacksmith
sinfonia, sinfonian, sinfoniaa, sinfonioita (N5)	symphony
suhteellinen, suhteellisen, suhteellista, suhteellisia (N17)	relative
suhteellisen autonominen	relatively autonomous
suru, surun, surua, suruja (N1)	sorrow, grief
säe, säkeen, säettä, säkeitä (N8)	verse, poetry line
sävellys, sävellyksen, sävellystä, sävellyksiä (N12)	musical composition
säveltäjä, säveltäjän, säveltäjää, säveltäjiä (N4)	composer
tasavalta, tasavallan, tasavaltaa, tasavaltoja (N5)	republic
tietää, tiedän, tiesi, tiennyt (tietänyt) (V4)	know (for a fact)
traaginen, traagisen, traagista, traagisia (N17)	tragic
uskomus, uskomuksen, uskomusta, uskomuksia (N12)	belief
valtio, valtion, valtiota, valtioita (N1)	state
Venäjä, Venäjän, Venäjää	Russia
yhdistää, yhdistän, yhdisti, yhdistänyt (V4)	unite, connect
yhtä	as, equally as

15.3. STRUCTURAL EXPLANATIONS

(A) STRUCTURES TO LEARN

(I) ABOUT LANGUAGES

He puhuivat { englantia. / suomea. / ranskaa. / saksaa. }
'They spoke { English.' / Finnish.' / French.' / German.' }

Voitko sanoa sen { englanniksi? / englannin kielellä? / suomeksi? / suomen kielellä? }
'Can you say it { in English?' / in Finnish?' }

Kalevala on käännetty { suomesta ruotsiksi. / suomesta latinaksi. }

'*The Kalevala* has been translated { from Finnish to Swedish.' / from Finnish to Latin.' }

4. Adjectives formed from names of languages:

{ suomenkielinen / ruotsinkielinen / englanninkielinen / ranskankielinen / saksankielinen / espanjankielinen } Kalevala

'A/The { Finnish-language / Swedish-language / English-language / French-language / German-language / Spanish-language } Kalevala.'

5. The names of languages are incidentally largely identical in Finnish with the name of the country, except spelled with lower case letters, and also closely related to nationality nouns and adjectives:

Language	**Country**	**Nationality**
eesti 'Estonian'	Eesti 'Estonia'	eestiläinen 'Estonian'
englanti 'English'	Englanti 'England'	englantilainen 'English'
espanja 'Spanish'	Espanja 'Spain'	espanjalainen 'Spanish'
hollanti 'Dutch'	Hollanti 'Holland'	hollantilainen 'Dutch'
italia 'Italian'	Italia 'Italy'	italialainen 'Italian'
kiina 'Chinese'	Kiina 'China'	kiinalainen 'Chinese'
kreikka 'Greek'	Kreikka 'Greece'	kreikkalainen 'Greek'
latvia 'Latvian'	Latvia 'Latvia'	latvialainen 'Latvian'
liettua 'Lithuanian	Liettua 'Lithuania'	liettualainen 'Lithuanian'
norja 'Norwegian'	Norja 'Norway'	norjalainen 'Norwegian'
portugali 'Portuges	Portugali 'Portugal	portugalilainen 'Portugese'
puola 'Polish'	Puola 'Poland'	puolalainen 'Polish'
ranska 'French'	Ranska 'France'	ranskalainen 'French'
ruotsi 'Swedish'	Ruotsi 'Sweden'	ruotsalainen 'Swedish'
saksa 'German'	Saksa 'Germany'	saksalainen 'German'
suomi 'Finnish'	Suomi 'Finland	suomalainen 'Finnish'
tanska 'Danish'	Tanska 'Denmark'	tanskalainen 'Danish'
unkari 'Hungarian'	Unkari 'Hungary'	unkarilainen 'Hungarian'
venäjä 'Russian'	Venäjä 'Russia'	venäläinen 'Russian'
viro 'Estonian'	Viro 'Estonia'	virolainen 'Estonian'

6. Some countries don't have names of languages, eg.:

Yhdysvallat 'United States'	yhdysvaltalainen 'US' (adj.)
Amerikka 'America'	amerikkalainen 'American'
Kanada 'Canada'	kanadalainen 'Canadian'
Meksiko 'Mexico'	meksikolainen 'Mexican'

Note on *Eesti* and *Viro*

Traditionally Estonia, which is located on the south shore of the Gulf of Finland only some 50 km or 30 miles away, has been called *Viro* in Finnish. However, since Estonia regained its independence in 1991, *Eesti* is also used more and more. In Estonian, a language closely related to Finnish, the name is also *Eesti*.

(B) Grammar

(I) Summary of object rules

The object in Finnish is marked with the partitive or with the accusative I or II. The object rules are hierarchical so that any factor that requires partitive in the object always prevails. The factors requiring accusative II come higher in order. Thus accusative I is a kind of default case: If nothing requires partitive or accusative II, the object is marked with accusative I.

1. The rules for partitive objects

The factors which need to be considered are **a.** nature of the object noun, **b.** whether the verb is one of irresultative action, or c. whether the sentence is negated.

a. If the object noun is an **indefinite mass noun** or **an indefinite plural noun**, the object is marked with **the partitive case**:

*Söin **lihaa.*** 'I ate (some) meat'; *Ostin **kirjoja**.*'I bought (some) books.'

b. If the verb semantically is one of **incomplete action, durative** or **progressive aspect**, the object is marked with **the partitive case**:

*Ajattelin **sinua** eilen.*	'I thought of you yesterday.'
*Luen **kirjaa***	'I am reading a book.'
*Monet ihailevat **Sibeliusta.***	'Many admire Sibelius.'

c. The object of a **negated transitive sentence** is marked with the **partitive case:**

*En ostanut **kirjaa**.*	'I didn't buy a/the book.'
*En nähnyt Liisan **silmälaseja**.*	'I didn't see Liisa's glasses.'

2. The accusative rules

Accusative I and II are distinct only in **the singular**, and like **genitive** and **nominative** respectively. In the **plural accusative I and II** both look like **nominative plural**. The factors which require accusative II (unless something requires partitive) are as follows:

a. If the verb is in the **imperative**, the object is marked **accusative II**:

*Kirjoita **kortti** äidille!* 'Write a card to mother!'

b. If the verb is in the **passive**, the object is marked **accusative II**:

*Ostetaan **tuo kirja** heti.* 'Let's buy that book at once.'

c. If the sentence is a **necessive structure**, the object is marked with **accusative II**:

*Meidän täytyy muistaa **kaikki.*** 'We have to remember everything.'

d. If the sentence is an otherwise **impersonal structure**, the object is marked with the **accusative II**:

*On hauska nähdä taas **oma koti.*** 'It is fun to see one's own home again.'

OTHERWISE the object is marked with **accusative I**:

*Tilasin **yhden lipun** teatteriin.* 'I reserved one ticket to the theater.'

See also *Reference grammar*.

(II) Interrogative pronouns in Finnish

The interrogative pronouns have the following principal parts patterns and meanings:

kuka, kenen, (acc. *kenet*) *ketä,* (nom.pl. *ketkä*), *keitä* 'who'
mikä, minkä, mitä (nom.pl. mitkä), *mitä* 'what'
kumpi, kumman, kumpaa, kumpia 'which one (of two)'
millainen, millaisen, millaista, millaisia 'like what'
minkälainen, minkälaisen, minkälaista, minkälaisia 'like what'

(III) Interrogative adverbs in Finnish

Most interrogative adverbs are in fact frozen forms of *mikä*:

missä 'where',
mistä 'whence, from where',
mihin 'whither, to where',
miksi 'why',
millä 'with what',
miten 'how',
milloin 'when'.

Two other interrogative adverbs are *koska* 'when' and *kuinka* 'how'.

(IV) Adverbs from adjectives

There are two ways of making adverbs out of adjectives:

1. Add the adverb suffix **-sti** to the adjective stem: *nopea- + sti > nopeasti* 'fast, quickly'; *(hidas) hitaa- + sti > hitaasti* 'slowly'; *kaunii- + sti > kauniisti* 'beautifully'.

2. Use the genitive of an adjective (particularly **-nen** adjectives) to form so-called degree adverbs, ie., adverbs which modify an adjective or another adverb (not the verb): ***suhteellisen** suuri* 'relatively large', ***erikoisen** mukava* 'especially nice', ***kohttuuttoman** paljon* 'outrageously much'.

(V) Verb types 6-7

1. **Type 6:** *saada, saan, sai, saanut* 'may', 'get'
This is a most basic infinitive type ending in **-da, -dä**. The changes come in the third principal part where the past tense marker **i** will cause a long vowel to shorten (*saan, sai*) and an **i** to drop (*rekisteröin, rekisteröi*). Other examples:

referoida, referoin, referoi, referoinut 'report, summarize',
soida, soin, soi, soinut 'ring, sound'.

2. **Type 7**: *ajatella, ajattelen, ajatteli, ajatellut* 'think'; *mennä, menen, meni, mennyt* 'go'
This type should be thought of as an assimilated version of type 6: the **-da**, **-dä** has assimilated in the infinitive, i.e., the 1st principal part, with the preceding **l**, **n** or **r**: *olla, mennä,* or *purra*. The second principal part has a stem ending in the vowel **e**, which, however, will drop in the past tense form, i.e., the 3rd principal part: *ajattelen, ajatteli.* The 4th form once again shows assimilation, now of **-nut, -nyt** with the preceding consonant **l, n, or r**: *ajate**ll**ut, me**nn**yt* and *purrut*. Other examples:

kuulla, kuulen, kuuli, kuullut 'hear'
kuunnella, kuuntelen, kuunteli, kuunnellut 'listen'
sinutella, sinuttelen, sinutteli, sinutellut 'address by first name', lit. 'say *sinä*'.

(VI) NOMINAL TYPES 13, 14, AND 16

1. Type 13: *puhelin, puhelimen, puhelinta, puhelimia* 'telephone'
This type reveals that in the history of the Finnish language a word final **-n** was sometimes ***-m.** The genitive form *puhelimen* also reveals that Finnish inserts a 'neutral' vowel **-e-** when no stem vowel pre-exists: **puhelim + e + n.** This is so because the genitive suffix **-n** cannot be added to a consonant stem. Note also that the third principal part has an **n** before the suffix **-ta**. Other examples:

avain, avaimen, avainta, avaimia 'key'
sydän, sydämen, sydäntä, sydämiä 'heart'
kirjoitin, kirjoittimen, kirjoitinta, kirjoittimia 'printer'

2. Type 14: *lämmin, lämpimän, lämmintä, lämpimiä* 'warm'
This type is small and differs from type 13 only insofar as the stem vowel in the singular is **-a-** or **-ä-**, not **-e-.** The plural inflections of types 13 and 14 show no difference as both **stem -e** and **stem -a / -ä** will drop before the plural marker **-i-**: *lämpimä + i + ä > lämpimiä; puhelime + i + a > puhelimia.*

3. Type 16: *olut, oluen, olutta, oluita* 'beer' ends in **-ut, -yt** in the nominative and has a very distinct pattern:

*olu**t**, olu**en**, olu**tta**, olu**ita*** 'beer'
*lyhy**t**, lyhy**en**, lyhy**ttä**, lyhy**itä*** 'short'

Other examples:

kevyt, kevyen, kevyttä, kevyitä 'light (weight)'
ohut, ohuen, ohutta, ohuita 'thin'..

15.4. EXERCISES

SECTION A

EXERCISE 1

Play the role of the interviewer in an interview about the *Kalevala*. The answers have been provided. If you are studying with a partner, take turns playing the role of interviewer and interviewee (*haastateltava*).

Sinä	***Haastateltava***
1. Ask what the *Kalevala* is.	
	2. *Kalevala* on suomalaisten kansalliseepos.
3. Ask what 'national epic' means.	
	4. Se on kokoelma eeppisiä runoja ja se merkitsee, että se on hyvin tärkeä suomalaisille.
5. Ask what the *Kalevala* talks about.	
	6. Se kertoo suomalaisten vanhoista uskomuksista ja myyteistä.
7. Ask who are the heroes of the *Kalevala*.	
	8. Niitä on monta ja niitä on erilaisia.
9. Ask who is the main character.	
	10. Voidaan ehkä sanoa, että Väinämöinen on *Kalevalan* päähenkilö. Hän on mukana sekä alussa että lopussa.
11. Ask whether there are any women in it.	
	12. On. Siinä on Pohjolan Louhi, Lemminkäisen äiti ja nuoria kauniita naisia, esimerkiksi Aino, Kyllikki ja Pohjolan tytär.
13. Ask what the *Kanteletar* is.	
	14. *Kanteletar* on kokoelma lyyrisiä runoja.
15. Thank the interviewee.	
	16. Kiitos itsellesi.

EXERCISE 2

Some thirty international students arrive at UKAN's (an agency of the Finnish Ministry of Education) summer course in Jyväskylä for advanced intermediate students of Finnish. They want to get to know each other and briefly introduce themselves along the following lines:

Catherine Green:	Catherine Green. Minä olen englantilainen. Olen Englannista ja puhun englantia kotona.
1. Heike Mahler:	German; Germany; German
2. Natasha Harper:	Canadian; Canada; English and French
3. Mike Kaminski:	American; United States; English and Polish

4. Jean Sauvage:	French; France; French
5. Mona Andersson:	Swedish; Sweden; Swedish
6. Janos Kosar:	Hungarian; Hungary; Hungarian and German
7. Antonio Casagrande:	Italian; Italy; Italian
8. Elke DeVries:	Dutch; Holland; Dutch.

Section B

Exercise 3

Complete the following sentences by placing the words given in parenthesis in their correct object case forms:

Example: Lapset juovat mielellään (MAITO).
Answer: Lapset juovat mielellään maitoa.

1. Kari ja Outi ostivat (KORTTI) äidilleen Äitienpäiväksi.
2. Minä kirjoitin eilen (KIRJE) eestiläiselle ystävälleni.
3. Minunkin pitäisi kirjoittaa (PITKÄ KIRJE) serkulleni.
4. *Kalevala* antoi suomalaisille (UUSI IDENTITEETTI).
5. Voisitko heittää (VESI) kiukaalle?
6. Me tapasimme Vaasassa (SUKULAINEN, pl.).
7. Hän ei halua muistaa (TÄMÄ HETKI, pl.).
8. On hauska tavata (VANHA YSTÄVÄ).
9. Laura opiskelee (KIELI, pl.) and (MATEMATIIKKA).
10. Aleksis Kivi kirjoitti (SUURI ROMAANI novel', possessive suffix) suomeksi.
11. Minna Canth ei kirjoittanut (Sylvi-NÄYTELMÄ) suomeksi vaan ruotsiksi.
12. Näitkö Kallen (ISO JALKA, pl.)?
13. (KUKA) tai (MIKÄ) te nyt ajattelette?
14. Täytyykö sinun aina ajatella (RUOKA)?
15. He haluavat lukea (RUNO, pl.) mutta he eivät halua lukea (TÄMÄ KIRJA).

Exercise 4

Translate the following sentences into Finnish:

1. Finnish literature in the Finnish language is very young.
2. Lemminkäinen and Ilmarinen are heroes of the *Kalevala*.
3. The Estonians also have a national epic, and its name is *Kalevipoeg*.
4. An Estonian often understands what a Finn says.
5. Don't tell this big secret to your relatives.
6. Reserve a room for me at a hotel or motel!

7. The *Kalevala* does not tell as much about love and sadness as the *the Kanteletar*.
8. The *Kanteletar* was published in the year 1840.
9. The years 1809 and 1917 are important years in Finnish history.
10. In 1157 Finland became part of Sweden and in 1809 it became part of Russia.
11. Which is older, Finnish literature or American literature?
12. Generally North Americans don't know Finnish authors very well.
13. Kullervo is the main character in operas and plays, even in a symphony by Sibelius.
14. Did you forget your glasses at home again?
15. Where can you use Swedish or English in Finland?

CHAPTER 16

SUGGESTIONS AND PROPOSALS

Topic - Meeting someone one does not know; Striking up a conversation; Making plans; Agreeing when and where to meet.
Grammar - Perfect tense; The abessive case; Uses of infinitive III; Verb types 9-11.

16.1 DIALOGUES AND NARRATIVES

DIALOGUE 1

An American young man whose name is Jason Johnson starts talking to a girl at the Forum food court in Helsinki. He learns that her name is Anneli Järvelä, and other things.

Jason: Onko tämä paikka varattu?

Anneli: Ei ole.

Jason: Kaunis ilma tänään.

Anneli: Niin on.

Jason: Minä olen Jason.

Anneli: Mm.

Jason: Jason Johnson. --- Mikä Sinun nimi on? --- Jos saan kysyä?

Anneli: Anneli. Anneli Järvelä.

Jason: Anneli. Se on kaunis nimi.

Anneli: (smiling) *No, en tiedä.* ----

Jason: Pidätkö sinä teatterista?

Anneli: Pidän. Minä olen kovasti kiinnostunut teatterista.

Jason: Oletko nähnyt *Nouse Inkeri* -näytelmän?

Anneli: En ole nähnyt sitä vielä. Mutta minä olen kyllä ajatellut katsoa sen.

Jason: Minulla sattuu olemaan kaksi lippua huomiseen näytökseen. Haluatko tulla mukaan?

Anneli: Voinhan minä tullakin. Milloin se alkaa?

Jason: Se alkaa kello 20:00. Tavataanko teatterin aulassa kello viittätoista vaille kahdeksan.

Anneli: Kyllä se sopii. Olen siellä hyvissä ajoin ennen esityksen alkua. Nyt minun täytyy palata taas töihin. Hei.

Jason: Hei, hei.

Dialogue 2

After the play Jason and Anneli stop by at a restaurant to have a drink.

Jason: Mitä mieltä sinä olit näytelmästä?

Anneli: Kyllä se pani vähän itkemään.

Jason: Niin. Ei niillä inkeriläisillä ole ollut helppoa.

.....

Anneli: Kuinka sinä tulit Suomeen? Miten olet niin kiinnostunut Suomesta?

Jason: Minä olen kulttuurihistorian opiskelija.

Anneli: Mitä sinä teet täällä Suomessa?

Jason: Opiskelen suomea ja tutkin Suomen vanhoja kirkkorakennuksia.

Anneli: Vai niin. Minä menen ensi lauantaina Lohjalle. Siellä on hieno vanha kirkko.

Jason: Niin on. Olen tietysti kuullut siitä. Se on melkein yhtä kuuluisa kuin Turun Tuomiokirkko.

Anneli: Haluatko tulla mukaan Lohjalle? Voidaan mennä katsomaan sitä kirkkoa.

Jason: Se olisi kerrassaan loistava juttu. Sitten voidaan syödä lounas yhdessä?

Anneli: Ja tehdä pitkä kävely. Jos ei sada.

Jason: Milloin ja miten sinne mennään?

Anneli: Linja-autolla. Tavataanko linja-autoasemalla kello puoli kymmenen.

Anneli: Kiitos oikein mukavasta illasta.

Jason: Kiitos itsellesi. Olen iloinen, että me olemme tavanneet.

Anneli: Hyvää yötä. Älä unohda lauantaiaamua.

Jason: Kuinka minä voisin unohtaa? Hyvää yötä.

Narrative

Yrittämättä ei onnistu ja puhumalla kaikki selviää. Jason tutustuu Anneliin pienin elein. Hän onnistuu käyttämällä ystävällistä keskustelua. Koska Jason ei ole tullut Suomeen perheensä tai ystäviensä kanssa, hän on joskus vähän yksinäinen ja kaipaa seuraa.

Suomi, jossa on useita vanhoja kirkkoja, kiinnostaa häntä kovasti. Hän oppi lukemaan ja kirjoittamaan suomea opikelemalla yliopistossa Amerikassa. Suomea voi opiskella vain muutamassa amerikkalaisessa ja kanadalaisessa yliopistossa. Puhumaan hän on oppinut asumalla Suomessa lähes vuoden. Liioittelematta voidaan sanoa, että Jason on lahjakas ja lupaava opiskelija.

16.2. INFORMATION

(A) Notes on Dialogue I

1. *Forum*

In the core of Helsinki on Mannerheimintie is a comercial complex of businesses, stores and restaurants called Forum. Other popular areas in Helsinki are the outdoors visiting triangle at the north end of the protected street *Aleksanterinkatu* or *Aleksi* and then, of course, *Esplanadi.*

2. *Nouse Inkeri.*

Nouse Inkeri 'Rise Ingria' is a play written in 1989-90 by Finnish playwright Inkeri Kilpinen. The play recounts the atrocities the Ingrian people suffered during the Stalin era. The Ingrians lived for centuries south of Lake Ladoga, east of Estonia and all around St Petersburg. They were imprisoned and exiled to Siberia in large numbers during the so-called purges. The play tells their story. Most Ingrians speak Finnish.

3. *no en tiedä*

Finns have been notoriously poor at receiving or acknowledging compliments gracefully (and how could you learn that when compliments are not frequent in the culture?). Anneli's response here (*no en tiedä* 'well, I don't know') could be due to that, but also an attempt at not appearing too receptive of Jason's "feelers" at this time.

(B) Notes on Dialogue 2

1. *The Lohja church.*
The old stone church at Lohja dates back to medieval times and is famous for the strong images in its ceiling and wall paintings. There are quite a few medieval churches still standing in Finland and they serve as wonderful documents of times and ideas past.

2. *niillä inkeriläisillä*
The use of *niillä* makes this expression colloquial in tone. It means 'those Ingrians'.

(C) Word list

alku, alun, alkua, alkuja (N1)	beginning
aula, aulan, aulaa, auloja (N5)	lobby
ele, eleen, elettä, eleitä (N8)	gesture
ennen (***ennen*** + partitive)	before
elokuva, -kuvan, -kuvaa, -kuvia (N5)	film, cinema, movie
helppo, helpon, helppoa, helppoja (N1)	easy
huominen, huomisen, huomista, huomisia (N17)	the day of tomorrow
inkeriläinen, inkeriläisen, inkeriläistä, inkeriläisiä (N17)	Ingrian
itkeä, itken, itki, itkenyt (V3)	cry, weep
juttu, jutun, juttua, juttuja (N1)	story, matter, thing
kaivata, kaipaan, kaipasi, kaivannut (V9)	long, miss, yearn for
kanssa (genitive + ***kanssa***)	(together) with
kerrassaan	once and for all all
keskustelu, keskustelun, keskustelua, keskusteluja (N1)	conversation
kiinnostaa, kiinnostan, kiinnosti, kiinnostanut (V5)	be of interest
kiinnostunut, kiinnostuneen, kiinnostunutta, kiinnostuneita (N22)	interested
kirkkorakennus, -rakennuksen, -rakennusta, -rakennuksia (N12)	church
kulttuurihistoria, -historian, -historiaa, -historioita (N5)	cultural history
lahjakas, lahjakkaan, lahjakasta, lahjakkaita (N9)	talented, gifted
lauantai, lauantain, lauantaita, lauantaita (N6)	Saturday
liioitella, liioittelen, liioitteli, liioitellut (V7)	exaggerate
linja-autoasema, -aseman, -asemaa, -asemia (N5)	bus station, depot
lounas, lounaan, lounasta, lounaita (N9)	lunch
lupaava, lupaavan, lupaavaa, lupaavia (N5)	promising
näytös, näytöksen, näytöstä, näytöksiä (N12)	show; act
pelata, pelaan, pelasi, pelannut (V9)	play (games)
selvitä, selviän, selvisi, selvinnyt (V9)	manage; clear
tavata, tapaan, tapasi, tavannut (V9)	meet
teatteri, teatterin, teatteria, teattereita (N3)	theater
tietysti	of course
tutustua, tutustun, tutustui, tutustunut (V1) **(johonkin)**	get acquainted
yksinäinen, yksinäisen, yksinäistä, yksinäisiä (N17)	lonely, lonesome
ystävä, ystävän, ystävää, ystäviä (N4)	friend

(D) Some phrases

Näytelmä pani itkemään.	'The play got me crying/made me cry..'
pienin elein	'with small gestures'

16.3 STRUCTURAL EXPLANATIONS

(A) Structures to learn

(i) Thanking for a lovely evening/event and responding likewise

Kiitos	kivasta illasta. illallisesta. ihanasta päivästä.	'Thank you for a	nice evening.' nice dinner.' wonderful day.'

Kiitos itsellesi!	'Thank **you** (Lit. "to yourself")!'

(ii) Some verbs controlling illative:

tutustua tottua rakastua kyllästyä ryhtyä	johonkin	get acquainted with get used to fall in love with get fed up with get involved with	something.

(iii) Some antonymic expressions

aina 'always'	<>	*ei koskaan/ ei milloinkaan* 'never, not ever'
joskus 'sometimes'	<>	*harvoin* 'seldom'
usein 'often'	<>	*harvoin* 'seldom'
jokainen 'everyone'	<>	*ei kukaan, ei ketään* 'no one, not anyone'
joku 'someone'	<>	*ei kukaan, ei ketään* 'no one, not anyone'
kaikki (pl.) 'everyone'	<>	*ei kukaan, ei ketään* 'no one, not anyone'
kaikki (sg.) 'everything'	<>	*ei mikään, ei mitään* 'nothing, not anything'
jokin, jotakin 'something'	<>	*ei mikään, ei mitään* 'nothing, not anything'
-kin 'also, too'	<>	*-kaan, -kään* 'not either'
sinäkin 'you too'	<>	*et sinäkään* 'not you either'
paljon 'a lot, much'	<>	*vähän* 'little, a little'
moni, monta 'many'	<>	*harva, harvat* 'few
usea 'several'	<>	*harva, harvat* 'few'

(iv) Some pastimes

kävellä, kävelen, käveli, kävellyt (V6)	'walk, hike'
juosta, juoksen, juoksi, juossut (V7)	'run'
uida, uin, ui, uinut (V6)	'swim'

Pelata	tennistä korttia jalkapalloa golfia pesäpalloa	'Play	tennis' cards' soccer' golf' baseball (Fi. style)'

(B) Structures to understand

(I) Some convenient adjectives

Finnish has the potential to form adjectives in various ways. The derivative ending **-inen** is frequently used for such needs:

huominen	*(< huomenna)*	'of tomorrow'
eilinen	*(<eilen)*	'of yesterday'
tämänpäiväinen	*(< tämä päivä)*	'of today'
kaksiviikkoinen	*(< kaksi viikkoa)*	'two week long'
jokavuotinen	*(< joka vuosi)*	'of every year, yearly, annual'

(C) Grammar

(I) Perfect tense in Finnish

The complex tense forms in Finnish perfect and pluperfect tense use only forms already familiar to us from previous chapters. The auxiliary is the verb *olla* 'be' and the main verb is in the past participle form. The perfect tense then is made up of the auxiliary *olla* in the present tense and the main verb in the *past participle active,* which, of course, is the fourth principal part of the verb:

minä olen puhunut	'I have spoken'	*en ole puhunut*	'I haven't spoken'
sinä olet puhunut	'you have spoken'	*et ole puhunut*	'you haven't spoken'
hän on puhunut	'he/she has spoken'	*ei ole puhunut*	'he/she hasn't spoken'
me olemme puhuneet	'we have spoken'	*emme ole puhuneet*	'we haven't spoken'
te olette puhuneet	'you have spoken'	*ette ole puhuneet*	'you haven't spoken'
he ovat puhuneet	'they have spoken'	*eivät ole puhuneet*	'they haven't spoken'

Other examples of **perfect tense** ('have +past participle'):

minä olen ajatellut	*en ole ajatellut*	*minä olen halunnut*	*en ole halunnut*
sinä olet ajatellut	*et ole ajatellut*	*sinä olet halunnut*	*et ole halunnut*
hän on ajatellut	*ei ole ajatellut*	*hän on halunnut*	*ei ole halunnut*
me olemme ajatelleet	*emme ole ajatelleet*	*me olemme halunneet*	*emme ole halunneet*
te olette ajatelleet	*ette ole ajatelleet*	*te olette halunneet*	*ette ole halunneet*
he ovat ajatelleet	*eivät ole ajatelleet*	*he ovat halunneet*	*eivät ole halunneet*

Please note that the verb ***olla*** **in the perfect tense** is as follows:

minä olen ollut	*en ole ollut*	*me olemme olleet*	*emme ole olleet*
sinä olet ollut	*et ole ollut*	*te olette olleet*	*ette ole olleet*
hän on ollut	*ei ole ollut*	*he ovat olleet*	*eivät ole olleet*

For the most part the uses of tense forms in Finnish are the same as in English, and no attempt will be made in this book to bring out the rare exceptions.

(II) The abessive case

One of the three largely obsolete cases in Finnish is **the abessive case** which has the ending **-tta, -ttä** added to the stem: *raha-tta > rahatta* 'without money'. Its meaning is the same as that provided by the preposition *ilman* (+ partitive) 'without'. In fact, the reason the abessive is all but obsolete is due to the fact that *ilman* provides another means of expressing that semantic need. It is however, found in idiomatic expressions: *pitemmittä puheitta* 'without further ado (lit. "without longer speeches")'.

There is one area where the abessive still serves an essential expressive function not available in other ways: It is used in the infinitive III of verbs to express 'without **-ing**" (see (iii) below):

*Opiskelema**tta** ei opi.*	'Without studying one does not learn.'
*Syömä**ttä** ei elä.*	'Without eating one does/can not live.'

(III) Uses of infinitive III

In order to enable verbs to accept some cases they must be made nominal (only nominals take cases). One such nominal form of the verb is the third infinitive, infinitive III. This infinitve III is formed from the 3rd person plural present tense stem (***yrittä**-vät,* ***ajattele**-vat;* ***katoa**-vat*) by adding the suffix **-ma** or **-mä**:

ajattele+ma	>	*ajattelema-*
yrittä+mä	>	*yrittämä-*
katoa+ma	>	*katoama-*.

This infinitive form is designed only for use in five cases: inessive (**-massa, -mässä**), elative (**-masta, -mästä**), illative (**-maan, -mään**); adessive (**-malla, -mällä**) and abessive (**-matta, -mättä**).

The uses fall into two categories: *1. the locative uses* and *2. the "with or without"uses*:

1. Locative uses of infinitive III:

Activities, processes, and events are often seen as locations: *Missä Matti on? Hän on syömässä.* 'Where is Matti? He is eating.' The activity of eating is one in which Matti is engaged, i.e., some kind of figurative location. Verbs of locomotion (*mennä, tulla, lähteä*, etc.) may be used together with other verbs and will then require "from" or "to" case marking in the main verb. That is accomplished by using the third infinitive. Examples:

Missä Matti on?	*Matti on syömässä.*	'Matti is eating.'
Minne Matti menee?	*Matti menee syömään.*	'Matti is going out to eat.'
Mistä Matti tulee?	*Matti tulee syömästä.*	'Matti comes from eating'

Many verbs are designed for use with illative by virtue of their **-ua, -yä** structure:

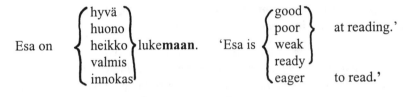

Sattua		'Happen to be / do.'
Tottua	+ *olemaan/tekemään.*	'Get used to being / doing.'
Kyllästyä		'Get fed up with being / doing.'

Certain **adjectives** require illative of infinitive III on the verb they qualify:

	hyvä			good	
	huono			poor	at reading.'
Esa on	heikko	luke**maan**.	'Esa is	weak	
	valmis			ready	
	innokas			eager	to read.'

2. "With or without", "by or by not"

It is helpful to treat the adessive *opiskelemalla* 'by studying' and the abessive *opiskelematta* 'by not / without studying' as each other's opposites. The adessive provides the affirmative indication of that which the abessive provides a negation of:

Opiskelemalla oppii.	'By studying one learns.'
Opiskelematta ei opi.	'By not/without studying one does not learn.'
Lepäämällä pysyy terveenä.	'By resting one stays healthy.'
Lepäämättä ei pysy terveenä.	'By not / without resting one does not stay healthy.'

(iv) Verb types 9-11

The verbs which in the infinitive end in a **vowel plus -ta** or **-tä** have principal parts patterns of some complexity.

1. Type 9 (*haluta, osata*) has any of the 8 vowels in Finnish before the **-ta, -tä**. The second principal part has a long vowel or two vowels of which the last is **a** or **ä**. The third principal part is quite distinct in having **vowel + si** always. Finally the fourth principal part always has double **n (nn)** in the participle marker:

> *os**ata**, osa**an**, os**asi**, osa**nnut*** 'know how'
> *kaiv**ata**, kaip**aan**, kaip**asi**, kaiva**nnut*** 'long for, miss, yearn for'
> *hal**uta**, halu**an**, hal**usi**, halu**nnut*** 'want, wish'
> *her**ätä**, herä**än**, her**äsi**, herä**nnyt*** 'wake up'
> *selv**itä**, selvi**än**, selv**isi**, selvi**nnyt*** 'clear up'

2. Type 10 ends in **-ita** or **-itä** exclusively: *tarvita* 'need', *merkitä* 'mean, mark', *ansaita* 'earn'. The present and past tense forms have **-itse-** and **-itsi-** respectively, while the fourth principal part is like that in Type 9, i.e, **-nnut, -nnyt**:

> *tarv**ita**, tarv**itsen**, tarv**itsi**, tarv**innut*** 'need'
> *merk**itä**, merk**itsen**, merk**itsi**, merk**innyt*** 'mean'
> *ansa**ita**, ansa**itsen**, ansa**itsi**, ansa**innut*** 'earn'

3. Type 11, which is relatively uncommon, often ends in **-eta**, or **-etä**, but other vowels also occur. The verbs of Type 11 are recognizable by the fact that they are derived from adjectives and have an "inception" meaning, i.e., become what the root means: *vanheta* 'become old', *pimetä* 'become dark'. The principal parts 2 and 3 involve vowel plus **-nen** and **-ni** respectively. The fourth principal part in Type 11 also ends in **-nnut, -nnyt**. Thus types 9, 10, and 11 look very much alike in the infinitive and in the fourth form:

> *vanh**eta**, vanh**enen**, vanh**eni**, vanhe**nnut*** 'grow old'
> *nuor**eta**, nuor**enen**, nuor**eni**, nuore**nnut*** 'become younger'
> *huon**ota**, huon**onen**, huon**oni**, huono**nnut*** 'become worse, worsen'
> *pa**eta**, pak**enen**, pak**eni**, pae**nnut*** 'escape, flee'

Types 9-11 all share the same gradation pattern: **weak, strong, strong, weak** as shown in:

> *kaivata, kaipaan, kaipasi, kaivannut* 'yearn for'
> *paeta, pakenen, pakeni, paennut* 'escape'

For further comments see the Verb Sheet in *Reference grammar.*

16.4. EXERCISES

SECTION A

EXERCISE 1

Devise a series of two dialogues between Jason and Anneli designed to propose to do things together. In one dialogue, a., Anneli accepts gladly but in the other, b., she states she has already done what is being suggested.

Example:	**Jason:**	**Haluatko tulla ravintolaan syömään?**
	Anneli:	**a. Kyllä mielelläni.**
		b. Ei kiitos. Minä olen jo syönyt.

Jason asks Anneli whether:

1. she wants to go and see the new Aki Kaurismäki movie;
2. she wants go for a long walk today;
3. she wants to play tennis today;
4. she wants to see the market square in Helsinki;
5. she wants to sit and rest;

Anneli asks Jason whether:

6. he wants to read Laila Hietamies' newest novel;
7. he wants to sing to his mother on her birthday;
8. he wants to go and drink a cup of coffee;
9. he wants to look at the Lohja church with her;
10. he wants to buy a card for his friend.

Exercise 2

You are either really good or really bad at some things.
To express this you use *hyvä* or *huono* plus *-maan, -mään* on the verb:

Example:	**Olen hyvä nukkumaan.** **Olen huono istumaan kotona.**

Your strengths are walking, playing cards, reading books, driving and speaking French. Your weaknesses are singing, eating, remembering, studying and speaking German. Answer the following questions with a 'yes' or a 'no' and a full statement:

1. Oletko hyvä laulamaan?
2. Oletko hyvä lukemaan kirjoja?
3. Oletko hyvä syömään?
4. Oletko hyvä muistamaan?
5. Oletko hyvä puhumaan ranskaa?
6. Oletko hyvä pelaamaan korttia?
7. Oletko hyvä kävelemään?
8. Oletko hyvä puhumaan saksaa?
9. Oletko hyvä opiskelemaan?
10. Oletko hyvä ajamaan autoa?

Section B

Exercise 3

Complete the following sentences using the correct form of infinitive III:

Example: Erkki meni (NUKKUA) ---> Erkki meni nukkumaan.

1. Anneli ja Jason ovat kirjastossa (LUKEA).
2. (OPISKELLA) oppii, mutta (NUKKUA) ei opi.
3. Lapset tulivat ulkoa (PELATA) tennistä.
4. Lauri lähti teatteriin (VARATA) hyvät liput illan esitykseen.
5. Me lähdemme nyt Vaasaan (TAVATA) ystäviä ja sukulaisia.
6. (KERÄTÄ) kansanrunoja Lönnrot onnistui (JULKAISTA) *Kalevalan*.

7. (YRITTÄÄ) ei onnistu, mutta (YRITTÄÄ) parhaansa voi onnistua.
8. Hän lähti toimistoonsa (MUISTAA), että oli lauantai.
9. Pyysitkö heitä (SOITTAA) kotiin joka päivä?
10. Lääkäri varoitti Marjutia (RASITTAA) ääntään.

Exercise 4

Change the tense to perfect tense in the following sentences in all verbs:

1. Mina käyn Helsingissä kerran kuussa.
2. Turistit ajavat omalla autolla Helsingistä Porvooseen, Loviisaan ja Haminaan.
3. Haluan mennä katsomaan sitä uutta näytelmää.
4. Jason kuuli taas lisää Suomen kivikirkoista.
5. Me emme onnistu aina mutta yritämme parhaamme.
6. Suomalainen elokuva ei kiinnosta ulkomaalaisia aina.
7. Me vastasimme kaikkiin kysymyksiin.
8. Eräät autonmyyjät liioittelivat, kun he kertoivat auton kunnosta.
9. Tiesin jo kauan, että Eero palaa Suomeen.
10. Luen kirjan viikossa ja kirjoitan kirjeen silloin tällöin.

Exercise 5

Translate the following sentences into Finnish:

1. Finns have always been very much interested in theater and art.
2. They are used to doing their jobs (=assignments) quickly.
3. Jason returned to Helsinki to study architecture.
4. There are many old stone churches in Finland, but the Lohja church is one of the most famous.
5. Yesterday's newspaper had several stories about foreigners.
6. Without exaggerating I can say that you speak Finnish well.
7. Lonely people often long for company.
8. There have always been talented students studying at the University of Helsinki.
9. Jason has thought about Anneli for almost a month.
10. Anneli has not learned to like cars; she is used to walking a lot.

CHAPTER 17

HOBBIES AND INTERESTS

Topics - Talking about one's hobbies and interests.
Grammar - Verbal nouns; The genitive plural; Verb types 6-8; Nominal types 15 and 17.

17.1. DIALOGUES AND NARRATIVE

DIALOGUE 1

Raymond Mäki and Kustaa Korkeamäki converse about the good old days. They discuss their hobbies and their likes and dislikes, particularly sports, theater, choirs, reading and fishing.

Raymond: Mitä sinä nuorena harrastit täällä Suomessa?
Kustaa: Nuorena urheilin aika lailla, mutten lukenut paljonkaan.
Raymond: Pelasitko jalkapalloa?
Kustaa: En kovin paljon. Olin yleisurheilija.
Raymond: Mitä lajia sinä harrastit. Olitko juoksija? Niin kuin Paavo Nurmi?
Kustaa: En ollut juoksija, vaan olin lähinnä korkeushyppääjä ja kymmenottelija.
Raymond: Mitä urheilua sinä nyt harrastat?
Kustaa: Olen lopettanut urheilemisen, ja olen nykyään vain penkkiurheilija.
Raymond: Anteeksi, mitä penkkiurheilija on? Oletko alkanut nostaa painoja?
Kustaa: (*with a laugh*) En nyt sentään. Penkkiurheilija tarkoittaa että istuu penkillä ja katselee muiden urheilemista. Vaikka nykyään katson urheilua enimmäkseen televisiosta.

...

Raymond: Kävitkö katsomassa Helsingin olympialaisia vuonna 1952?
Kustaa: Kyllä kävin.
Raymond: Millaiset Helsingin olympialaisten avajaiset olivat?
Kustaa K: Ne olivat hienot niin kuin koko kisat. Joidenkin mielestä ne olivat viimeiset "hyvät kisat".

Raymond: Mitä sillä tarkoitat? Vähän kansallisylpeyttä, onko?

Kustaa: Ehkä vähän sitäkin. Mutta tarkoitan, että Helsingin kisojen jälkeen olypialaiset ovat muuttuneet yhä vain kaupallisemmiksi.

Raymond: Se on kyllä totta. Tuntuukin siltä, että nykyään tärkeintä ei ole hyvä yritys eikä rehti kilpailu, vaan voittaminen millä hinnalla hyvänsä.

DIALOGUE 2

Jason Johnson and Anneli Järvelä talk about Finland and a little more about their hobbies.

Jason: Suomi on kuuluisa kuoroistaan. Sitähän pidetään hyvänä kuoromaana.

Anneli: Joo, laulu on tärkeä osa suomalaisten elämää.

Jason: Laulatko sinä jossain kuorossa?

Anneli: En enää. Nuorempana lauloin kahdessakin kuorossa, sekakuorossa ja naiskuorossa.

Jason: Miksi et enää laula kuorossa?

Anneli: Minulla ei ole aikaa. Minä rupesin harrastamaan teatteria.

Jason: Siksi sinä niin mielelläsi tulit minun kanssa teatteriin silloin kuukausi sitten. Oletko sinä siis näyttelijä?

Anneli: Minä olen vain harrastelija, siis amatöörinäyttelijä.

Jason: Mitä muita harrastuksia sinulla on?

Anneli: En tiedä. Luen aika paljon.

Jason: Lukeminen on minunkin lempiharrastus. Mutta minä en aina lue kirjojani loppuun asti.

...

Anneli: Pidätkö pyöräilemisestä?

Jason: Pidän. Minulla on täälläkin polkupyörä.

Anneli: Entä pidätkö kalastamisesta?

Jason: (*with some surprise*) Kyllä. Yritän joka kesä käydä kalassa ainakin kerran tai pari. Tosin tänä kesänä en ole vielä päässyt kalaan kertaakaan.

Anneli: En minäkään. Kuule, mitä jos mennään pyörällä kalaan.....

NARRATIVE

Urheilu on edustanut huomattavaa osaa suomalaisten yhteiskunnallisessa elämässä. Asenteet urheiluun perustuivat ainakin aikaisemmin olympia-aatteeseen: Tärkeintä ei ole voittaa, vaan tehdä parhaansa rehdissä kilpailussa. Amatööriurheilu on Suomessa aina ollut arvostetumpaa kuin ammattilaisurheilu, ja tärkeimmät lajit ovat perinteisesti olleet yleisurheilu, voimistelu, paini ja hiihto. Yleisurheilussa Suomi on kunnostautunut ja saanut olympiamitaleja nimenomaan pitkänmatkanjuoksussa ja keihäänheitossa. Olympiahistoriassa sellaiset nimet kuin Paavo Nurmi, Hannes Kolehmainen ja Lasse Viren ovat legendoja.

17.2. INFORMATION

(A) General Notes on Chapter 17

1. *Sport in Finnish culture*
Sport has been of tremendous importance to the Finns' sense of self during the 20th century. Already in the 1912 Olympics, while still under Russian rule, Finland made itself known. The need to excel in olympic contexts may be a matter of compensatory self-assertion. The young and economically modest nation could not compete militarily, economically or politically in the world, but in sports the Finn could compete with anybody.

Finland had been granted the Olympic Games for 1940, which, however, were cancelled because of the unrest in the world. In 1952, Helsinki was finally granted the Olympic Summer Games. For the rebuilding nation, burdened by war reparations, the Olympics provided a much needed boost in self-esteem. The opening ceremony was an emotional experience for the Finns as the Olympic torch was run into the Olympic Stadium by none other than 57 year old running legend Paavo Nurmi who had won nine Olympic gold and three silver medals in the 1920s and 30s and who set numerous world records in long distance running. It is noteworthy that the sports Finns excel in and value are characteristically amateur sports such as track and field, wrestling, cross countryskiing and ski jumping.

2. *Choirs and theater*
Finland is a nation of choirs and amateur theater performers. There is both great level of participation and interest in going to concerts and theater performances. The key word may be the amateur concept, which allows for a wide participation. It has been said that out of any ten Finns, nine have some acting experience, and the tenth does too, but doesn't just want to admit it. It is not surprising that the Finnish immigrants in North America have recorded extensive activities precisely in the area of choirs and amateur theater.

(B) Notes on Dialogue 1

1. *katsoa televisiosta*
Just as with *kuulla radiosta* 'hear on the radio' and *lukea lehdestä* 'read in the paper', *katsoa* also at times goes with the *elative case.*

2. *Joidenkin mielestä*
This is a good expression to learn. It means 'in some people's mind', 'according to some people'.

3. *vähän sitäkin*
This expression brings to mind the chef's secret principle: *vähän sitä, vähän tätä* 'a little of this, a little of that'.

4. *millä hinnalla hyvänsä*
This expression is in English 'at any cost', 'at whatever price'. Another word roughly equivalent in meaning is *tahansa. Hyvänsä* and *tahansa* when following any forms of interrogative pronouns or adverbs add the meaning **wh- ever**: *kuka tahansa* 'whoever', *minne hyvänsä* 'wherever', *kuinka paljon tahanasa* 'however much'.

(C) Notes on Dialogue 2

1. *jossain*
Jossain is a form of *jokin* 'something'. In many inflected forms the **-kin** is optionally reduced to a weaker **-in**: *jossa**kin*** - *jossa**in**, jolla**kin*** - *jolla**in***, etc.

2. *loppuun asti*
Loppuun asti means 'to the very end, all the way to the end'. An expression fully synonymous with *asti* is *saakka: aamuun asti* 'all the way to/til morning', *syksyyn saakka* 'until the fall'.

3. *kalassa, kalaan*
In addition to *käydä kalastamassa* and *mennä kalastamaan*, both meaning 'go fishing', Finnish uses the noun for fish in the same meaning: *käydä kalassa* and *mennä kalaan*. Similarly one may say *mennä marjaan* (*marja* 'berry') for going berry picking.

(D) Notes on Narrative

1. tehdä parhaansa
Expressions such as *tehdä parhaansa* 'do one's best', which have built-in possessive suffixes, vary their possessive suffixes according to the subject of the sentence: *minä teen parhaani, te teette parhaanne*, etc.

(E) Word list

aate, aatteen, aatetta, aatteita (N8)	idea, ideal
alkaa, alan, alkoi, alkanut (V5)	begin, start
aloittaa, aloitan, aloitti, aloittanut (V5)	begin, initiate
amatööri, **amatöörin, amatööriä, amatöörejä** (N3)	amateur
ammattilainen, amattilaisen, ammattilaista, ammattilaisia (N17)	professional
arvostettu, arvostetun, arvostettua, arvostettuja (N1)	respected
asenne, asenteen, asennetta, asenteita (N8)	attitude
asti (also ***saakka***)	all the way to
avajaiset, avajaisia (N17)	opening ceremony
edustaa, edustan, edusti,edustanut (V5)	represent
elämä, elämän, elämää, elämiä (N4)	life
enimmäkseen	mostly
harrastaa, harrastan, harrasti, harrastanut (V5)	have as hobby
harrastus, harrastuksen, harrastusta, harrastuksia (N12)	hobby, interest
hiihto, hiihdon, hiihtoa, hiihtoja (N1)	skiing
huomattava, huomattavan, huomattavaa, huomattavia (N5)	remarkable
jalkapallo, -pallon, -palloa, -palloja (N1)	football, soccer
juoksija, juoksijan, juoksijaa, juoksijoita (N5)	runner
juoksumaa (N6)	runner nation kalastaa,
kalastan, kalasti, kalastanut (V5)	fish, do fishing
kalastaminen, kalastamisen, kalastamista, kalastamisia (N17)	fishing
kalastus, kalastuksen, kalastusta, kalastuksia (N12)	fishery, fishing
kaupallinen, kaupallisen, kaupallista, kaupallisia (N17)	commercial
keihäs, keihään, keihästä, keihäitä (N9)	javelin; spear
keihäänheitto, -heiton, -heittoa, -heittoja (N1)	javelin
kilpailu, kilpailun, kilpailua, kilpailuja (N1)	competition
korkeushyppääjä, -hyppääjän, -hyppääjää, -hyppääjiä (N4)	high jumper
kunnostautua, kunnostaudun, kunnostautui, kunnostautunut (V1)	excel, do well
kuoro, kuoron, kuoroa, kuoroja (N1)	choir, chorus
kymmenottelija, -ottelijan, -ottelijaa, -ottelijoita (N5)	decathlete
käydä kalassa; käydä, käyn, kävi, käynyt (V6)	go fishing
laji, lajin, lajia, lajeja (N3)	sports event
lakata, lakkaan, lakkasi, lakannut (+ *-masta, -mästä*) (V9)	stop, cease
legenda, legendan, legendaa, legendoja (N5)	legend
lempiharrastus (N12)	favorite hobby
liika, liian, liikaa, liikoja (N5)	excess
liian, liikaa	too, too much
lopettaa, lopetan, lopetti, lopettanut (V5)	finish, quit
loppu, lopun, loppua, loppuja (N1)	end
luistelu, luistelun, luistelua, luisteluja (N1)	skating
lähinnä	rather
mennä kalaan = mennä kalastamaan	go fishing
muuttua, muutun, muuttui, muuttunut (V1)	change
naiskuoro, -kuoron, -kuoroa, -kuoroja (N1)	women's choir
nimenomaan	precisely
nostaa, nostan, nosti, nostanut (V5)	lift, raise

näyttelijä, näyttelijän, näyttelijää, näyttelijöitä (N4)	actor (actress)
olympiahistoria (N5)	olympic history
olympiakisat, -kisoja (N5)	olympic games
olympialaiset, olympialaisia (N17)	the Olympics
olympiamitali, -mitalin, -mitalia, -mitaleita (N3)	Olympic medal
paini, painin, painia, paineja (N3)	wrestling
paino, painon, painoja, painoja (N1)	weight
painonnosto, -noston, -nostoa, -nostoja (N1)	weight lifting
penkkiurheilija, -urheilijan, -urheilijaa, -urheilijoita (N5)	sports fan
perustua, perustun, perustui, perustunut (V1)	be based on
polkupyörä, -pyörän, -pyörää, -pyöriä (N4)	bicycle n.
pyöräillä, pyöräilen, pyöräili, pyöräillyt (V7)	bicycle v.
rehti, rehdin, rehtiä, rehtejä (N3)	fair, honest
ruveta, rupean, rupesi, ruvennut (+ ***-maan, -mään***) (V9)	start, begin
sekakuoro, -kuoron, --kuoroa, -kuoroja (N1)	mixed choir
tahansa	ever
teatteri, teatterin, teatteria, teattereita (V3)	theater
tosin	it's true
tupakoida, tupakoin, tupakoi, tupakoinut (V6)	smoke tobacco
tärkeä, tärkeän, tärkeä(t)ä, tärkeitä (N5)	important
urheilla, urheilen, urheili, urheillut (V7)	do sports
urheilu, urheilun, urheilua, urheiluja (N1)	sport, athletics
viimeinen, viimeisen, viimeistä, viimeisiä (N17)	last, final
voimistelu, voimistelun, voimistelua, voimisteluja (N1)	gymnastics
yhteiskunnallinen, -kunnallisen, -kunnallista, kunnallisia (N17)	social; societal
yleisurheilija, -urheilijan, -urheilijaa, -urheilijoita (N5)	track&field athlete
yleisurheilu, -urheilun, -urheilua, -urheiluja (N1)	track and field
yritys, yrityksen, yritystä, yrityksiä (N12)	attempt, try n.

(F) Some phrases

pitkänmatkanjuoksu	long distance running
millä hinnalla tahansa	whatever price
mutten = mutta+en	but not
aika lailla	quite a bit

17.3. STRUCTURAL EXPLANATIONS

(A) Structures to learn

(I) Beginning and stopping in Finnish

How to express 'to begin':

a. *alkaa* + **infinitive I**: Hän *alkoi urheilla*. 'He/She began to do sports.'

b. *ruveta* + *-maan, -mään*: Hän *rupesi näyttelemään*. 'He/She began to act.'

c. *ryhtyä* + *-maan, -mään*: Hän *ryhtyi näyttelemään*.

How to express 'to stop': *lakata + -masta, -mästä*:			
	puhumasta.		speaking.'
He lakkasivat	juoksemasta.	'They stopped	running.'
	pelkäämästä.		being afraid.'

How to express 'to start' + nominal object: *aloittaa* + object:			
	puheensa.		started his/her speech.'
Hän aloitti	puhumisen.	'He/She	began speaking.'
	tupakoinnin.		started smoking.'

How to Express 'to end, to stop' + object: *lopettaa* + object:			
	työt.		finished the jobs.'
He lopettivat	urheilemisen.	'They	stopped doing sports.'
	tupakoinnin.		quit smoking.'

(B) Grammar

(I) Verbal nouns

Virtually every verb can be converted into a noun by adding the derivational suffix **-minen** to the strong stem that we get by taking off **-vat, -vät** from third person plural present tense: ***kerto**-vat* > *kertominen* 'telling', ***huomaa**-vat* > *huomaaminen* 'noticing'. These nouns are called verbal nouns. They are full-fledged nouns and serve in any position a noun serves. i.e., as subject , object and predicate noun. Please note also that verbal nouns, for grammatical purposes, are treated as mass nouns:

***Matkustaminen** on kallista.* 'Traveling is expensive.'
*En pidä **lentämisestä** .*'I don't like flying'
*Unohdin **laulamisen** kokonaan.* 'I forgot the singing completely.'
*Tämä on enemmän **huutamista** kuin **laulamista*** 'This is more (like) screaming than singing.'

If the underlying verb has modifiers such as objects or adverbials, these are placed before the verbal noun, because modifiers of nouns precede the noun. Underlying objects are furthermore converted into genitive attributes:

***Kirjeen kirjoittaminen** kesti kauan.* 'Writing the letter took a long time.'
***Kadulla juokseminen** on kielletty.* 'Running in the street is prohibited.'
***Tietokoneiden korjaaminen** on kallista.* 'Repairing computers is expensive.'

(II) The genitive plural in Finnish

There are several ways of forming genitive plural in Finnish and often parallel forms exist. The formation of genitive plural follows **(1)** a very regular pattern, or **(2)** an exceptional route limited to only some nominal types. These formations are as follows:

1. Forming genitive plural from the plural stem:

a. If the partitive plural, i.e., the fourth principal part, ends in **-a**, or **-ä**, you take that **-a** or **-ä** off, and add **-en**:

poikia > poiki+en > poikien 'boys' ',
tyttöjä > tyttöj+en > tyytöjen 'girls' ',
opettajia > opettaji+en > opettajien 'teachers' '

Only one vowel change occurs in this form of genitive plural: In **-i-stems**, i.e., **(N3)** the **e**, which had come from a change of **i > e** before the plural marker **i**, drops altogether:

pankkeja > pankk-i-en > pankkien 'banks'',
rehtejä > reht-i-en > rehtien 'fair'

***b.** If on the other hand the fourth principal part, partitive plural, ends in **-ta**, or **-tä** that **-ta** or **-tä** is taken off and **-den** is added:*

rikkaita perheitä > rikkai+den perhei+den > rikkaiden perheiden 'rich families'

A suffix **-tten** is also available, as alternative **-den**, but is stylistically less attractive and not favored here:

näitä maita > näi+tten mai+tten > näitten maitten 'these countries''.

These two rules theoretically cover 100 percent of the Finnish nominals. However, in certain nominal types a genitive plural formed from partitive singular is favored (See below).

Genitive plural formed from the partitive plural form have strong grade. ie., the same grade as the partitive plural had:

*poi**k**ien, ty**tt**öjen, re**h**tien, ri**kk**aiden*, etc.

2. Genitive plural formed from the consonant stem:

A nominal is said to have a **consonant stem** if the stem, which remains when the partitive ending **-ta, -tä** (does not apply when the partitive suffix is **only -a, -ä**) is taken off, ends in a consonant. If a nominal has a consonant stem, a **-ten** is added to it to form genitive plural:

pientä	***pien**-ten*	*> pienten*	*suurta*	***suur**-ten*	*> suurten*
kieltä	***kiel**-ten*	*> kielten*	*naista*	***nais**-ten*	*> naisten*
miestä	***mies**-ten*	*> miesten*	*kirjainta*	***kirjain**-ten*	*> kirjainten*
vettä	***vet**-ten*	*> vetten*	*kysymystä*	***kysymys**-ten*	*> kysymysten*

It is remarkable that this formation, which does not have any apparent sign of plural, is favored over the "regular genitive plural" in types (N2), (N12) and (N17):

suurten kielten 'the large languages''
käännösten laatu 'the quality of the translations'
suomalaisten harrastukset 'the hobbies of the Finns'
naisten kuoro 'women's choir'

Genitive plural, when formed "regularly" always has strong grade regardless of word type.

(III) Nominal types 15 and 17

1. Type 15: *ahven, ahvenen, ahventa, ahvenia* 'perch'
Type 15 shows that the word final **-n** is sometimes the original consonant, ie., it does not fluctuate between **n** and **m**, and this fact is the mark distinguishing this type from type 14. Other examples:

jäsen, jäsenen, jäsentä, jäseniä 'member'
siemen, siemenen, siementä, siemeniä 'seed'
huomen, huomenen, huomenta, huomenia 'morning 'dusk (time)'

2. Type 17: *nainen, naisen, naista, naisia* 'woman'
The **-nen** nominal type is perhaps the most frequent word type in Finnish and is therefore worthy of special attention. The change fron *nainen* in nominative to *naisen* in genitive is somewhat strange, but beyond that the **-nen** type is most regular: the singular stem ends in **-se-**, the plural stem in **-si-**. The **-nen** words have a prominent consonant stem: ***nais**-ta, **suomalais**-ta* and therefore prefer their genitive plural forms to be formed from that consonant stem: *naisten, suomalaisten.* A large number of word derivative endings end in **-nen: -inen, -lainen, -läinen, -llinen.** Other examples:

keltainen, keltaisen, keltaista, keltaisia 'yellow'
millainen, millaisen, millaista, millaisia 'of what kind'
egyptiläinen, egyptiläisen, egyptiläistä, egyptiläisiä 'Egyptian'
mahdollinen, mahdollisen, mahdollista, mahdollisia 'posssible'.

(IV) Verb types 6-8

1. Type 6: *saada, saan, sai, saanut* 'may', 'get'
This is a most basic infinitive type ending in **-da, -dä**. The changes come in the third form where the past tense marker **i** will cause a long vowel to shorten (*saan, sai*) and an **i** to drop (*rekisteröin, rekisteröi*). Other examples:

referoida, referoin, referoi, referoinut 'report, summarize'
soida, soin, soi, soinut 'ring, sound'.
myydä, myyn, myi (möi) myynyt 'sell'

2. Type 7: *ajatella, ajattelen, ajatteli, ajatellut* 'think'; *mennä, menen, meni, mennyt* 'go'
This type should be thought of as an assimilated version of type 6: the **-da**, **-dä** has assimilated in the infinitive, i.e., the 1st principal part, with the preceding **l, n** or **r**: *olla, mennä,* or *purra*. The second form has a stem ending in the vowel **e** which will drop in the past tense form, i.e., the 3rd principal part: *ajattelen, ajatteli.* The 4th form once again shows assimilation, now of **-nut, -nyt** with the preceding consonant **l, n, or r**: ajate**ll**ut, me**nn**yt and pu**rr**ut. Other Examples:

kuulla, kuulen, kuuli, kuullut 'hear',
kuunnella, kuuntelen, kuunteli, kuunnellut 'listen',
sinutella, sinuttelen, sinutteli, sinutellut 'address by first name', lit. 'say *sinä*'.

3. Type 8: *päästä, pääsen, pääsi, päässyt* 'get to go', 'be admitted'
This type differs from type 7 only in that the assimilation of the underlying infinitive marker **-da, -dä** has become **-ta, -tä** because of the unvoiced **s** in the infinitive stem. Thus type 8 always has an **s** preceding the **ta, tä**: *juosta.* Other examples:

nousta, nousen, nousi, noussut 'rise, ascend'
pestä, pesen, pesi, pessyt 'wash'
kohista, kohisen, kohisi, kohissut 'roaring (of rapids)'.

17.4. EXERCISES

SECTION A

EXERCISE 1

At a gathering of international students the discussion turns to hobbies. Play the role of each one by answering the question: *Mitä harrastuksia sinulla on?* Do it along the following lines:

Example: Minä harrastan yleisurheilua ja lukemista.

1. Say you are into running and fishing.
2. Say you are into singing and hiking.
3. Say you are into bicycling and theater.
4. Say you are into choir singing and traveling.
5. Say you are into wrestling and gymnastics.
6. Say you are into running and decathlon.
7. Say you are only into acting and TV watching.
8. Say you are into amateur theater and swimming.
9. Say you are no longer into sports, but are a sports fan.
10. Say you are into anything that is interesting.

Exercise 2

Tell your friend what you like doing and what you do not care to do.

Example: Minä pidän kalastamisesta, mutta en välitä uimisesta.

1. driving; walking
2. sport; watching television
3. amateur sport; amateur theater
4. professional sports; running
5. traveling; bicycling

Exercise 3

State in Finnish in two ways, **a.** ***alkaa*****, b.** ***ruveta***, what people have begun to do, and **c.** (using the verb ***lakata***) what they have quit doing:

Example:	**a. He ovat alkaneet opiskella.** **b. He ovat ruvenneet opiskelemaan.**
	c. He ovat lakanneet tupakoimasta.

1.	a-b.	travel more
	c.	overeat (*syödä liikaa*)
2.	a-b.	act in an amateur theater group.
	c.	fish
3.	a-b.	read poems
	c.	swimming
4.	a-b.	lift weights
	c.	drinking coffee
5.	a-b.	sing in a choir
	c.	watch TV.

Section B

Exercise 4

Change the genitive expressions into genitive plural expressions in the following sentences:

1. Ison pojan harrastukset eivät ole yleensä kiinnostaneet minua.
2. Me luimme amerikkalaisen ystävän kirjeitä.
3. Nuo näyttävät nuoren lapsen silmiltä.
4. Urheilijan päivät ovat usein kovia.
5. Urheilu on tärkeä osa suomalaisen miehen ja naisen elämää.
6. Menin vanhemman pojan kanssa teatteriin.
7. Ulkomaisen opiskelijan on hyvä osata vähän suomeakin.
8. Kuuluisan näyttelijän elämä ei ole helppoa.
9. Tuon maan pieniä kaupunkeja on mielenkiintoisempaa nähdä kuin suuria.

10. Kiltin koiran kanssa on joskus mukavampi keskustella kuin uuden naapurin ('neighbor') kanssa.

Exercise 5

Translate the following sentences into Finnish:

1. Finland is famous for its choirs and amateur theater.
2. The olympics have changed and become ever more commercial.
3. What were your hobbies as a young woman in Finland?
4. I was very much into gymnastics and acting.
5. In older people's opinion the Helsinki Olympic games were good, maybe even the last really good ones.
6. My favorite hobby has always been track and field.
7. The young Finns' attitudes toward professional sport has changed, but fair competition is still most important.
8. The legends of Finnish Olympic history are more appreciated than professional athletes.
9. Everyone wants to do his/her best.
10. Traditionally Finland has excelled in running and track and field in general.

CHAPTER 18

DREAMS AND WISHES

Topics - Expressing dreams and wishes; Discussing hypothetical situations.
Grammar - Pluperfect tense active; Traces of a future tense;

18.1 DIALOGUES AND NARRATIVE

DIALOGUE 1

Anneli Järvelä and Jason Johnson dream of going to Italy, and finally decide to make such a trip and begin to plan for it.

Anneli: Jason?
Jason: Niin?
Anneli: Jos pääsisi joskus Italiaan! Oletko koskaan käynyt Italiassa?
Jason: En. Ennen kuin tulin Suomeen en ollut ollut koskaan ulkomailla.
Anneli: Minä haluaisin joskus mennä Italiaan!
Jason: Italiassa olisi todella jännä käydä.
Anneli: Matkustetaanko ensi keväänä sinne yhdessä?
Jason: En tiedä onko minulla siihen varaa. On ollut niin paljon menoja.

----.

Jason: Jos meillä olisi tarpeeksi rahaa matkustaa Italiaan, niin siellä olisi kyllä paljon katsottavaa. Siitä olisi minulle apua opinnoissakin.
Anneli: Niin olisi. Voisimme käydä Roomassa ja Venetsiassa.
Jason: Emmekö kävisi samalla myös Napolissa. Ja ehkä Firenzessakin.
Anneli: Haluaisin nähdä ne kaikki.
Jason: Niissä olisi kulttuurihistoriaa paljonkin.
Anneli: Ja se voisi olla romanttinen loma meille?
Jason: Minä yritän saada tarpeeksi rahaa kokoon.

DIALOGUE 2

Later on in the spring everything has worked out for Anneli and Jason and they are making various plans for the trip.

Anneli: Pitäisikö minun ottaa uimapuku mukaan?
Jason: Kyllä se varmasti olisi hyvä olla mukana. Eräs ystävä oli

käynyt Kreikassa, ja siellä oli ollut todella kuumaa.

Anneli: Meidän täytyy myös ottaa kamera mukaan. Ja hyvät kengät.

Jason: Mitä sinä sillä tarkoitat?

Anneli: Sinä tiedät, että minä pidän kävelemisestä. Me tullaan kävelemään aika paljon. On hyvä olla hyvänlaatuiset kengät.

Jason: Meidän täytyy vaihtaa rahaa etukäteen.

Anneli: Joo, mutta ei tarvitse eikä kannata ottaa kaikkea käteisellä.

Jason: En tiedä, voiko siellä maksaa luottokortilla. Ystävällä oli käynyt huonosti, kun häneltä varastettiin lompakko Kreikassa (tai jossain).

Anneli: Mutta matkashekkejä voi kyllä käyttää, vai mitä luulet?

Jason: Kyllä. Minun ystäväni ei ollut käyttänyt yhtään matkashekkejä.

NARRATIVE

Suomalaisten matkailu on vilkasta. Kesäisin matkailu on vielä vilkkaampaa kuin talvella. Matkat Viroon eli Eestiin ovat suosittuja, vaikka ruotsinlaivat houkuttelevat edelleenkin eniten matkustajia, erityisesti jouluna ja kesäisin. Pietari (entinen Leningrad) on aina ollut suomalaisille tärkeä kulttuurikeskus ja tulee varmaan olemaan jos ei aina niin hyvin pitkään, koska Helsingin ja Pietarin välinen etäisyys on vain noin 300 kilometriä. Voidaan todella väittää, että Suomi ja suomalaiset ovat yhä tiiviimmässä yhteydessä naapureihinsa ja muuhun Eurooppaan.

18.2 INFORMATION

(A) NOTES ON DIALOGUE 1

1. *koskaan*

The word *koskaan* when used in a negated sentence means 'never', but in questions, even when formally affirmative, it means 'ever'

2. *jännä*

Jännä is a more informal version of *jännittävä* 'exciting, thrilling'.

3. *katsottavaa*
Some words like *katsottavaa* 'things to see', which are actually some grammatical form, can be very useful. Other words in this category are *syötävää* 'things to eat', *juotavaa* 'things to drink', *sanottavaa* 'things to say'.

4. *Rooma, Venetsia, Napoli, Firenze*
In Finnish names of European countries and cities often reflect their namesin the language of their place. Thus *Rooma* is 'Rome', *Venetsia* 'Venice', *Napoli* 'Napels', and *Firenze* 'Florence', *Italia* 'Italy', and *Espanja* 'Spain'.

(B) Notes on Dialogue 2

1. *eikä*
Any combination of *ja* 'and' and *ei* (*en, et, ei, emme, ette, eivät*) will result in contraction: *enkä, etkä, eikä, emmekä, ettekä, eivätkä.*

2. *ei yhtään*
Ei yhtään means 'not, none at all'

(C) Notes on Narrative

1. *Genitive + genitive välinen*
Finnish can conveniently transform prepositional or postpositional expressions into adjectival ones. Thus *etäisyys Helsingin ja Pietarin välillä --> Helsingin ja Pietarin välinen etäisyys*, both in English 'the distance between Helsinki and St Petersburg'.

2. *yhteys johonkin*
Y*hteys* requires the illative case: *yhteys naapureihin* 'contact with (the) neighbors'

3. *jouluna*
Jouluna means 'at Christmas (time). Other Christian holidays celebrated in Finland include *loppiainen* 'Epiphany', *pitkä perjantai* 'Good Friday', *pääsiäinen* 'Easter' and *helluntai* 'Whitsuntide or Pentecost'.

(D) Word list

apu, avun, apua, apuja (N1)	help, aid
edelleenkin	still; forth
eniten (opposite ***vähiten*** 'least')	most
entinen, entisen, entistä, entisiä (N17)	former
etäisyys, etäisyyden, etäisyyttä, etäisyyksiä (N11)	distance
houkutella, houkuttelen, houkutteli, houkutellut (V7)	attract, tempt
hyvänlaatuinen, -laatuisen, -laatuista, -laatuisia (N17)	high quality; benign
joulu, joulun, joulua, jouluja (N1)	Christmas

jännä, jännän, jännää, jänniä (N4)	exciting
kamera, kameran, kameraa, kameroita (N5)	camera
katsottava, katsottavan, katsottavaa, katsottavia (N5)	thing to see
kenkä, kengän, kenkää, kenkiä (N4)	shoe
kesäisin	summertime
kokoon	together
koskaan; (ei) koskaan	never, ever
Kreikka, Kreikan, Kreikkaa, (Kreikkoja) (N5)	Greece
kulttuurikeskus, -keskuksen, -keskusta, keskuksia (N12)	culture center
laivamatka, -matkan, -matkaa, -matkoja (N5)	boat trip
lämmin, lämpimän, lämmintä, lämpimiä (N14)	warm
loma, loman, lomaa, lomia (N5)	vacation
matkailu, matkailun, matkailua, matkailuja (N1)	tourism
matkashekki, -shekin, -shekkiä, -shekkejä (N3)	travel check
matkustaja, matkustajan, matkustajaa, matkustajia (N5)	traveler
meno, menon, menoa, menoja (N1)	expense
naapuri, naapurin, naapuria, naapureita (N3)	neighbor
Pietari (N3)	St Petersburg
raha, rahan, rahaa, rahoja (N5)	money
ruotsinlaiva, -laivan, -laivaa, -laivoja (N5)	Sweden-ferry
suunnata, suuntaan, suuntasi, suunnannut (V9)	head, direct
tarpeeksi	enough
tiivis, tiiviin, tiivistä, tiiviitä (N10)	intense; tight
todella	really
uimapuku, -puvun, -pukua, -pukuja (N1)	swim suit
vara, varan, varaa, varoja (N5)	means
vilkas, vilkkaan, vilkasta, vilkkaita (N12)	lively, vivid
välinen, välisen, välistä, välisiä (N17) cf välillä	between, adj.
yhteys, yhteyden, yhteyttä, yhteyksiä (N11)	contact
yhä	ever; yet

(E) Some phrases

hyvin pitkään	'for a very long time'
yhä tiiviimmässä yhteydessä	'in ever closer contact'

18.3. STRUCTURAL EXPLANATIONS

(A) Structures to learn

(I) Generic reference to seasons, days of the week, and times of the day:

kesäisin 'in the summertime' *talvisin* 'in the wintertime'
syksyisin 'in the fall' *keväisin* 'in the springtime'

sunnuntaisin '(on) Sundays'	*torstaisin* '(on) Thursdays'
maanantaisin '(on) Mondays'	*perjantaisin* '(on) Fridays'
tiistaisin '(on) Tuesdays'	*lauantaisin* '(on) Saturdays'
keskiviikkoisin '(on) Wednesdays'	
aamuisin 'in the morning(s)'	*iltapäivisin* 'in the afternoon'
aamupäivisin 'before noon'	*iltaisin* 'in the evening(s)'
päivisin 'during day time'	*öisin* 'at night'

(II) How to say what you "like to (do)" (like + verb)

Pidän { lentämisestä. / kävelemisestä. / lukemisesta. } — 'I like { to fly/flying.' / to walk/walking.' / to read/reading.' }

Pitää requires a verbal noun which can accept the **elative case** suffix *pitää* requires. In less formal Finnish, however, the verb *tykätä* may be used. It behaves differently in that it accepts a straight infinitive I in the following verb:

Tykkään { lentää. / kävellä. / lukea. } — 'I like { to fly.' / to walk.' / to read.' }

(B)Grammar

(I) Pluperfect tense active

The complex tenses, perfect and pluperfect, differ only insofar as the auxiliary is in the present tense in perfect and in the past tense in pluperfect. The main verb uses the past participle active in both tenses. The pluperfect looks like this:

minä olin käynyt	*en ollut käynyt* 'I had/had not visited'
sinä olit käynyt	*et ollut käynyt* 'you had/had not visited'
hän oli käynyt	*ei ollut käynyt* 'he/she had/had not visited'
me olime käyneet	*emme olleet käyneet* 'we had/had not visited'
te olitte käyneet	*ette olleet käyneet* 'you had/had not visited'
he olivat käyneet	*eivät olleet käyneet* 'they had/not not visited

Pluperfect forms of *olla* and *ajatella* are as follows:

minä olin ollut	*en ollut ollut* 'I had/had not been'
sinä olit ollut	*et ollut ollut* 'you had/had not been'
hän oli ollut	*ei ollut ollut* 'he/she had/had not been'
me olimme olleet	*emme olleet olleet* 'we had/had not been'
te olitte olleet	*ette olleet olleet* 'you had/had not been'
he olivat olleet	*eivät olleet olleet* 'they had/had not been'

olin ajatellut	*en ollut ajatellut* 'I had/had not thought'
olit ajatellut	*et ollut ajatellut* 'you had/had not thought'
oli ajatellut	*ei ollut ajatellut* 'he/she had/had not thought'
olimme ajatelleet	*emme olleet ajatelleet* 'we had/had not thought'
olitte ajatelleet	*ette olleet ajatelleet* 'you had/had not thought'
olivat ajatelleet	*eivät olleet ajatelleet* 'they had/had not thought'

(II) TULLA + -MAAN, -MÄÄN

While it is true that Finnish does not use any future tense forms systematically, it is nevertheless possible to signify future, projected or predicted activities. *Tullaan kävelemään* means 'we will be walking'. Technically speaking, however, this phrase is ambiguous between this meaning and the locative one 'we are coming to walk. See also the prediction *tulee olemaan* in the narrative to this chapter.

Suomi ***tulee olemaan*** *mukana olympialiikkeessä aina.*
'Finland will always be part of the Olympic movement.'

(III) GENERIC POSSESSIVE STRUCTURES

The possessive sentence *On hyvä olla hyvänlaatuiset kengät* 'It is good to have good quality shoes' does not display any person to serve as possessor. The possessor is a generic 'one'. Even in possessive structures, the generic person leaves out the person reference. The possessor understood in this sentence, is however an adessive form: *On hyvä (henkilöllä) olla kengät* 'It is good (for a person) to have shoes'.

We recall that with necessive impersonal structures this is equally frequent: *Täytyy muistaa* 'One has to remember'. It is possible to have a generic person in a possessor and necessity role simultaneously:

Täytyy olla kamera mukana. 'One has to have a camera along'.

18.4. EXERCISES

SECTION A

EXERCISE 1

Engage in some wishful thinking. Imagine what the person or persons implicated would do if the condition in the *jos*-clause were true.

Example: Jos aurinko paistaisi, menisin mielelläni juoksemaan.

1. I have lots of money; buy a new car
2. you can speak French; travel to France
3. we visit Italy; see old cities
4. they get a work permit; move to southern Finland
5. I have more time; read many books
6. you understand society; discuss difficult questions
7. we use travel checks; need not be afraid
8. You want to go swimming; take along swim suit.

Section B

Exercise 2

Change the following sentences to pluperfect tense:

1. Minä tarvitsin apua jo ennen kuin sinä tulit.
2. Me emme ajatelleet kesää lainkaan ennen joulua.
3. Kalle vastasi kysymykseen jo.
4. Sieltä ei löydy mitään hauskaa lahjaa.
5. Ruotsinlaivat houkuttelivat eniten matkustajia Suomesta, vähemmän kuitenkin talvisin.
6. Finlandia-talo tuli tärkeäksi kulttuurikeskukseksi.
7. Me katselimme kaikki öljymalaukset ennen iltaa.
8. Hän kertoi, että hän tarvitsi oppaan kiertueelle.

Exercise 3

Translate the following sentences into Finnish:

1. How much cash do you think we should take along on the trip to Greece?
2. If one walks long distances one should have really good shoes.
3. It is good to stay in contact with one's friends and one's neighbors.
4. The distance between Vaasa and Oulu is longer than the distance between Helsinki and St Petersburg.
5. Tallinn has become a cultural center in the same way as Helsinki market square is a meeting place.
6. The ships to Estonia are not as popular as the ferries to Sweden.
7. Two wallets were stolen from young tourists in Helsinki.
8. Last week's newspapers had not yet written anything about Finland's tourism.
9. There have been athletes and actors traveling in northern Europe this fall.
10. There will surely be larger ships between Finland and Sweden next year again.

CHAPTER 19

SKIING IN LAPLAND

Topics - Planning one's vacation program; How to talk about nature, skiing experiences, and about dancing.
Grammar - The instructive case; The comitative case; Pluratives in Finnish; Past tense passive; Nominal type 22.

19.1 DIALOGUES AND NARRATIVE

DIALOGUE 1

Juhani and Sirkka Laine have decided to take a three-day skiing holiday at Olostunturi in Muonio, Lapland in March. They have driven all day from Vaasa and arrive late at night but the hills and pathways are well lit. They arrive at their cabin and start unpacking.

Sirkka: Vihdoinkin ollaan perillä! Minä ainakin olen niin väsynyt, että haluan mennä heti nukkumaan.

Juhani: Juu, nuku sinä vain, minä laitan sukset valmiiksi aamua varten ja katselen vähän ympärilleni. Ulkona on komea kuutamo.

Sirkka: Täällä on niin rauhallista ja niin puhdas ilma, että varmasti uni maistuu. Tule sinäkin pian nukkumaan.

In the morning Juhani and Sirkka prepare to go skiing. Sirkka Laine prefers to go downhill skiing while Juhani Laine is planning to follow a twenty kilometer cross country trail.

Sirkka: Nukuitko hyvin?

Juhani: Kyllä, nukuin niin sikeästi, etten nähnyt edes unta.

Sirkka: Oho, olen tainnut unohtaa hiihtolasit kotiin. Mitä minä nyt teen?

Juhani: Kyllä kai sinun täytyy ostaa uudet. Ethän sinä voi lasketella tavalliset silmälasit päässä. Ne huurtuvat heti.

Sirkka: Onneksi muistin ottaa mukaan nämä paksut villasukat, etteivät varpaat palellu. Minulle tulee helposti kylmät jalat, niinkuin hyvin tiedät.

Juhani: Meidän olisi molempien hyvä panna rasvaa kasvoille. Mihin sinä pakkasit rasvan?

Sirkka: Tuohon kassin sivutaskuun.

Juhani: Minulla menee varmaan kaksi tai kolme tuntia ladulla. Täytyy ottaa rauhallisesti näin alussa. Tavataan sitten lounaaksi.

Sirkka: Pidä minulle peukkuja, etten kaadu. Siitä on niin pitkä aika kun viimeksi laskettelin.

After a good morning of skiing Sirkka and Juhani return to their cabin.

Sirkka: No hei, sieltähän sinä tuletkin, minä ehdin jo huolestua. Luistiko sukset?
Juhani: Oli tosi hyvä keli. Aluksi oli vähän kylmä ja käsiä paleli, mutta lopussa tuli jo niin lämmin, että hiihdin paljain käsin.
Sirkka: Toivottavasti et rehkinyt liikaa ensimmäisenä päivänä!
Juhani: En usko. No, miten sinulla meni? Pysyitkö pystyssä?
Sirkka: Voi, voi. Vähän nolotti alussa. Minä kaaduin ainakin kolme kertaa. Mutta sitten rupesi jo menemään hyvin.

In the afternoon both do downhill skiing and get into the rhythm of their vacation. As they withdraw to their cabin the following exchange ensued.

Juhani: Luuletko, että ehtisin käydä saunassa vielä ennen illallista?
Sirkka: Kyllä kai. Tilaisitko samalla meille perhesaunan huomiseksi. Minä jään tänne ottamaan sillä aikaa nokoset.
Juhani: Joo. Meillä on silloin varmasti molemmilla jo jalat ihan jäykät.

(After Juhani's visit to the sauna and after dinner, they contemplate their first full day at theresort.)

Juhani: No niin. On ollut hyvä päivä.
Sirkka: Lomapäivä ei meidän iässä tunnu enää yhtä helpolta.
Juhani: Muistatko kuinka me nuorempana hiihdettiin koko päivä ja sitten vielä tanssittiin koko ilta?
Sirkka: Tottakai muistan! Oletkohan vielä yhtä hyvä tanssija kuin silloin?
Juhani: Onkohan täällä illalla tanssit?
Sirkka: On. Näin ilmoituksen, että joku yhden miehen "bändi" soittaa.
Juhani: Mitä jos mennään illalla tanssimaan?
Sirkka: Oletko tosissasi?
Juhani: Olen. Vai mennäänkö mieluummin huomenna saunan jälkeen?
Sirkka: Mitä jos odotetaan huomiseen?

NARRATIVE

Lomalle lähdetään usein iloisin mutta väsynein mielin. Kun talven pimeys on kestänyt pari-kolme kuukautta, monet suomalaiset suuntaavat etelän aurinkoon ja lämpimään tai Sveitsiin tai Itävaltaan hiihtolomalle. Lappi kauniine tuntureineen on myös suosittu talvilomakohde.

Suomalaisten vuosilomat jakautuvat monesti varsin pitkään palkalliseen kesälomaan ja lyhyeen, yleensä viikon pituiseen talvilomaan.Kesäisin tai ainakin huonoina kesinä, kun Suomessa sataa ja on pilvistä ja harmaata, suomalaiset matkustavat suurin joukoin etelän aurinkoon, lähinnä Välimeren maihin ja Kanarian saarille. Espanja kauniine saarineen ja halpoine hintoineen on kauan ollut turistien ihannemaa. Monessa Espanjan turistihotellissa ilmoitetaan suurin kirjaimin: "Täällä puhutaan suomea".

19.2. INFORMATION

(A) NOTES ON DIALOGUE I

1. *nähdä unta*

Finnish employs the same word *uni, unen, unta, unia* for 'sleep' as for 'dream'. The verb 'to dream' is expressed as a "theatrical" event: *nähdä unta* lit. 'see a dream'. Day-dreaming is expressed somewhat differently: *unelmoida* 'have illusions', *uneksia* 'dream, engage in wishful thinking'. The noun for 'day dream' is *unelma*.

2. *tainnut*

The verb *taitaa*, very much like *tietää*, has an irregular past participle form: instead of the "regular" *taitanut* the form *tainnut* is preferred, cf *tiennyt*.

3. *lasit päässä*

This kind of expression is traditionally called "nominativus absolutus". English also uses nominativus absolutus as a stylistic option: ***hands in pocket*** *he stood...* The typical meaning involves 'with': Lasit päässä 'with glasses on (her head)'.

4. *Meidän olisi hyvä tehdä se*

Impersonal structures favor expressing the "affected party" with the genitive case. *Hänen on hyvä/helppo/vaikea/hauska/mahdoton tehdä se.* 'It is good/easy/ difficult/fun/impossible for him/her to do that.'

5. *Siitä on pitkä aika kun...*

The word order in this phrase makes it a little difficult to see that *siitä* in neutral standard Finnish actually belongs after *aika: On pitkä aika siitä kun...* 'It's been a long time since...'

6. *Luistiko sukset*
The verb form in this phrase suggests that the style is non-formal speech, which indeed it is. In standard written Finnish it would say *Luistivatko sukset.*

7. *tosi*
Tosi as a modifier of an adjective or adverb is an informal way of saying *todella* 'really'.

8. *Ottaa nokoset*
Taking a nap in Finnish involves the word *nokoset* which occurs only in the plural. See pluratives below in this chapter's grammar section.

9. *yhden miehen "bändi"*
This expression means 'one man band' and sounds like a loan, ultimately from English. The word *bändi* is slang in Finnish.

10. *olla tosissaan*
Not only does this phrase involve the plural, but the possessive suffix on *tosissaan* will adjust to the subject of the sentence: *Minä olen tosissani* 'I am serious', etc.

(B) Notes on Narrative

1. *viikon pituinen*
This expression, which means 'week long', shows the ease with which Finnish makes adjectives. It can have more complex ingredients: *kolmen viikon pituinen matka = kolme viikkoa pitkä matka* 'three week long trip'.

(C) Word list

alku, alun, alkua, alkuja (N1)	beginning, start
aurinko, auringon, aurinkoa, aurinkoja (N1)	sun
ehtiä, ehdin, ehti, ehtinyt (V3)	be on/have time
(ei) edes	(not) even
harmaa, harmaan, harmaata, harmaita (N6)	gray
hiihtolasit, -laseja (N3)	(ski) goggles
huolestua, huolestun, huolestui, huolestunut (V1)	become anxious, worried
huurtua, huurrun, huurtui, huurtunut (V1)	fog up
ihannemaa, -maan, -maata, -maita (N6)	ideal country, utopia
ilma, ilman, ilmaa, ilmoja (N5)	air, weather
ilmoittaa, ilmoitan, ilmoitti, ilmoittanut (V5)	advertise, announce
jakautua, jakaudun, jakautui, jakautunut (V1)	be divided, distributed
jalka, jalan, jalkaa, jalkoja (N5)	foot
joukko, joukon, joukkoa, joukkoja (N1)	group, bunch,
kaatua, kaadun, kaatui, kaatunut (V1)	fall (over)

Kanarian saaret, saaria (N2)	Canary Islands
kassi, kassin, kassia, kasseja (N3)	bag
kasvot, kasvoja (N1)	face
keli, kelin, keliä, kelejä (N3)	ski conditions
kirjain, kirjaimen, kirjainta, kirjaimia (N13)	letter (of alphabet)
komea, komean, komea(t)a, komeita (N5)	handsome
kuutamo, kuutamon, kuutamoa, kuutamoita (N1)	moon(light)
käsi, käden, kättä, käsiä (N2)	hand; arm
laittaa, laitan, laittoi, laittanut (V5)	put, place, organize
Lappi, Lapin, Lappia (Lappeja) (N3)	Lapland
lasketella, laskettelen, lasketteli, lasketellut (V7)	ski downhill
latu, ladun, latua, latuja (N1)	ski trail
lomakohde, -kohteen, -kohdetta, -kohteita (N8)	vacation destination
luistaa, luistan, luisti, luistanut (V5)	glide, slide
lyhyys, lyhyyden, lyhyyttä, lyhyyksiä (N11)	shortness
maistua, maistun, maistui, maistunut (V1)	taste (good)
muistaa, muistan, muisti, muistanut (V5)	remember
nähdä unta	dream, have dreams
onneksi	fortunately, luckily
pakata, pakkaan, pakkasi, pakannut (V9)	pack
paksu, paksun, paksua, paksuja (N1)	thick
paleltua, palellun, paleltui, paleltunut (V1)	become frozen
palkallinen, palkallisen, palkallista, palkallisia (N17)	salaried, paid
pilvinen, pilvisen, pilvistä, pilvisiä (N17) (from ***pilvi)***	cloudy
pituinen, pituisen, pituista, pituisia (gen. + ***pituinen***) (N17)	of length
- viikon pituinen	week-long
puhdas, puhtaan, puhdasta, puhtaita (N9)	clean
rasva, rasvan, rasvaa, rasvoja (N5)	cream; grease, fat
saari, saaren, saarta, saaria (N2)	island
sikeästi (cf sikeä (N4))	soundly, deeply
silmälasit, -laseja (N3)	glasses
sivutasku, -taskun, taskua, taskuja (N1)	side pocket
sormi, sormen, sormea, sormia (N2)	finger
sukset, suksia (N2)	skis
suosittu, suositun, suosittua, suosittuja (N1)	popular, well-liked
syy, syyn, syytä, syitä (N6)	reason; guilt
taitaa, taidan, taisi, tainnut (V5)	probably be
tavallinen, tavallisen, tavallista, tavallisia (N17)	usual, ordinary
tunturi, tunturin, tunturia, tuntureita (N3)	fell, hill
uni, unen, unta, unia (N2)	dream
varten (partitive + ***varten***)	for, for benefit of
varvas, varpaan, varvasta, varpaita (N9)	toe
viimeksi	last, last time
villasukat, -sukkia (N5)	wool socks
vuosiloma, -loman, -lomaa, -lomia (N5)	annual paid vacation
Välimeri, -meren, merta, -meriä (N2)	the Mediterranean
väsynyt, väsyneen, väsynyttä, väsyneitä (N22)	tired, fatigued
ympärille + possessive suffix	around

D) Some phrases

pitää peukkuja cross fingers, wish luck, thumbs up

19.3. STRUCTURAL EXPLANATIONS

(A) Structures to learn

(i) Experiencer sentences

Experiencer sentences which express the experiencer (or body part) with the **partitive case** include structures such as:

Käsiä palelee	'the/my hands are freezing (cold)'
Päätä särkee	'the/my head is aching/I have a headache'
Minua väsyttää	'I am/feel tired'
Minua nolottaa	'I am/feel embarassed'

(ii) comparing *mielellään*

Hän tekee sen	mielellään.	'He/She does that	gladly.'
	mieluummin.		rather.'
	mieluimmin/mieluiten.		preferably.'

(B) Grammar

(i) The instructive case

The instructive case has one simple suffix -n both in the singular and the plural. The result, in the singular, is total merging with the genitive. In the plural, the instructive case forms are quite distinct. Examples:

ilosi-a mieli-ä > iloisi+n mieli+n > iloisin mielin 'in a happy mindset'
suuri-a joukkoj-a > suuri+n joukoi+n > suurin joukoin 'in large numbers, by the hordes'

The meaning attaching to instructive is 'by' or 'with' in an instrumental sense. The instructive is most frequent in modern Finnish in idiomatic expressions:

suurin piirtein 'approximately, (lit. "with large strokes"),
paljain käsin 'with bare hands',
omin silmin 'with one's own eyes'.

One singular instructive in active use is *jalan* 'on foot'.

A large number of adverbs in Finnish are in fact frozen, lexicalized instructive forms:
näin (< tämä) 'like this', *noin (< tuo)* 'like that' *niin (< se)* 'so, like that',
hyvin (< hyvä) 'well', *oikein (< oikea)* 'right' *väärin (<väärä>* 'wrong'

(II) The Comitative Case

The comitative is perhaps even more obsolete than abessive and instructive. Its meaning is something like "the subordinate company of":

presidentti seurueineen 'the president with his entourage'.

The comitative has the ending **-ne-** which is added to **the plural stem** and which furthermore must always be followed by a **possessive suffix** on the noun (but not possible accompanying adjective attributes):

perhei-tä > *perhei+ne+ni* > *perheineni* 'with my family'
puistoj-a > *puistoi-+ne+en* > *puistoineen* 'with its parks'
kaunii-ta saari-a > > *kauniine saarineen* 'with (its) beautiful islands'

Note: For reasons of convenience the ending is here said to be **-ne-** added to **the plural stem**. Many present the suffix as **-ine-** added to **the singular stem**. When going that route, however, all the changes in the stem vowels (already inherent in the plural stem) must be repeated.

(III) Pluratives in Finnish

All through this book we have encountered occasional nouns which appear only in the plural. While English also knows such words, called pluratives, eg. *pants, glasses, scissors*, Finnish, in fact, has an abundance of such words. They often refer to symmetrical phenomena *silmälasit* 'glasses', *kasvot* 'face'. Often they are "people gatherings" or "celebrations" of various kinds: *päivälliset* 'dinner party', *häät* 'wedding', *hautajaiset* 'funeral'. Sometimes there is no clear reason for the plurality: *ottaa nokoset* 'take a nap'.

Frequently the meaning of plurative expressions involve mental or psychological states: *olla tajuissaan* 'conscious', *tainnoksissa* 'unconscious', *tosissaan* 'serious', *hereillä* 'awake', etc.

Note: There is a clear relation to the notion of "natural set" or "by design set" discussed in the *Reference grammar*. Pluratives can be said to be lexicalized natural sets.

(IV) Past tense passive.

The past tense passive has its passive maker in the **strong grade**. The past tense passive is formed by taking off **-aan** or **-ään** from the present tense form, adding **-iin** and inserting **strong grade** at beginning of the last syllable:

*ol**laan** > ol**tiin***	*kerro**taan** > kerro**ttiin***	*men**nään** > men**tiin***
*vaadi**taan** > vaadi**ttiin***	*huoma**taan** >huoma**ttiin***	*tiede**tään** > tiede**ttiin***
*kirjoite**taan** > kirjoite**ttiin***	*jous**taan** > juos**tiin***	

Past tense passive negative also uses the negation verb in 3rd person, **ei**, but the main verb uses the **past participle passive**. This participle is formed by taking off **-iin** from the past tense passive form and inserting **-u, -y** in its stead: *oltiin > olt+u > ol**tu**, tiedettiin > tiedett+y > tiede**tty**.*

Present Passive		Past Passive	
Affirmative	**Negative**	**Affirmative**	**Negative**
ollaan	*ei olla*	*oltiin*	*ei oltu*
mennään	*ei mennä*	*mentiin*	*ei menty*
huomataan	*ei huomata*	*huomattiin*	*ei huomattu*
kerrotaan	*ei kerrota*	*kerrottiin*	*ei kerrottu*
vaaditaan	*ei vaadita*	*vaadittiin*	*ei vaadittu*
tiedetään	*ei tiedetä*	*tiedettiin*	*ei tiedetty*
kirjoitetaan	*ei kirjoiteta*	*kirjoitettiin*	*ei kirjoitettu*

(v) Nominal type 22: *väsynyt, väsyneen, väsynyttä, väsyneitä* 'tired'
Type 22 is the **past participle active** of the verb paradigms, which has, in fact, become an adjective or a noun. It systematically inflects the participle suffix **-nut, -nyt (-lut, -lyt, -sut, -syt, -rut, -ryt)**: **-nut, -neen, -nutta, -neita**. The most prominent function of the past participle, besides being part of the complex tense forms, is to serve as adjectives:

kiinnostunut, kiinnostuneen, kiinnostunutta, kiinnostuneita 'interested'; *hukkunut lompakko, hukkuneen lompakon, hukkunutta lompakkoa,hukkuneita lompakoita.* 'wallet that disappeared or has been lost'.

Sometimes they are used as nouns:

ajatellut, ajatelleen, ajatellutta, ajatelleita 'one who has thought'; *juossut, juosseen, juossutta, juosseita* 'one who has run'.

19.4. EXERCISES

Exercise 1

Provide instructive forms of the following expressions (number is unchanged):

1. omat silmät
2. paljaat kädet
3. jalka
4. lämpimät terveiset
5. uudet menetelmät
6. omat päät
7. pienet eleet
8. suuret piirteet

Exercise 2

Exchange the active past tense form for corresponding passive ones:

1. Me olimme silloin vielä nuoria.
2. Me osasimme puhua vain englantia silloin nuorina.
3. Sai mennä nukkumaan aikaisin, jos teki työtä hyvin.
4. Me lyhensimme nimemme Amerikassa.
5. Kyllä muisti kaikenlaisia asioita, jos jaksoi ajatella.
6. Kyllä me tanssimme illalla vaikka hiihdimme koko päivän.
7. Me väitimme, että ansaitsimme (ansaita 'earn') paljon rahaa laulamalla.
8. Me laitoimme aina sukset valmiiksi aamua varten ja panimme matkatavarat huoneisiin.

Exercise 3

Translate the following sentences into Finnish:

1. My feet are freezing and my legs are stiff.
2. Skiing felt much easier when we were younger.
3. During warm winters it is difficult for us to find enough snow that one could go skiing.
4. Sirkka was skiing with skis on her feet and goggles on.
5. She stayed inside and had a nap.
6. The annual vacations in Finland fall into two groups, summer vacations and winter vacations.
7. Helsinki with its old buildings attracts tourists from many countries.
8. Many people in northern Europe head south from the dark north to sunny and warm Spain.
9. In many newspapers trips to the south were advertized in large letters.
10. The darkness in Northern Finland lasts for many months, but the light (*valo* N1) of summer is very popular when it comes.

CHAPTER 20

REVISION TESTS

In this chapter you will have an opportunity to test and consolidate the language you have learned in the previous chapters, primarily chapters 9-19. Each test indicates about where in the second half of the book you may wish to review things if you have forgotten some particular points.

Test 1 - Discussing the weather and places (Ch. 9)

You have the opportunity to interview a native Finn, who has also lived in North America a couple of years, about the geography and climate of Finland and North America.

You: Ask where Naantali is.
Finn: Naantali sijaitsee lähellä Turkua.
You: Ask if Parainen is far from Turku.
Finn: Ei. Parainen ei ole kaukana Turusta.
You: Ask if its cold in southern Finland in the winter.
Finn: On. Mutta ei kovin kylmä. Pohjois-Suomessa on paljon kylmempi.
You: Ask if it snows in Turku in the winter.
Finn: Sataa, mutta vain joskus.
You: Ask if it often rains in Finland in the summertime.
Finn: Kyllä, usein sataa ja on pilvistä.
You: Ask where the town of Eveleth is located.
Finn: Eveleth sijaitsee Minnesotassa, lähellä Duluthia.
You: Ask if Duluth is far from Hancock, Michigan
Finn: On. Hancockista on hyvin pitkä matka Minnesotaan, noin 600-700 kilometriä.
You: Ask what kind of winters Minnesota and Michigan have.
Finn: Minnesotassa ja Michiganissa on samanlainen ilma kuin Suomessa: kylmät talvet ja paljon lunta.
You: Ask if the summers are nice there.
Finn: Ovat. Minnesotan ja Michiginin kesät ovat todella kauniita.

Test 2 - Ordering a meal (Ch. 10)

You are taking a Finnish friend out to dinner to celebrate his/her birthday.

Waiter: Hyvää iltaa!
You: Greet the waiter. Ask for a table for two.

Waiter: Seuratkaa minua.
You: Ask for the menu.
Waiter: Tässä on ruokalista, olkaa hyvä.
You: Ask your friend if he/she would like an hors d'oeuvre.
Friend: Kyllä kiitos.
You: Ask your friend if he/she would like grav lax or goose liver.
Friend: Taidan ottaa graavilohta.
You: Order grav lax for both of you.
Waiter: Siis kaksi graavilohta.
You: Ask your friend if he/she would like wiener scnitzel.
Friend: Ei tänään. Otan häränpaistia.
You: Order one roast beef and one wiener schnitzel.
Waiter: Selvä.
You: Ask your friend if he/she would like something to drink.
Friend: Kyllä kiitos. Haluaisin lasin punaviiniä.
You: Say you'd like that too. Then order two red wines.
Waiter: Kiitos. Saako olla jälkiruokaa?
You: Say you will decide later.

If you are studying with a partner, take turns playing the parts.

Test 3 - Asking to borrow things (Ch. 11 & 19)

What would you say if you had very, very friendly neighbors.

1. You want to borrow skis and goggles.
2. Your suitcase is overflowing and you need another one.
3. Ask to borrow their bicycle this evening.
4. You have lost your umbrella and it is going to rain.
5. You are translating a letter and need a dictionary.
6. Your blouse is sopping wet and you are going out tonight.
7. You are getting company, but have run out of tea and coffee.
8. You don't have today's newspaper, but would like to read about sports and art.

Test 4 - Talking about things and liking things (Ch. 11, 12 & 14)

Translate the following sentences into Finnish:

1. We are now talking about *Kalevala*, the Finnish national epic.
2. They all like the book, beacause it tells about old myths.
3. Do you like the sauna?
4. Yes, I have heard a lot about the sauna and I like it very much.

5. In my opinion the sauna is a very Finnish tradition.
6. A few people don't care for the sauna, but almost everyone really likes it.

Test 5 - Discussing hobbies (Ch. 15 & 17)

Translate into Finnish the following discussion where people of various nationalities discuss their national pastimes.

1. The Finns go to the sauna very often.
2. Canadians like hockey; they watch hockey and they play hockey.
3. Americans have many hobbies; they are sports fans and really like baseball.
4. The Germans and the Italians play soccer.
5. Finns are traditionally into track and field.
6. Swedes and Norwegians have always been into skiing.
7. The French often have films as a hobby.
8. The Finns are good at Finnish baseball and are into choir music.

Test 6 - Interviews about work and studies (Ch. 14)

You have the opportunity to interview people at a shopping mall.

1. Ask what person A does for a living.
2. Ask what he/she has studied for that profession/job.
3. Ask if person B has studied many foreign languages.
4. Ask if the person really uses the foreign languages in his/her job.
5. Ask person C whether he/she rather wants to become a teacher or an engineer.
6. Ask if he/she is afraid that he/she will become unemplyed.

Test 7 - Discussing Finnish culture & history (Ch. 12 & 15)

Translate the following sentences into Finnish:

1. Finland was a part of Sweden for many hundreds of years.
2. The *Kalevala* was published twice in the 1800s.
3. The *Kalevala* was an important book for the Finns.
4. Finland's most famous painters were Akseli Gallen-Kallela and Eero Järnefelt.
5. The Savonlinna Opera Festival is very popular in the summer.
6. Finnish tourist guides often can speak Finnish, Swedish, English and German.
7. Opera and theater are quite popular in Finnish culture.

Test 8 - Wishful thinking; expressing what one wants and doesn't want (Ch. 17)

1. Express the idea "if only you had more time and money'.
2. Express the dream of sometimes going to France on vacation.

3. Ask a friend if he/she wants to go and see a good movie.
4. Ask if he/she wants to read Rosa Liksom's newest book.
5. Say you don't want to play tennis today or this week.
6. Say you would like to go skiing to Lapland.
7. Express the dream of some day meeting Aki Kaurismäki.
8. Express the dream that all people could be glad and healthy.

Test 9 - Hypothetical situations in life (Ch. 18 & 19).

1. Say where you would go if you could speak German and Russian.
2. State what condition or conditions need to apply for you to travel to Italy.
3. Say you would visit the sauna if the ski resort had one.
4. Say you would go dancing after skiing if you were not so tired.
5. Ask a friend what he/she would want to buy, if he/she won (=would win) a lot of money.
6. State the conditions under which you would read more books and study languages.
7. Say that you would would like to dance, if your friends would teach you to dance the tango (= *tango, -n, -a, -ja*).
8. Say that one should put cream on one's face. if one intends to godownhill skiing.
9. Say what you would do if you had a long vacation in the wintertime.

Test 10 - Reflections and Affirmations (Ch. 1-19)

Translate the following sentences into Finnish:

1. Many have asked me why I study Finnish.
2. If I tell the truth, I have often myself asked the same.
3. However, I have to say that it has been extremely fun to study Finnish.
4. My teacher has said: "In the Finnish language only the words and the grammar are a little difficult."
5. In my opinion my teacher was not at all wrong.
6. After every *Mastering Finnish* chapter, I celebrated (=*juhlia, juhlin*) by going to a restaurant to eat Chinese food.
7. I like Chinese food and now I want to know whether there is a *Mastering Finnish 2*.
8. It is said that there are 6,000,000 Finnish-speakers; now there are 6,000,001 of them.
9. Now when I have studied this much Finnish, I want to go to Finland, perhaps to a summer course.
10. It has been fun to study Finnish and in conclusion (=*lopuksi*) I want to say:

Congratulations ________________________________ (Write in your name)!

REFERENCE GRAMMAR

Table of contents:

General Grammatical Categories

The central categories which make up Finnish (or any language) are grammar, lexicon, and idioms. Of these **grammar** is subdivided into **phonology** or the study of sound structure, **morphology** or the study of forms, their inflection and conjugation, and **syntax** or the study of how words and morphemes (i.e., meaning-carrying units) combine into sentences. The **lexicon** is the material side of language: the words. **Idioms** in turn refer to linguistic expressions which are not directly explicable by grammar and lexicon.

Semantics is also an important dimension of language study: it is relevant in morphology and syntax as well as in the lexicon. The status and position of semantics in linguistic description is hotly debated, primarily because semantics is allegedly vague and inaccessible.

For English-speaking learners of Finnish as a foreign language, the morphology of Finnish traditionally presents the greatest challenge. The **nominals** have 15 morphological inflection classes, called **cases**. The **verb conjugation** produces no less than 128 distinct forms. If **negation** is described as a systematic operation on an underlying affirmative structure, that number of distinct forms is reduced by half. The verbs are conjugated for **grammatical person** and **number, tense, mood**, and **voice**. While the absolute number of morphological classes is relatively large, the considerable consistency and paucity of 'irregular' verbs, makes Finnish an eminently learnable language.

1. Phonology

The phonology of Finnish is characterized by the scarcity of **consonants** and **consonant clusters**. No clusters may occur in word final position, and of single consonants, only **l, n, r, t** and **s** may do so. There are 8 distinct **vowels** and more than a dozen **diphthongs**, i.e, sequences of two vowels which both belong to the same syllable. The wealth of vowels and paucity of consonants and clusters together tend to make Finnish 'singable' or sonoric.

1.1 Vowels

Phonologically Finnish is characterized by what is called **vowel harmony**. Vowels with similar articulation locations "harmonize" so that **front vowels** and **back vowels** do not co-exist within a word. The so-called indifferent vowels **e** and **i** may freely occur in combination with front or back vowels, while they, if alone in a word, normally are treated as front vowels. Schematized the vowel combinations are as follows:

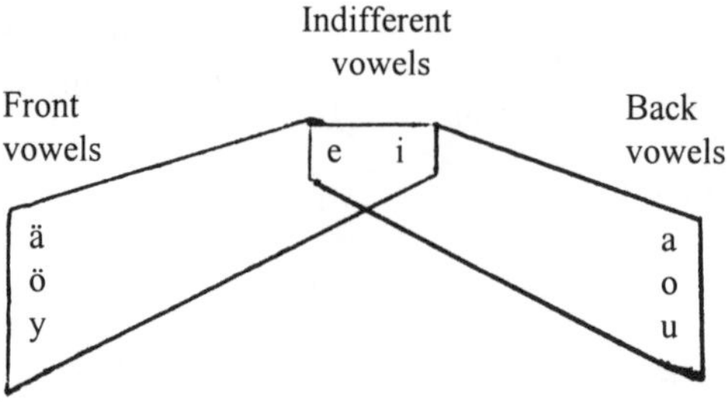

Thus *hyvä* 'good' could neither be, according to Finnish phonology, *hyva* nor *huvä*. Also, this means that all suffixes which are added to word stems must comply with vowel harmony: all structural morphemes containing an **a**, **o** or **u** have front vowel counterparts **ä**, **ö**, and **y**. This is evident in the double suffixes in

(1) **The case system**: partitive *-a, -ä; -ta, -tä,* adessive *-lla, -llä,* ablative *-lta, -ltä,* inessive *-ssa, -ssä,* elative *-sta, -stä,* essive *-na, -nä* and abessive *-tta, -ttä,*

(2) **The participles**: present participle active *-va, -vä,* and passive *-(t)tava, -(t)tävä* past participle active *-nut, -nyt,* past participle passive *-(t)tu, -(t)ty,*

(3) **Imperative suffixes**: *-koon, -köön; -kaamme, -käämme; -kaa, -kää; -koot, -kööt* and

(4) **Particles**: the interrogative particle *-ko, -kö*, pragmatic particles such as *-han, -hän; -pa, -pä,* and *-kaan, -kään.*

1.2 Diphthongs

Diphthongs, which are combinations of two vowels belonging to the same syllable, are a prominent feature of Finnish. They maintain the full quality of the participant vowels and have their internal emphasis on the first of the two vowels. Thus *poika* 'boy' is pronounced with the main emphasis on the vowel **o**. The 16 diphthongs in Finnish are the following:

(1) Seven, which end in **-i: ei** *leipä* 'bread', **ai** *paikka* 'place', **äi** *päivä* 'day', **ui** *uida* 'to swim', **yi** *syitä* 'reasons', **oi** *voi* 'butter', **öi** *öitä* 'nights';

(2) Four, which end in **-u: au** *sauna* 'sauna', **ou** *nousta* 'rise', **eu** *peukalo* 'thumb', **iu** *hiukset* 'hair(s)';

(3) Two, which end in **-y: äy** *täysi* 'full', **öy** *pöytä* 'table'; and

(4) The three diphthongs **ie** *viedä* 'to take away', **yö** *yö* 'night', **uo** *tuoda* 'to bring'.

1.3 Consonants

The Finnish consonant system is considerably simpler than that of most Indo-European languages. While the alphabet lists 28 letters, there are in fact only 21 (8 vowels and 13 consonants) in active use (except in recent loanwords). The consonants in 'authentic' Finnish (not including recent loanwords) are **d, g, h, j, k, l, m, n p, r, s, t, v.** Of these **d** occurs only as weak grade of **t** (*katu, kadun* 'street'), and **g** only after **n** forming a nasal sound **ng.** The consonant system in Finnish shuns clusters. In word initial and word final position no clusters are accepted, and in final position only the consonant **l, n, r, s, t** are allowed. In medial position clusters are typically reduced to clusters of only two different consonants, e.g. **-nt-** (*ranta* 'shore'), or **-rkk-** (*kirkko* 'church').

1.4 Long and short sounds

Finnish is quite different from the Indo-European languages in that Finnish systematically employs **sound quantity**, i.e., **long** versus **short vowels** and **long** versus **short consonants**. Virtually all long sounds are written with two identical letters: *ii, aa, yy, uu* and *ll, kk, pp, tt, rr, nn* etc. while short sounds are written correspondingly with only one letter: *i, a, y, u* and *l, k, p, t, r, n,* etc. As a pronunciation tip the rule of thumb is: Long sounds have a duration about three times the length of a corresponding short one: *tuuli* 'wind' vs *tuli* 'fire'. Because of the large number of 'real' diphthongs, Finnish long vowels are 'pure', i.e., resist gliding into diphthongs.

I.5 Consonant gradation

The unvoiced stops **k, p, t** are subject to systematic variation within Finnish paradigms, i.e., Finnish inflection patterns. This variation is called gradation. Gradation occurs in nominals as well as in verbs and pervades most inflection and conjugation types. Gradation is an integral part of the Finnish language. Consonant gradation is related to syllable structure in Finnish. Finnish words are divided into syllables so that maximally one consonant, if available, occurs in the beginning of the syllable. Thus the word forms *ajatella* 'think' and *ajattelen*, have the following syllables: *a-ja-tel-la* and *a-jat-te-len*. *Vaihtua* 'to change' and *tärkeä* 'important' have the syllable structure *vaih-tu-a* and *tär-ke-ä* respectively, because **ua** and **eä** do not form diphthongs although there is no consonant between the vowels.

Gradation is divided into **strong grade** and **weak grade** within a paradigm. Strong grade occurs in the beginning of open syllables (= syllables which end in a vowel), weak grade at beginning of closed syllables (= syllables ending in a consonant): *ka-**dun*** (weak grade) vs *ka-**tu*** (strong grade).

The **k, p, t** elements combine into several binary oppositions:

Strong	Weak	Strong	Weak	Strong	Weak
kk	**k**	**k**	**-**	**nk**	**ng**
pp	**p**	**p**	**v**	**mp**	**mm**
tt	**t**	**t**	**d**	**nt**	**nn**
				lt	**ll**
				rt	**rr**

Strong	Weak	Strong	Weak	Strong	Weak
ka**kk**u	ka**k**un	ar**k**a	aran	ke**nk**ä	ke**ng**än
la**pp**u	la**p**un	ta**p**a	ta**v**an	la**mp**aan	la**mm**as
ma**tt**o	ma**t**on	ka**t**u	ka**d**un	ra**nt**a	ra**nn**an
				ku**lt**a	ku**ll**an
				mu**rt**aa	mu**rr**an

While all examples above show strong grade to the left, the basic forms of verbs and nouns will have strong or weak grade depending on word type and the internal syllable structure of the words. The way to master gradation in Finnish is to learn it as part of the principal part pattern of nouns and verbs (see 'nominal sheet' and 'verb sheet' below).

Four cases which always have strong grade:

essive sg & pl	**illative sg & pl**	**partitive plural**	**genitive plural**	
kir**kk**ona	kir**kk**oon	kir**kk**oja	kir**kk**ojen	'church'
kau**pp**ana	kau**pp**aan	kau**pp**oja	kau**pp**ojen	'store'
poi**k**ana	poi**k**aan	poi**k**ia	poi**k**ien	'boy,; son'
ra**nt**ana	ra**nt**aan	ra**nt**oja	ra**nt**ojen	'shore'

II. MORPHOLOGY

Consonant gradation in Finnish affects morphology as well and is best learned as part of the inflection patterns of nominals and verbs. Of the Finnish parts of speech, nominals are inflected and verbs conjugated, while other parts of speech are generally not subject to morphological variation.

2. 1 The nominal and its inflection

The nominal inflection in Finnish concerns **nouns, adjectives, numerals** and **pronouns** which together make up the larger category of the **nominal**. Nominals are inflected in **number**, i.e., **singular** and **plural**, in **case, i.e., nominative, partitive, etc.** and in **comparative** and **superlative** in adjectives.

2. 1. 1 Singular and plural

Language often uses unmarked forms to signify basic categories. Thus **the singular** is identified as singular by virtue of not being marked **plural**. The singular thus does not employ any singular suffix. The plural in Finnish is expressed by a separate **suffix -t** in the nominative case: *talo* 'house' / *talot* 'houses'. In the other cases, the plural employs a marker **-i-** which is placed between the nominal stem and the case suffix, e.g. *nim-**i**-ä* 'names (plural partitive)' and *nim-**i**-ssä* 'in/among names (plural inessive)'.

The plural marker **-i-** is attached to the **singular stem** which is derived by detaching the suffix **-n** from the genitive singular form, e.g. *talo-n* > *talo-* + *-i-* > *taloi-*. In word forms where the plural **-i-** stands between two vowels, it becomes **-j-**, e.g. *talo-i-a* > *taloja.* This is a purely phonetic adaptation. The plural marker is therefore, depending on its phonetic environment, **-i-** / **-j-**. The final vowel in the stem is subject to change, e.g. a long vowel will shorten, **e-** and **ä-** will drop, **i-** will change into an **e-**, and **a-** will either drop or change into an **o-** under strictly controlled conditions. These stem adjustments are explained under 'The Nominal Sheet'.

When consonant gradation and stem vowel adjustment apply, some rather radical variations are possible in the Finnish nominal paradigm.

2. 1. 2 The case system

Finnish has 15 cases. They are easily organized into syntactic cases and semantic cases.

2. 1. 2. 1 Syntactic cases

Those cases whose primary job it is to mark sentence function without specific meanings associated are called syntactic cases: they are nominative, genitive, partitive and accusative.

a. The nominative singular serves as the basic dictionary enrty form of the nominal. It has no suffix, ie., it is unmarked. In the plural it has the suffix -t which is added simply to the stem of the word: *perhee-t* > *perheet.* The nominative often serves as the case of the subject and the predicate noun/adjective.

b. The genitive case is often only a syntactic case, although one of its most prominent functions, that of expressing possession, is clearly semantic. The **genitive singular** serves as the second principal part of the nominal. It has the suffix **-n** and yields the stem when **-n** is taken off: *perheen* > *perhee-*. **The genitive plural** is versatile. It is formed from the partitive plural, the fourth principal part. From this form one takes off the partitive ending (**-a, -ä, -ta, -tä**). If the partitive suffix is

1. **-a, -ä,** you add the suffix **-en** to form the genitive plural: *poikia* > *poiki+en* > *poikien, tyttöjä* > *tyttöj+en* > *tyttöjen.*

2. **-ta, -tä**, you add the suffix **-den** to form the genitive plural: *perheitä* > *perhei+den* > *perheiden, tärkeitä* > *tärkei+den* > *tärkeiden.* This category also sometimes uses the suffix **-tten**: *perheitten, tärkeitten.* This variant is, however, less frequent.

There is a third way to form the genitive plural in some word types. If the partitive singular, the third principal part, has the partitive suffix **-ta, -tä** preceded by a consonant, the word is said to have **a consonant stem**: *suomalaista > suomalais-, pientä > pien-, suurta > suur-* . The genitive plural can be formed from the consonant stem by adding the suffix **-ten**: *suomalais+ten > suomalaisten, pien+ten > pienten, suur+ten > suurten.* This formation, if available, is favored particularly in **e**-stems (Noun type 2) and **nen**-words (Noun type 17).

c. The partitive singular and plural make up principal parts III and IV respectively. Its suffix is **-a, -ä** or **-ta, -tä**: *poikaa / poikia, tyttöä / tyttöjä, perhettä / perheitä, maata / maita.* The partitive does not carry a meaning of its own. It is used under well defined circumstances in the subject, object and predicate noun/adjective. It has further uses after numerals and in greetings.

d. The accusative case is also quite versatile. In the plural accusative always looks like nominative plural, ie., it has the suffix **-t**: **pojat, tytöt**. In the singular, the accusative has two variants:

accusative I, which looks like genitive singular: *pojan, tytön* , and
accusative II, which looks like nominative singular: *poika, tyttö.*

The personal pronouns and the interrogative *kuka* have a distinct accusative form which is NOT like genitive or nominative: *minut, sinut, hänet, meidät, teidät, heidät, kenet*, but which do not distinguish between accusative I and II.

The accusative case is used rather exclusively as one of the object cases in Finnish (the other one is partitive). Some grammarians do not recognize accusative as a separate case.

2.1.2.2 Semantic cases

The other eleven (11) cases are called semantic cases (and the genitive has semantic uses as well). These cases are called semantic because they represent semantic relationships in sentences and serve mostly as various kinds of adverbials. Of these eleven (11) cases three are almost obsolete, but eight (8) of them are central to the Finnish case system: six (6) of them have largely locative functions, while two (2) are associated with role, function and capacity and their transformation.

a. External locative cases. The locative cases are divided into external and internal, depending on whether they refer to surface locations or space locations. The external locative cases answer questions and have suffixes as follows:

missä?	adessive	**-lla, -llä**:	*leveällä kadulla* 'on the wide street'
mistä?	ablative	**-lta, -ltä**:	*leveältä kadulta* 'from the wide street'
minne?	allative	**-lle**:	*leveälle kadulle* 'onto the wide street'

The suffixes in all three external locative cases are added directly to the stem as such. It is important to note that Finnish employs locative cases also for various figurative, abstract needs.

b. Internal locative cases. The internal locative cases differ from the external ones only insofar as they refer to locations which are three-dimensional spaces (rather than two-dimensional surfaces). The internal locative cases answer questions and have suffixes as follows:

missä?	inessive	**-ssa, -ssä**:	*pienessä talossa* 'in a small house'
mistä?	elative	**-sta, -stä**:	*pienestä talosta* 'from a small house'
minne?	illative	**-(V_1)Vn**:	*pieneen taloon* 'into a small house'
mihin?		**-(V_1)hV_1n**:	*maahan* 'into a country'

-seen (sg) *perheeseen* 'into a family'; **-siin** (pl) *perheisiin* 'into (the) families'

These suffixes are added to the stems and the grade is the same in singular and plural.

The illative case (and the essive, see below) always has strong grade!

c. Role cases: essive and translative. Essive and translative refer to states, roles and capacities something or someone is in or gets into.

The essive case, like illative, always has strong grade!

The essive case represents stationary state, while translative involves transformation of state:

essive	**-na, -nä**:	*nuorena naisena*	'as a young woman'
translative	**-ksi, -kse-**:	*sairaaksi mieheksi*	'(into) a sick man'

The **-kse-** is used when there is a possessive suffix added to the noun: *hänen ilokseen* 'to his/her joy'. Essive and translative are used also in time expressions: *tänä kesänä* 'this summer', *kolmeksi tunniksi* 'for three hours'.

d. All but obsolete cases. The remaining three cases are almost obsolete, but need to be recognized. Abessive, instructive and comitative are all but obsolete in modern Finnish. They remain only in idiomatic expressions, except abessive which has a systematic and productive use in the **third infinitive**: *Syömättä ei elä* 'Without eating one does not live (=survive)'. These three cases have the following suffixes and meanings:

THE CASES IN FINNISH WITH THEIR SUFFIXES IN SINGULAR AND PLURAL:

CASES:	***SG.***	***PL..***	***SING.***	***PLUR.***	***SING.***	***PLUR.***
1. Nominative:	**-ø**	**-t**	tyttö	tytöt	rakas	rakkaat
2. Genitive:	**-n**	**(i)-en**	tytön	tyttöjen	rakkaan	
		(i)-den				rakkaiden
		(i)-tten				rakkaitten
3. Accusative I	**-n**	**-t**	tytön	tytöt	rakkaan	rakkaat
Accusative II	**-ø**	**-t**	tyttö	tytöt		
					rakas	rakkaat
4. Partitive	**-a, -ä**	(i)=sing.	tyttöä	tyttöjä		
	-ta, -tä	(i)=sing.			rakasta	rakkaita
5. Adessive	**-lla, -llä**	(i)=sing.	tytöllä	tytöillä	rakkaalla	rakkailla
6. Ablative	**-lta, -ltä**	(i)=sing.	tytöltä	tytöiltä	rakkaalta	rakkailta
7. Allative	**-lle**	(i)=sing.	tytölle	tytöille	rakkaalle	rakkaille
8. Inessive	**-ssa, -ssä**	(i)=sing.	tytössä	tytöissä	rakkaassa	rakkaissa
9. Elative	**-sta, -stä**	(i)=sing.	tytöstä	tytöistä	rakkaasta	rakkaista
10. Illative	(V_1)-V_1**n**	(i)=sing.	tyttöön	tyttöihin		
	(V_1)-**h**V_1**n**	(i)=sing.	puuhun	puihin		
	-seen	**(i)-siin**			rakkaaseen	rakkaisiin
11. Essive	**-na, -nä**	(i)=sing.	tyttönä	tyttöinä	rakkaana	rakkaina
12. Translative	**-ksi**	(i)=sing.	tytöksi	tytöiksi	rakkaaksi	rakkaiksi
	(-kse-)	(i)=sing.	tytökseni	tytöikseni		
13. Abessive	**-tta, -ttä**	(i)=sing.	tytöttä	tytöittä	rakkaatta	rakkaitta
14. Instructive	**-n**	(i)=sing.	jalan*	jaloin*	rakkaan	rakkain
15. Comitative		**-ine-**		tyttöineni		rakkaine

**jalan* (<*jalka* 'foot') 'on foot', *jaloin* 'by feet' are used here because *tyttö* would be less natural.

Abessive -tta, -ttä: *pitemmittä puheitta* 'without further ado (lit. without longer speeches'); *syömättä* 'without eating'.
Instructive -n: *omin käsin* 'with one's own hands', *suurin piirtein* 'approximately' (Lit. with large strokes').
Comitative -ine-: *suurine perheineen* 'with their large family'.
The meaning of abessive is 'without', the meaning of instructive '(instrumental) with, by'. and the meaning of comitative is 'in the subordinate company of, with'.

2.1.3 Possessive suffixes

The Finnish possessive pronouns *minun, sinun, hänen, meidän, teidän, heidän* trigger so-called possessive suffixes onto the noun denoting the entity possessed:
*minun nime**ni*** 'my name', *sinun talossa**si*** 'in your house', *heidän kotii**nsa*** '(in)to their home'.

The full system is as follows:

minun	**-ni**	minun tyttärellä**ni** (on) 'my daughter (has)'
sinun	**-si**	sinun kotii**si** 'into your home'
hänen	**(V1)V1n**	hänen autolla**an** 'with his/her car'
	-nsa, -nsä	hänen poika**nsa** 'his/her son'
meidän	**-mme**	meidän iloks**emme** 'to/for our joy'
teidän	**-nne**	teidän vaatteissa**nne** 'in your clothes'
heidän	**(V1)V1n**	heidän kanssa**an** '(together) with them'
	-nsa, -nsä	heidän kirja**nsa** 'their books'

The possessive suffix is always added AFTER the case endings. If the case ends in **-n** (genitive, illative and instructive) or **-t** (nominative and accusative plural) the **-n** or **-t** drop before the possessive suffix: *meidän taloomme* 'to our house'.

The possessive suffix is never added directly to the nominative singular, but instead the stem is used. This is also the case in the genitive (and accusative I sg) and the nominative and accusative plural. In each of the three forms the stem is used. In addition, in all three forms the strong grade is inserted:

minun (poika): *poja+ni* (insert strong grade) *poika+ni > poikani*
minun (pojan): *poja+ni* (insert strong grade) *poika+ni > poikani*
minun (pojat): *poja+ni* (insert strong grade) *poika+ni > poikani*

The nominative singular, genitive singular and nominative plural all become identical when a possessive suffix is added!

The distribution between **vowel prolongation plus -n** and **-nsa, -nsä** in the possessive suffixes in the third person singular and plural possessive suffixes is straightforward: If vowel prolongation is possible, ie., if the case form ends in a prolongable vowel, eg. *taloss**a**+an*, it is used. The suffix **-nsa, -nsä** is thus used only when vowel prolongations is not possible, eg. *taloj**en**+?*. NB! vowel prolongation can never be used for nominative singular (cf above).

Hänen (keittiöön):	keittiöö**nsä**	Heidän (huoneet):	huonee**nsa**
Hänen (vanhemmat):	vanhemp**ansa**	Heidän (käsien) voima:	käsie**nsä** voima

The possessive suffixes are almost exclusively a feature of written standard Finnish, where in fact the possessive pronoun itself may be left out, but not the possessive suffix. In informal, non-formal speech the possessive suffix is a rarity. Therefore some characters in this book do not use possessive suffixes at all, such as the young Kari and Outi Laine and the Finnish Americans, Raymond and Marlene Mäki. The Finnish language is currrently clearly in a state of transition in its use vs non-use of possessive suffixes.

2.1.4 Principal parts and the stems

Since Finnish nominals are subject to extensive inflection, it is customary to focus on key forms called **principal parts.** They serve as keys to consonant gradation in the word, to stem vowel adjustments in the plural, and to the various stems used in the formation of additional forms.

The principal parts of nominals are				
Nominative sg	**Genitive sg**	**Partitive sg**	**Partitive pl**	
talo	talon	taloa	taloja	'house'
poika	pojan	poikaa	Poikia	'boy'
rakas	rakkaan	rakasta	rakkaita	'dear'

Two stems which are central to Finnish inflection are the **word stem** and the **plural stem** both of which are easily derived from the principal parts:

1. word stem: Take off the genitive suffix **-n** from the second principal part, i.e., genitive singular, and what remains is the word stem: *talo-(n)* > ***talo-***, *poja-n* > ***poja-***, *rakkaa-n* > ***rakkaa-***. This stem is used to form all other cases.

2. Plural stem: Take off the partitive suffix (**-a, -ä** or **-ta, -tä**) from the fourth principal part, i.e., partitive plural, and what remains is the plural stem: *taloj-a* > ***taloi-***, *poiki-a* > ***poiki-***, *rakkai-ta* > ***rakkai-***. This stem is used to form most plural case forms.

A third stem sometimes invoked is the so-called **consonant stem** which is derived from some word types. When the third principal part has as its partitive suffix **-ta, -tä** and immediately before the suffix is a consonant (**n, l, r, s, t**), the word has a consonant stem, which remains after one takes off the **-ta, -tä**: *pien-tä* > ***pien-*** and *mies-tä* > ***mies-***. (See below, type 2)

Generalizations about principal parts
Two important generalizations about the principal parts of both nominals and verbs are:
1. The 1st principal part shows either weak grade or strong grade depending on word type.
2. The first and second principal parts always reflect different grade manifestation, and whether the word indeed has gradation at all. When the first part has strong grade, the second has weak, and when the first part has weak grade, the second has strong grade.

2.1.5 The Nominal Sheet

Finnish nominals have very regular inflection patterns, but there are several distinct inflection types which, if recognized and 'seen through', can aid considerably in learning to master the morphology of the Finnish nominal. The following so-called **Nominal Sheet** is designed for this purpose.

THE NOMINAL SHEET I

NOM. SING.	GEN. SG	PART. SG.	PART. PL.	ENGLISH
I. *(Strong)*	*(Weak)*	*(Strong)*	*(Strong)*	
1. kirkk**o**	kirk**on**	kirkk**oa**	kirkk**oj**a	'church'
kat**u**	kad**un**	kat**ua**	kat**uj**a	'street'
tytt**ö**	tyt**ön**	tytt**öä**	tytt**öj**ä	'girl'
höyr**y**	höyr**yn**	höyr**yä**	höyr**yj**ä	'steam'
2. a. pien**i**	pien**en**	pien**tä**	pieniä	'small'
nuor**i**	nuor**en**	nuor**ta**	nuoria	'young'
laps**i**	laps**en**	las**ta**	lapsia	'child'
kiel**i**	kiel**en**	kiel**tä**	kieliä	'language'
b. nim**i**	nim**en**	nim**eä**	nimiä	'name'
c. uus**i**	uud**en**	uutta	uusia	'new'
läns**i**	länn**en**	länttä	länsiä	'west'
3. post**i**	post**in**	postia	post**ej**a	'mail'
lääkär**i**	lääkär**in**	lääkäriä	lääkär**ei**tä	'physician'
4. hyv**ä**	hyv**än**	hyv**ää**	hyviä	'good'
tärke**ä**	tärke**än**	tärke**ä**(t)ä	tärkeitä	important'
5.a **koira**	koir**an**	koir**aa**	koiria	'dog'
tupa	tuv**an**	tup**aa**	tupia	'cabin'
5.b. **kala**	kal**an**	kal**aa**	kal**o**ja	'fish'
kirja	kirj**an**	kirj**aa**	kirj**o**ja	'book'
5.c. mukav**a**	mukav**an**	mukav**aa**	mukavia	'nice'
opettaj**a**	opettaj**an**	opettaj**aa**	opettajia	'teacher'
5.d. luk**ija**	lukij**an**	lukij**aa**	luk**ijoita**	'reader'
ravinto**la**	ravintol**an**	ravintol**aa**	ravinto**loita**	restaurant'
kapa**kka**	kapak**an**	kapakk**aa**	kapa**koita**	'saloon'
6. m**aa**	m**aan**	m**aata**	m**ai**ta	'land'
vap**aa**	vap**aan**	vap**aata**	vap**ai**ta	'free'
v**oi**	v**oin**	v**oi**ta	v**oi**ta	'butter'
7. **työ**	**työ**n	**työ**tä	**töi**tä	'work'
tie	**tie**n	**tie**tä	**tei**tä	'road'
suo	**suo**n	**suo**ta	**soi**ta	'swamp'

General comments on the nominal sheet:

Types 1-7 all end in vowels, while 9-15 end in consonants, Type 8 **-e** used to end in either ***-h** or ***-k,** a fact which is still evident in the pronunciation - there is still some consonant element extant - and in the inflection pattern, which makes the type more understandable. Type 8, therefore, is here treated as if it still ended in a consonant.

Please note that the gradation patterns, to the extent gradation occurs, in types 1-7 **is strong, weak, strong, strong grade,** while in 8-15 it is **weak, strong, weak, strong grade.** One of the most powerful generalizations one can make of this is: The first and the second principal part always have opposing grades provided gradation applies!

THE NOMINAL SHEET II

NOM. SING.	GEN. SG	PART. SG.	PART. PL.	ENGLISH
II. ***(weak)***	***(strong)***	***(weak)***	***(strong)***	***English***
8. tarve	tarpeen	tarvetta	tarpeita	'need'
9. rikas	rikkaan	rikasta	rikkaita	'rich'
10. kaunis	kauniin	kaunista	kauniita	'beautiful'
11. vanhuus	vanhuuden	vanhuutta	vanhuuksia	'old age'
12. kysymys	kysymyksen	kysymystä	kysymyksiä	'question'
13. puhelin	puhelimen	puhelinta	puhelimia	telephone'
14. lämmin	lämpimän	lämmintä	lämpimiä	'warm'
15. ahven	ahvenen	ahventa	ahvenia	'perch', n.
16. olut	oluen	olutta	oluita	'beer'
17. nainen	naisen	naista	naisia	'woman'

SPECIAL DERIVATIVES:

18. vanhempi	vanhemman	vanhempaa	vanhempia	'older'
19. halvin	halvimman	halvinta	halvimpia	'cheapest'
20. kolmas	kolmannen	kolmatta	kolmansia	'third'
21. rahaton	rahattoman	rahatonta	rahattomia	'penniless'
22. väsynyt	väsyneen	väsynyttä	väsyneitä	'tired'

SPECIFIC COMMENTS ON THE NOMINAL TYPES:

Type 1: *katto, katon, kattoa, kattoja* 'roof'; *katu, kadun, katua, katuja* 'street'
These words end in the labial vowels **-o, -ö, -u, -y** which all resist change and assimilation. They are characterized by the fact that suffixes are simply added after the stem vowel: *talo, talo-n, talo-a, talo-j-a*. Type one is the most basic inflection type.

Type 2: *suuri, suuren, suurta, suuria* 'large'; *uusi, uuden, uutta, uusia* 'new'
In the nominative case, type 2 ends in -i (as does type 3). This **-i** is, however, replaced by an **-e** in the genitive. The stem will always end in **-e** in this type which therefore is called **e-stems**. The -e-stems also may have exceptional partitive singular forms: If the last syllable in the genitive form begins with **-l, -n, -r, -s,** or **-d,** the -e in the stem drops altogether before the partitive suffix **-ta** or **-tä**. The stem found before the partitive suffix in those cases is called **the consonant stem**. The consonant stem, which occurs in only a few types, is relevant also for the formation of genitive plural. In the plural of type 2, the stem -e- drops before the plural marker **-i-**: *pieni kivi, pienen kiven, pientä kiveä, pieniä kiviä* 'small stone' or 'rock'.

Those e-stems which have a variation between **-s-, -d-** and **-t-** illustrate an important sound change which has affected the Finnish language. At one time, a **t** or **d** which occurred immediately before an **i,** changed into an **s**, i.e., ***ti** > **si**, a process which is assumed to have happened gradually over a long time span. The **t / d** remained, of course, if the following vowel was not an **i**. Thus **vesi** and **uusi** have historically been **veti* and **uuti*, which explains the presence in the same paradigm of **s, d** and **t. Länsi** is an example of the same phenomenon, but with **nt / nn** gradation pattern.

Type two words represent very old and humanly central vocabulary: *nimi* 'name', *suuri* 'large', *järvi* 'lake'.

Type 3: *kiltti, kiltin, kilttiä, kilttejä* 'nice, good, decent'
Type 3 also ends in -i in the nominative, but unlike type 2 the -i- remains throughout the singular inflection and the type is called **-i-stems**. The fate of type 3 in the plural is different: the stem **-i-** is exchanged for an **-e-** before the plural **-i (-j-)**: *siisti- + -i- + ä > siiste- + -i- + -ä > siiste- + -j- + ä >> siistejä.*
Examples: *siisti leikki, siistin leikin, siistiä leikkiä, siistejä leikkejä.* 'decent play'.

Type 3 represents more recent, always borrowed, vocabulary in Finnish. In fact, the way to incorporate into the Finnish language foreign nominals ending in a consonant is to add a vowel **-i-** in order to provide the word with a stem vowel which then can receive other cases' suffixes. In foreign names, such as Washington and Montreal, an **-i-** is added, not to the nominative (basic) form, but to the genitive subsequently making them -i-stems: *Washington, Washintonin, Washingtonia, Montreal, Montrealin, Montrealissa.*

Type 4: *hyvä, hyvän, hyvää, hyviä* 'good'
This type is recognized by the fact it ends in **-ä.** This **-ä** typically drops before the plural **-i-** : *hyvä + i + ä >> hyv +i + ä > hyviä.* For exceptions, see type 5 below!

Type 5: *tupa, tuvan, tupaa, tupia* 'cabin'; *kala, kalan, kalaa, kaloja* 'fish'
The words which in the basic form end in a short **-a** go one of two ways in plural. The **-a** of the stem, *koira-* or *kala-* **either drops** *koir+i+a > koiria*, **or changes into an -o**, *kalo+j+a > kaloja.*

The rule defining this distribution is called The Dog & Cabin Rule or, in Finnish, the Koira & Tupa -rule, which states:

THE DOG & CABIN RULE

Finnish bisyllabic words (words with two syllable stems) which end in short **-a**, will drop the **-a** of the stem if the first vowel in the word is **o** (like in *koira / koiria)* or **u** (like in *tupa / tupia)*. If the first vowel is any other (**a, e** or **i**) the **-a** of the stem will change into an **-o** *(kala / kaloja, kerta / kertoja* 'time', *kirja / kirjoja* 'book').

In longer words, words of three syllables or more, the **-a** in the stem normally drops: *mukava / mukavia* 'comfortable, nice'. However, in exception to this, the **-a** and **-ä** will not drop, but change into **-o** or **-ö** in words ending in distinct derivative suffixes. These include at least: **-la, -lä; -ija, -ijä; -kka, -kkä** Examples: *käymälä / käymälöitä* 'toilet', *opiskelija / opiskelijoita* 'student', *kapakka / kapakoita* 'bar, saloon'. (Cf type 6.)

Type 6: *maa, maan, maata, maita* 'country, land', *voi, voin, voita, voita* 'butter'
Words ending in **a long vowel** or in **a diphthong** (*other than* ***uo, yö, ie)*** in nominative will have

it shortened or reduced before the plural marker **-i-** by dropping the second vowel. This is in compliance with the very strong principle in Finnish inflection not to generate strings of three vowels in a row or combinations of long and short vowels in one string: *vapaa / vapaita* 'free', *puu / puita*. 'tree, wood'. Strings of three vowels occur only accidentally: *hauis* 'biceps'.

Type 7: *työ, työn, työtä, töitä* 'work, job'
Historically, the words of type 7 (**uo, yö ie**) belonged under type 6: they ended in long vowels ***-oo, *-öö**, ***-ee**. Sound changes in the history of the Finnish language have systematically resulted in the following three diphthongations: ***oo > uo, *öö > yö, *ee > ie**. In light of this development, the plural forms of *soita* of *suo* (<**soo*) 'marsh', *töitä* of *työ* (<**töö*), and *teitä* of *tie* (<**tee*) 'road' are actually regular. In modern Finnish, however, the diphthong **uo, yö,** and **ie** are said to drop their first vowel before plural **-i-**: *suo+i+ta > soita , työ+i+tä > töitä,* and *tie+i+tä > teitä.*

Type 8: *tarve, tarpeen, tarvetta, tarpeita* 'need'
Like types 9-15, Type 8 displays **weak grade in the nominative singular**. In 9-15 this is what one would expect since the word final consonant closes the last syllable: *rakas, puhelin.* In type 8, **the final -e type**, however, weak grade is regular only in historicallight. This type systematically ended in ***-h** or ***-k** and thus has weak grade in the nominative singular: *tarve* (<**tarveh*). The genitive form tarpeen has **long e (=ee)** because the genitive form was **tarpehen,* from which the **h** later dropped, leaving *tarpeen*. The partitive singular has double **tt** in *tarvetta* because the older form **tarvehta* assimilated **ht** into **tt**. The presence in history of **h** or **k** satisfactorily explains the gradation pattern, (1) the **ee** in genitive, and(2) the **tt** in partitive singular. The word *tarve* is used to represent this type, although it is a Germanic loan in Finnish, which, however, adapted to this type.

Type 9: *rikas, rikkaan, rikasta, rikkaita* 'rich'
This type ends in **-as** or **-äs** and is characterized by the long **aa** or **ää** in the genitive singular stem (a result of a dropped **h** between these vowels, cf dialectal *rikkahan*). The partitive singular is formed by simply adding **-ta** or **-tä** to the basic (nominative) form: *älykäs+tä > älykästä*. This is the norm in nominals ending in consonants (except in Type 11: *vanhuus* and Type 15: *nainen*).

Type 10: *kaunis, kauniin, kaunista, kauniita* 'beautiful'
This type largely resembles type 9 and is separated only because in this type the plural stem merges with the singular stem, if the basic form ends in **-is**: *kaunii- + i + ta > kauni- + i +ta >* ***kaunii-ta.*** Cf the singular word stem ***kaunii-n***. Other words of Type 10 are: *altis, alttiin* 'prone', *allas, altaan* 'basin', 'pool'

Type 11: *vanhuus, vanhuuden, vanhuutta, vanhuuksia* 'old age', 'oldness'
Type 11, made up of so-called "property nouns", ends in **-uus, -yys**, or **other vowel + -us** or **-ys** (*terveys* 'health', *heikkous* 'weakness'). The word final **-s** in *vanhuus* has historically been a **-t** which explains why the other singular principal parts have **d / t**: *vanhuuden / vanhuutta*. This type is characteristically derived from adjectives and represents the name of the property the adjective conveys, much like the suffixes **-th, -ness** or **-ity** in English: *width = leveys, darkness = pimeys, possibility = mahdollisuus*. Many of these 'property names' are so infrequent in plural that the type has borrowed its plural stem from Type 12(below): *vanhuuksia* 'old ages', *pimeyksiä* 'darknesses'.

One way to see the distinctness of this type is to look for its underlying adjective: *vaikeus* 'difficulty' < *vaikea, nuoruus* 'youth' < *nuori, mahdottomuus* 'impossibility' < *mahdoton.*

Type 12: *kysymys, kysymyksen, kysymystä, kysymyksiä* 'question'
In Type 12 the word final **-s** was historically **-ks**. But Finnish does not accept consonant clusters at the end of words and since clusters, when reduced, are always reduced so that the last consonant remains, the nominative in modern Finnish ends in **-s** alone: *kysymys* <**kysymyks.* This **ks** element surfaces in all positions where clusters of two consonants are allowed, i.e., between two vowels: *kysymykse-n* and *kysymyksi-ä*, while also becoming reduced in *kysymystä* because **kysymykstä* would have three consonants in a row, which generally is not allowed. While Type 12 is strongly associated with **-us, -ys**, it is true that it may also end in **-as, -äs, -es, -is, -os, -ös**. Other words of this type include: *vastaus, vastauksen* 'answer', *julkkis, julkkiksen* 'public figure'.

Type 13: *puhelin, puhelimen, puhelinta, puhelimia* 'telephone'
This type reveals that in the history of the Finnish language a word final **-n** was sometimes ***-m.** The change ***-m** > **-n** occurred only in syllable final position, not between vowels. The genitive form *puhelimen* also reveals that Finnish inserts a 'neutral' vowel **-e-** when no stem vowel pre-exists: **puhelim + e + n**. This is so because the genitive suffix **-n** cannot be added to a consonant stem. Note also that the third principal part has an **n** before the suffix **-ta**. Other words of this type are *avain, avaimen* 'key', *sydän, sydämen* 'heart', *kirjoitin, kirjoittimen* 'printer'.

Type 14: *lämmin, lämpimän, lämmintä, lämpimiä* 'warm'
This type is small and differs from type 13 only insofar as the stem vowel in the singular is **-a-** or **-ä-**, not **-e-**. Some words vascillate in their paradigms between type 13 and type 14, e.g. *hapan, happaman / happamen* 'sour'. The plural inflections of types 13 and 14 show no difference as both **stem -e** and **stem -a / -ä** will drop before the plural marker **-i-**: *happama + i + a > happamia, puhelime + i + a > puhelimia.*

Type 15: *ahven, ahvenen, ahventa, ahvenia* 'perch'
Type 15 shows that the word final **-n** is sometimes the original consonant, and this fact is the only mark distinguishing this type from type 14.

Type 16: *olut, oluen, olutta, oluita* 'beer'
Type 16 ends in **-ut** or **-yt** and drops the weak grade of **-t (=d)** in the genitive stem: **olu-d-e-n > oluen*. Please note that the **stem vowel -e-** represents the same kind of 'neutral vowel' insertion as in many other types. Other words of this type are *lyhyt, lyhyen* 'short', *kevyt, kevyen* 'light (weight)', *ohut, ohuen* 'thin'.

Type 17: *nainen, naisen, naista, naisia* 'woman'
The **-nen** nominal type is perhaps the most frequent word type in Finnish and is therefore worthy of special attention. The change fron *nainen* in nominative to *naisen* in genitive is somewhat strange, but beyond that the **-nen** type is most regular: the singular stem ends in -se-, the plural stem in -si-. The **-nen** words have a prominent consonant stem: ***nais**-ta, **suomalais**-ta.* A large number of word derivative endings end in **-nen: -inen, -lainen, -läinen, -llinen**. Some words of this type are *keltainen / keltaisen* 'yellow', *millainen / millaisen* 'of what kind', *egyptiläinen / egyptiläisen* 'Egyptian', *mahdollinen / mahdollisen* 'posssible'.

Type 18: *vanhempi, vanhemman, vanhempaa, vanhempia* 'older'
Type 18 is the **comparative form** (cf English **-er**) of any adjective. It is actually only the comparative ending **-mpi** which is being inflected **-mpi, -mman, -mpaa, -mpia**. The shift in the vowel from **-i** in the nominative to **-a-** or **-ä-** in the stem has historical reasons (the final vowel in the nominative singular changed from **-a, -ä** to **-i**). Other words of Type 18 include *lämpimämpi, lämpimämmän* 'warmer', *kuumempi, kuumemman* 'hotter'. Note that the pronominal words *kumpi, kumman* 'which one (of two)', *kumpikin, kummankin* 'each (=both)', and *jompikumpi, jommankumman* 'either one' belong to this type as well.

Type 19: *suurin, suurimman, suurinta, suurimpia* 'biggest, largest, greatest'
Suurin represents the **superlatives** (cf English **-est**) of all adjectives: **-in, -imman, -inta, -impia.** Please note that in many inflected forms the only feature separating superlative from comparative is the vowel **-i-** before the m element: *suuremmassa talossa* 'in the larger house' vs *suurimmassa talossa* 'in the largest house'. The changes in the stem vowel when the superlative is formed by adding **-in** are similar to the changes caused by plural **-i-** : the vowels **-e-, -a-** and **–ä- drop** (*pieni- + in > pienin* 'smallest', *vanha- + in > vanhin* 'oldest', *köyhä- + in > köyhin* 'poorest'), **-i- > -e-** (*kilti- + in > kiltein* 'nicest'), **long vowel shortens** (*rakkaa- + in > rakkain*) and in the *kaunis* type both vowel shortening and i>e apply: *kaunii + in > kauni +in > kaune +in > kaunein.* Other superlatives: *lämpimin, lämpimimmän* 'warmest', *rakkain, rakkaimman* 'dearest, most precious'.

Type 20: *kolmas, kolmannen, kolmatta, kolmansia* 'third'
The ordinal numbers have distinct suffixes (as in English **-th**, e.g. *fourth*) and inflect systematically the same way: **-s, -nnen, -tta, -nsia**. It is noteworthy that the first three ordinals are exceptional both in English and Finnish: Engl. *first* pro **oneth = ensimmäinen* pro *yhdes second* pro **twoth = toinen* pro *kahdes, third* pro **threeth = kolmas* pro *kolmes*. Both *ensimmäinen* and *toinen* represent the *nainen* type, Type 17.

While there are historically viable explanations for the seemingly arbitrary differences between the principal parts of the ordinals, they may not help in the learning of this type. Simple memorization of the the type will yield potentially millions of correct applications: *neljäs, neljännen* 'fourth' ... *yhdeksäskymmenes seitsemäs* '97th' ... *kahdestoistatuhannes viidessadas* '12,500th' etc. It may be comforting to know that Finnish orthography stipulates that ordinal numbers, if larger than 20th, be written simply using cardinal digits followed by a period: *37. kerros* '37th floor' and *125. hiihtäjä* 'the 125th skier' etc.

Type 21: *rahaton, rahattoman, rahatonta, rahattomia* 'penniless, moneyless'
These are systematically derived, so-called **caritive adjectives**, which means 'lack of' or 'not having' what the stem denotes: *rahaton* 'moneyless, penniless'. Once again it is a matter of the derivative suffix **-ton** displaying an inflection pattern of its own: **-ton, -ttoman, -tonta, -ttomia.** When the ultimate root is a verb there will systematically be a **-ma** or **-mä** before the **-ton**, i.e., **-maton, -mätön**. Some examples are *asumaton* 'uninhabited' (cf *asua* 'live, inhabit'), *kirjoittamaton* 'unwritten' (cf. *kirjoittaa* 'write').

Type 22: *väsynyt, väsyneen, väsynyttä, väsyneitä* 'tired'
Type 22 is the **past participle active** of the verb paradigms, and will also systematically inflect the participle suffix **-nut, -nyt (-lut, -lyt, -sut, -syt, -rut, -ryt)**: **-nut, -neen, -nutta, -neita**. It is notable that these past participles often serve as adjectives *kiinnostunut, kiinnostuneen, kiinnostunutta, kiinnostuneita* 'interested'; *hukkunut lompakko, hukkuneen lompakon, hukkunutta*

lompakkoa, hukkuneita lompakoita. 'wallet that disappeared or has been lost'. Sometimes they are used as nouns: *ajatellut, ajatelleen, ajatellutta, ajatelleita* 'one who has thought'; *juossut, juosseen, juossutta, juosseita* 'one who has run'.

2.1.6 Adjectives

Adjectives belong to the nominal group because they are subject to the same inflection as nouns. Adjectives have two properties, though, which set them apart from nouns: (1) they agree with nouns, and (2) can apply by degree, i.e., take comparative and superlative forms.

2.1.6.1 Agreement between adjective and noun

Finnish adjectives which modify nouns, e.g., *pieni talo* 'small house', are inflected for the same case and number as the head noun: *pienessä talossa, pieneksi taloksi.* This phenomenon is called **agreement** and is one of the most prominent characteristics of Finnish. There are only very few adjectives which do not take any case endings at all and subsequently don't agree with their head nouns: *eri* 'different', *ensi* 'next', *viime* 'last, previous', *joka* 'every' and *pikku* 'small, little'.

Examples of regular agreement:
suuri työ, suuren työn, suurta työtä, suuria töitä 'great work, big job'
rakas lapsi, rakkaan lapsen, rakasta lasta, rakkaita lapsia 'dear, precious child'

Examples of lack of agreement:
eri päivinä 'on different days', *viime viikolla* 'last week', *ensi kuussa* 'next month', etc.

2.1.6.2 Comparative and superlative

The comparative and **superlative forms** of adjectives are listed as distinct derivational word types (types 18 and 19 above) of their own.

The comparative. The comparative suffix is **-mpi**, which is added to the stem of the adjective. If a 2-syllable stem ends in a short **-a** or **-ä** it will change into **-e:**

suuri, suure-mpi 'bigger, greater'	but:	*vanha, vanhe-mpi* 'older'
mukava, mukava-mpi 'more convenient'		*köyhä, köyhe-mpi* 'poorer'
rikas, rikkaa-mpi 'richer'		

The superlative. The suffix in the superlative is **-in** which is added to the stem of the adjective. The stem vowel is subject to the following changes:

(1) -e, -a, -ä drop: *suure+in > suurin* 'largest'; *vanha+in > vanhin* 'oldest', *köyhä+in > köyhin* 'poorest'

(2) -i changes into an -e-: *kilti+in > kiltein* 'nicest'

(3) long vowel shortens: *rikkaa+in > rikkain* 'richest'. If the shortened vowel is *-i* it will also change into an **-e-** as in (2) above: *kaunii+in > kauni+in > kaunein* 'most beautiful'.

Some exceptional comparatives and superlatives in Finnish:

hyvä, parempi, paras 'good, better, best'
pitkä pitempi, pisin 'long, longer, longest / tall, taller, tallest'
lyhyt, lyhempi or *lyhyempi, lyhin* or *lyhyin* 'short, shorter, shortest'

NB! Unlike English which frequently uses **more + adjective** (*more beautiful)* and **most + adjective** (*most comfortable)* to form comparative and superlative, Finnish always forms these categories using the suffixes ***-mpi*** and ***-in*** regardless of how long or complex the adjective may be.

2.1.7 Pronouns

a. The personal pronouns referring to grammatical persons are:

minä, minun, minua (acc. *minut*) 'I, my (mine), me'
sinä, sinun, sinua (acc. *sinut*) 'you, your (yours), you'
hän, hänen, häntä (acc. *hänet*) 'he, his, him,/ she, her (hers), her'
me, meidän, meitä (acc. *meidät*) 'we, our (ours), us'
te, teidän, teitä (acc. *teidät*) 'you, your (yours), you'
he, heidän, heitä (acc. *heidät*) 'they, their (theirs), them'

Please note that the interrogative pronoun *kuka* also has a distinct accusative form: *kuka, kenen,* (acc. *kenet*), *ketä, (ketkä* nom. or acc. pl.) *keitä* 'who?'
Se 'it' is also listed as a personal pronoun and has a full principal part pattern:

se, sen, sitä, (nom. pl. *ne*), *niitä* 'it, its, it; they, their, them'

b. The demonstrative pronouns, used to emphasize referents, are
tämä, tämän, tätä, (nom. pl. *nämä*) *näitä* 'this; these'
tuo, tuon, tuota, (nom. pl. *nuo*), *noita* 'that; those (over there)'
se, sen sitä, (nom. pl. *ne*) *niitä* 'that; those (referred to in text)'

Related locative adverbs are:

täällä 'here', 'in this place'
tuolla '(over) there', 'in that place (over there)'
siellä 'there (as referred to textually)'

c. Indefinite pronouns, sometimes referred to as indefinite adjectives:
joku, jonkun, jotakuta, joitakuita 'someone, somebody (animate reference)'
jokin, jonkin, jotakin, joitakin 'some, something (inanimate reference)'
jokainen, jokaisen, jokaista, (jokaisia) 'each', every'
kaikki, kaiken, kaikkea 'everything', all (singular)
kaikki (=nom. plural), *kaikkia* 'all' (plural), 'everybody' (plural meaning in Finnish)

Examples:

Kaikki ruoka (singular) 'all (the) food', but
kaikki ihmiset (plural) 'all (the) people'.

d. Interrogative pronouns are e.g.,
mikä, minkä, mitä, mitä 'what, which'
kuka, kenen, (acc. *kenet), ketä, keitä* 'who'
kumpi, kumman, kumpaa, kumpia 'which one (of two)'
millainen, millaisen, millaista, millaisia 'like what', 'of what kind'
minkälainen, minkälaisen, minkälaista, minkälaisia 'like what', of what kind'

Please note that *millainen* and *minkälainen* are fully interchangeable in Finnish

Interrogative adverbs related to these are e.g.: *missä* 'where', *mistä* 'from where, whence', *mihin* or *minne* 'where to, whither', *milloin* 'when', *miksi* 'why', *miten* or *kuinka* 'how'. One can say that the Finnish equivalent to English interrogative element **WH-** is **MI-** (and **KU-**).

e. Relative pronouns are only

joka, jonka (stem *jo-*), *jota, joita* 'who, which, that,'
mikä, minkä (stem *mi-*), *mitä, mitä* 'which (in reference to sentence)'

2.1.8 The numerals

a. The cardinal numbers, i.e., those which convey 'how many', in Finnish are

yksi, yhden, yhtä, yksiä 'one'
kaksi, kahden, kahta, kaksia 'two'
kolme, kolmen, kolmea, kolmia, 'three'
neljä, neljän, neljää, neljiä 'four'
viisi, viiden, viittä, viisiä 'five'
kuusi, kuuden, kuutta, kuusia 'six'
seitsemän, seitsemän, seitsemää, seitsemiä 'seven'
kahdeksan, kahdeksan, kahdeksaa, kahdeksia 'eight'
yhdeksän, yhdeksän, yhdeksää, yhdeksiä 'nine'
kymmenen, kymmenen, kymmentä, kymmeniä 'ten'
yksitoista, yhdentoista, yhtätoista, yksiätoista 'eleven'
...
kaksikymmentä, kahdenkymmenen, kahtakymmentä, kaksiakymmeniä 'twenty'
kaksikymmentäyksi, kahdenkymmenenyhden, kahtakymmentäyhtä,
kaksiakymmeniäyksiä 'twenty one'
sata, sadan, sataa, satoja 'hundred'
tuhat, tuhannen, tuhatta, tuhansia 'thousand'
miljoona, miljoonan, miljoonaa, miljoonia 'million'
miljardi, miljardin, miljardia, miljardeja 'billion'

Four notable particulars. The cardinal numerals have four notable peculiar properties:

(i) The noun following them remains in the singular: *kolmen naisen, kahdessa kaupungissa*, not plural as in English. The explanation frequently offered is that the (natural) plurality is inherent in the numeral and need not, therefore, be expressed with a (grammatical) suffix as well.

(ii) The numerals have no accusative form (-n), but use nominative even in object position. *Siellä oli kirjoja. Ostin heti kaksi.* 'There were books there. I immediately bought two.'

(iii) The noun following the numeral is in the partitive singular when the numeral is uninflected (in the nominative sg): *Viisi amerikkalaista asuu Suomessa* 'Five Americans live in Finland'. *Ostin kaksi kirjaa* 'I bought two books'.

(iv) The verb is in 3rd person singular if there is a numeral in the subject phrase: *Kolme opiskelijaa lukee ääneen.* 'Three students read aloud'.

b. Ordinal numbers are derived from cardinals by adding the suffix **-s** to the stem: *neljä- + s > neljäs, seitsemä- + s > seitsemäs*. Ordinal numerals constitute inflection Type 20: *neljäs, neljännen, neljättä, neljänsiä* 'fourth'.

2.2 THE VERB AND ITS CONJUGATION

Verb conjugation, due particularly to the abundance of irregular verbs, is a great challenge in many languages, including English as a second language. Finnish verbs, however, are virtually all regular!

2.2.1 THE BASIC INFINITIVE

The basic form or dictionary entry form of the verb is called **the infinitive**. The infinitive has clearly identifiable suffixes. The infinitive marker is basically **-a, -ä,** and **-da, -dä**. All others are assimilations of these. The infinitives fall into three major categories based on how they end:

1. (any vowel) + -a, -ä: *kerto/a* 'tell', *puhu/a* 'speak', *anta/a* 'give, *tietä/ä* 'know'.

2. -da, -dä: *saa/da* 'get', *näh/dä* 'see'; **(n)-na, (n)-nä**: *men/nä* 'go'; **(l)-la, (l)-lä**: *ol/la* 'be', *tul/la* 'come'; **(r)-ra, (r)-rä**: *surra* 'mourn'; **(s)-ta, (s)-tä**: *nous/ta* 'rise', *pääs/tä* 'get to go'.

3. (any vowel + t) + -a, -ä: *halut/a* 'want', *kadot/a* 'disappear', *tarvit/a* 'need', *vanhet/a* 'grow old'.

The stem before the infinitive marker is called **the infinitive stem**. It is used to form the past participle active by adding **-nut, -nyt**: *kerto/nut* 'told', *men/nyt* 'gone'. The same assimilations occur as were evident in the infinive markers: *ol/lut* 'been', *sur/rut* 'mourned', *nous/sut* 'risen'.

Verb conjugation involves primarily conjugation for **person, tense, mood** and **voice**.

2.2.2 PERSON CONJUGATION

The six grammatical persons are actually only three: three in the singular and three in the plural. The grammatical persons pertain to the speech situation: The 1st person equals the speaker **minä** 'I' (sg.) or speakers **me** 'we' (pl.), the 2nd person refers to the addressee **sinä** 'you' (sg.) or addressees **te** 'you' (pl.), and the 3rd person is made up of those spoken about **hän** 'he/she', **se**, 'it' (sg.), **he** or **ne** 'they' (pl.). When serving as subjects, the personal pronouns control the verb suffixes:

Singular			**Plural**		
1. *minä*		*-n*	*1. me*	*-mme*	
2. *sinä*		*-t*	*2. te*	*-tte*	
3. *hän/se*		vowel lengthening	3. *he/ne*	*-vat, -vät*	
1. *minä*	*puhun*	'I speak'	1. *me*	*puhumme*	'we speak'
2. *sinä*	*puhut*	'you speak'	2. *te*	*puhutte*	'you speak'
3. *hän*	*puhuu*	'he/she speaks'	3. *he*	*puhuvat*	'they speak'

The person conjugation paradigm given above reflects only the written norm of modern Finnish. Speech has evolved somewhat differently from this and the speech patterns have only recently begun to gain full acceptance. The paradigms in natural speech of the Finnish verbs *puhua* 'speak' and *antaa* 'give' are as follows:

mä puhun	*me puhutaan*	*mä annan*	*me annetaan*
sä puhut	*te puhutte*	*sä annat*	*te annatte*
se puhuu	*ne puhuu*	*se antaa*	*ne antaa*

The pronouns **minä** and **sinä** are reduced to **mä** and **sä**, **hän** and **he** replaced by **se** and **ne** even in reference to persons. In the verb, the singular remains regular, but the third person plural uses the corresponding third person singular form. Furthermore, the first person plural, **me**, controls the passive form of the verb in place of the **-mme** of the written norm.

Some of the most frequent verbs, *olla* 'be', *tulla* 'come', *mennä* 'go', and *panna* 'put' have undergone even further reduction in colloquial speech:

	olla	***tulla***	***mennä***	***panna***
1. *mä*	*oon*	*tuun*	*meen*	*paan*
2. *sä*	*oot*	*tuut*	*meet*	*paat*
3. *se*	*on*	*tulee*	*menee*	*panee*
1. *me*	*ollaan*	*tullaan*	*mennään*	*pannaan*
2. *te*	*ootte*	*tuutte*	*meette*	*paatte*
3. *ne*	*on*	*tulee*	*menee*	*panee*

2.2.3 Present Tense

The present tense does not have endings or markers of its own. It is the unmarked tense and has already been illustrated above in the person conjugation examples. Thus present tense forms simply have personal endings. The Finnish verb conjugation is made interesting by the fact that negation is expressed by using a negation word which is, in fact, a verb, albeit not a full-fledged one. The **negation verb**, ei, is inflected for grammatical person while the main verb - the one being negated - will appear in its bare stem form, **the verb stem**.

Applied to *olla* 'be' and *puhua* 'speak' the affirmative and negative sentence paradigms in the present tense are as follows:

1. *Minä olen*	/	*en ole*	*Minä puhun*	/	*en puhu*
2. *Sinä olet*	/	*et ole*	*Sinä puhut*	/	*et puhu*
3. *Hän on*	/	*ei ole*	*Hän puhuu*	/	*ei puhu*
1. *Me olemme*	/	*emme ole*	*Me puhumme*	/	*emme puhu*
2. *Te olette*	/	*ette ole*	*Te puhutte*	/	*ette puhu*
3. *He ovat*	/	*eivät ole*	*He puhuvat*	/	*eivät puhu*

Note: The negative colloquial forms for 1st person plural are *Me ei olla* and *Me ei puhuta* respectively and of course for 3rd person plural: *Ne ei oo* and *Ne ei puhu.*

2.2.4 Past tense

Past tense affirmative of the verb is formed using **the past tense marker -i-**, which is added to the verb stem. The **verb stem** is obtained by taking off the suffix **-n** from the 1st person singular present tense: *ole-n > ole-; tule-n > tule-, puhu-n > puhu-*. The stem vowel will undergo changes that are similar to the vowel changes in the nominals before plural **-i-**:

-e- drops: *tule + i + n > tulin* 'I came';

-ä- drops: *kehitä + i + n > kehitin* 'I developed';

-i- also **drops** before the past tense **-i-**: *vaadi + i + n >> vaadin* 'I demanded';

-a- either **drops**: *ota + i + n > otin* 'I took' or **changes** into an **-o-**: *anna + i + n > annoin* 'I gave' as predicted by the Dog & Cabin Rule;

-o-, -u-, -ä-, and **-y-** remain unaffected by the past tense marker **-i-**, just as they did in the the plural of nominals.

The **past tense negative** is formed differently. It employs the same negative verb as the present tense, but uses a **past participle** form of the main verb. This past participle has the suffix **-nut, -nyt** which is added to the so-called **infinitive stem**. The past participle is treated as a nominal and has a nominative plural form ending in **-neet** which is used in the plural grammatical persons.

1. *Minä otin*	/	*en ottanut*	*annoin*	/	*en antanut*
2. *Sinä otit*	/	*et ottanut*	*annoit*	/	*et antanut*
3. *Hän otti*	/	*ei ottanut*	*antoi*	/	*ei antanut*
1. *Me otimme*	/	*emme ottaneet*	*annoimme*	/	*emme antaneet*
2. *Te otitte*	/	*ette ottaneet*	*annoitte*	/	*ette antaneet*
3. *He ottivat*	/	*eivät ottaneet*	*antoivat*	/	*eivät antaneet*

Please note that the third person singular affirmative lacks a personal ending, but instead ends in the **bare plural marker -i**: *Hän antoi* He/She gave'; *Hän otti* 'He/She took'.

The past participle suffix assimilates easily, as seen in infinitive stems which end in **-l, -r, -s,** this will result in **-lut, -lyt; -rut, -ryt, -sut, -syt** respectively: *ollut, tullut, surrut, pessyt.*

2.2.5 Perfect and pluperfect tense

We have seen that the negative verb behaves like **an auxiliary verb**, i.e., a verb the purpose of which it is to aid a main verb in expressing some meaning. A full-fledged auxiliary **olla** is used to aid in the formation of perfect and pluperfect tense. The perfect tense uses the present tense of **olla** and the past participle of the main verb *Olen ottanut* 'I have taken', while the pluperfect places **olla** in past tense together with the past participle of the main verb: *Olin ottanut* 'I had taken'. The corresponding negatives are, as one would expect: *En ole ottanut* 'I have not taken' and *En ollut ottanut* 'I had not taken'.

2.2.6 Principal parts of the verb

Principal parts are necessary building blocks in learning to master the Finnish verb. The principal parts of the verb have been selected to parallel, as far as is feasible the principal parts patterns of nominals. The principal parts of the verb are the following:

Infinitive	**1st p sg Present**	**3rd p sg Past**	**Past Prtcpl Active**
kerto/a	*kerro/n*	*kerto/i*	*kerto/nut*
ajatel/la	*ajattele/n*	*ajattel/i*	*ajatel/lut*
pudot/a	*putoa/n*	*putos/i*	*pudon/nut*

2.2.7 Finite and infinite verb forms

Finite verb forms are those which *carry personal endings and serve as the verb in actual sentences.* Infinite forms are those which may never alone serve as the verb of a sentence. The infinite forms in Finnish are **infinitives** and **participles.**

The infinitive is described above, and the past participle active is described in connection with the conjugation of complex tenses and the negative past tense.

The third infinitive (infinitive III) is frequently used in verb phrases to accommodate the need for case markings. Infinitive III has the suffix **-ma, -mä** which is added to the strong stem one finds in third person plural present tense before **-vat, -vät**: *kerto-vat* > *kerto+ma-* > *kertoma-*, *vastaa-vat* > *vastaa+ma-* > *vastaama-* . This form appears only in five cases:

inessive:	**-massa, -mässä**	adessive:	**-malla, -mällä**
elative:	**-masta, -mästä**	abessive:	**-matta, -mättä**
illative:	**-maan, -mään**		

The participles in turn serve as adjectives: *kertova ilme* 'telling (facial) expression'; *kadonnut lapsi* 'lost child'. The present participle is exactly like third person plural present tense, but without the final **-t**: *kertova-t* > *kertova.* The meaning of this participle often corresponds to **-ing** in English: *laulava tyttö* 'singing girl'.

Infinitives		**Active Participles**	
Infinitive I:	*kerto/a*	Present participle:	*kerto/va*
Infinitive III:	*kerto/ma-*	Past participle:	*kerto/nut*

2.2.8 The Verb Sheet

The verbs have been organized according to their principal parts patterns into verb types gathered onto a **Verb Sheet**. The principal parts of the verbs have been organized so that the second principal part, as is the case in the nominals as well, will have the suffix -n, which, when taken off, yields the stem: *kertoa,* **kerro/n** 'tell', cf. *katu,* **kadu/n** 'street'. They also share another generalization: the gradation patterns are largely the same as in the nominals.

Comments on the Verb Sheet

While it is useful to learn these types by heart, it will also be helpful to "see through" them. The following comments on the types are designed to help recognize and see through the relevant characteristics of each type. The organization is analogous, as far as possible, to that of the Nominal Sheet.

Thus types 1-5 have the gradation pattern: **strong, weak, strong, strong**, while types 6-11 have **weak, strong, strong, weak**. The **infinitive marker** in types 1-5 is *-a* or **-ä** added to a vowel, while in types 1-8 it is **-da, -dä, (-la, -lä; -na, -nä; -ra, -rä, -ta, -tä)**, and in types 9-11 it is again **-a** or **-ä**, but now added to a **-t-** which, furthermore, is preceded by a vowel (**-ata,-ätä, -ota, -ötä, -uta, -ytä, -eta, -etä, -ita, -itä**).

Specific Comments of the Verb Types

Type 1: *kertoa, kerron, kertoi, kertonut* 'tell'

This type has a stem ending in the vowels **o-, -u, -ä,** or **-y**, which are not subject to any change when various suffixes are added. Once again these verbs represent the most 'regular' verb type. Other examples: *sanoa, sanon, sanoi, sanonut* 'say', *muuttua, muutun, muuttui, muuttunut* 'change, mutate, become different'; *asua, asun, asui, asunut* 'live, dwell'.

THE VERB SHEET I

Infinitive	1p sg Pres.	3p sg Past	Past Prtcpl	English
Strong	*Weak*	*Strong*	*Strong*	
1. kertoa	kerron	kertoi	kertonut	'tell'
säilöä	säilön	säilöi	säilönyt	'can'
nukkua	nukun	nukkui	nukkunut	'sleep'
ryhtyä	ryhdyn	ryhtyi	ryhtynyt	'begin'
2. tuntea	tunnen	tunsi	tuntenut	'know'
lähteä	lähden	lähti	lähtenyt	'leave'
lukea	luen	luki	lukenut	'read'
3. vaatia	vaadin	vaati	vaatinut	'demand'
leikkiä	leikin	leikki	leikkinyt	'play'
4. pyytää	pyydän	pyysi	pyytänyt	' request'
kehittää	kehitän	kehitti	kehittänyt	'develop'
5. ottaa	otan	otti	ottanut	'take'
murtaa	murran	mursi	murtanut	'break'
antaa	annan	antoi	antanut	'give'
tappaa	tapan	tappoi	tappanut	'kill'
kirjoittaa	kirjoitan	kirjoitti	kirjoittanut	'write'

THE VERB SHEET II

(weak)	*(strong)*	*(strong)*	*(weak)*	*English*
6. saada	saan	sai	saanut	'get'
voida	voin	voi	voinut	'be able'
rekisteröidä	rekisteröin	rekisteröi	rekisteröinyt	'register'
käydä	käyn	kävi	käynyt	'go, run'
7. ajatella	ajattelen	ajatteli	ajatellut	'think'
olla	olen	oli	ollut	'be'
mennä	menen	meni	mennyt	'go'
purra	puren	puri	purrut	'bite
8. juo*s*ta	juoksen	juoksi	juossut	'run'
pää*s*tä	pääsen	pääsi	päässyt	'get (in)'
9. huomata	huomaan	huomasi	huomannut	'notice'
hylätä	hylkään	hylkäsi	hylännyt	'abandon'
kadota	katoan	katosi	kadonnut	'disappear'
haluta	haluan	halusi	halunnut	'want'
höyrytä	höyryän	höyrysi	höyrynnyt	'steam'
haljeta	halkean	halkesi	haljennut	'split'
10. tarvita	tarvitsen	tarvitsi	tarvinnut	'need'
ansaita	ansaitsen	ansaitsi	ansainnut	'earn'
11. vanheta	vanhenen	vanheni	vanhennut	'grow old'
paeta	pakenen	pakeni	paennut	'escape'
heiketä	heikkenen	heikkeni	heikennyt	'weaken'

Type 2: *tuntea, tunnen, tunsi, tuntenut* 'know'; 'feel'
Verbs like **tuntea** have an **-e-** both in the infinitive stem and the verb stem. In the past tense form the stem vowel **-e-** drops before the past tense marker **-i-**, e.g. *luki*. If there is a **t / d** element immediately before the **-i-**, the **t** or **d** becomes an **s** as is so often the case historically: ***tunsi***. Other verbs of this type are *hakea, haen, haki, hakenut* 'fetch', 'apply for' and *laskea, lasken, laski, laskenut* 'count'; 'lower, descend'.

Type 3: *vaatia, vaadin, vaati, vaatinut* 'require, demand'
This type differs from Type 2 only in the stem vowel, which here is **-i-**. This **-i-** also drops before the past tense marker **-i-** resulting in identical present and past tense forms. Other verbs of this type are: *tutkia, tutkin, tutki, tutkinut* 'investigate, research'; *pyrkiä, pyrin, pyrki, pyrkinyt* 'strive'.

Type 4: *pyytää, pyydän, pyysi, pyytänyt* 'ask, request'
This type has its stem ending in **-ä** which will drop before the past tense marker **-i-**. Once again the **t / d** element becomes an **s** when immediately before the **i**. Other examples: *lentää, lennän, lensi, lentänyt* 'fly', and the slightly irregular *tietää, tiedän, tiesi, tiennyt (tietänyt* is rarely used) 'know, have knowledge'. The **tt / t** gradation pattern does not go to **s** before **i**: *näyttää, näytän, näytti, näyttänyt* 'show', *esittää, esitän, esitti, esittänyt* 'present'.

Type 5: *ottaa, otan, otti, ottanut* 'take'; *antaa, annan, antoi, antanut* 'give'
This type invokes the Dog & Cabin Rule again in the two-syllable stems ending in **-a**: If the first vowel in the word is **o** or **u**, the **a** in the stem drops before the suffix **i**, otherwise the **a** in the stem becomes **o**: *otan, otti*, but *annan, antoi*. In three-syllable verb stems the **a** in the stem always drops in the past tense: *kirjoitan, kirjoitti* 'write'. Other verbs of Type 5: *auttaa, autan, autoin, auttanut* 'help', *saattaa, saatan, saattoi, saattanut* 'accompany'; 'may, can', *jatkaa, jatkan, jatkoi, jatkanut* 'continue'.

Type 6: *saada, saan, sai, saanut* 'may', 'get'
This is a most basic infinitive type ending in **-da, -dä.** The changes come in the third form where the past tense marker **i** will cause a long vowel to shorten (*saan, sai*) and a diphthong ending in **i** to drop that i (*rekisteröin, rekisteröi*). Other examples of type 6: *referoida, referoin, referoi, referoinut* 'report, summarize', *soida, soin, soi, soinut* 'ring, sound'.

Type 7: *ajatella, ajattelen, ajatteli, ajatellut* 'think'; *mennä, menen, meni, mennyt* 'go'
This type should be thought of as an assimilated version of Type 6: the **-da, -dä** has assimilated in the infinitve, i.e., the 1st principal part, with the preceding **l, n** or **r**: *olla, mennä,* or *purra*. The second form has a stem ending in the vowel **e** which will drop in the past tense form, i.e., the 3rd principal part: *ajattelen, ajatteli.* The 4th form once again shows assimilation, now of **-nut, -nyt** with the preceding consonant **l** or **r**: *ajatel**l**ut,* and *purrut*. Other verbs of this type: *kuulla, kuulen, kuuli, kuullut* 'hear', *kuunnella, kuuntelen, kuunteli, kuunnellut* 'listen', *sinutella, sinuttelen, sinutteli, sinutellut* 'address by first name', lit. 'say *sinä*'.

Type 8: *päästä, pääsen, pääsi, päässyt* 'get to go', 'be admitted'
This type differs from Type 7 only in that the assimilation of the underlying infinitive marker **-da, -dä** has become **-ta, -tä** under the influence of the unvoiced **s** in the infinitive stem. Thus Type 8 always has an **s** preceding the **-ta, -tä:** *juos**ta***. Other verbs of Type 8: *nousta, nousen, nousi, noussut* 'rise, ascend', *pestä, pesen, pesi, pessyt* 'wash' and *kohista, kohisen, kohisi, kohissut* 'roaring (of rapids)'.

Type 9: *huomata, huomaan, huomasi, huomannut* 'notice'
Verbs of this type, often called 'contracted verbs', have a **t** between the last two vowels in the infinitive which is crucial to understanding the type. In the 2nd principal part the **t** has disappeared between two vowels (*huomata, huoma-an*), while in the third form the **t** has become **s** in front of the past tense marker **i** (*huomata, huomaan, huomasi*). The 4th principal part also shows a trace of that same **t**, now, however, assimilated with the **-nut, -nyt** so that the participle systematically will have double **-nn-** in **-nnut, -nnyt** (*huomata, huomannut*). The gradation pattern is also important to remember: **weak, strong, strong, weak**. Other examples of Type 9: *tavata, tapaan, tapasi, tavannut* 'meet', *pudota, putoan, putosi, pudonnut* 'fall, drop' *osata, osaan, osasi, osannut* 'know how', *pelätä, pelkään, pelkäsi, pelännyt* 'fear, be afraid of'.

Type 10: *tarvita, tarvitsen, tarvitsi, tarvinnut* 'need'
This type is signified by the i in the infinitive (**-ita, -itä**) and **-itse-** in the second principal part. The 4th principal part, just like Type 9 as well, has the **double -nn-: -nnut, -nnyt**. Other verbs of Type 10: *merkitä, merkitsen, merkitsi, merkinnyt* 'mean', 'mark', *häiritä, häiritsen, häiritsi, häirinnyt* 'disturb', *hävitä, häviän, hävisi, hävinnyt* 'lose'; 'disappear'.

Type 11: *vanheta, vanhenen, vanheni, vanhennut* 'grow old'
This type is marked by having a stem **-ene-** in the 2nd form and **-eni** in the 3rd. In other respects it is similar to Types 9 and 10. One characteristic of Type 11 is also that it often means 'become what the root word means': *vanheta, vanhenen* 'become old (cf *vanha* 'old')', *nuoreta, nuorenen* 'become younger (cf *nuori* 'young')'. Other verbs of type 11: *kyetä, kykenen, kykeni, kyennyt* 'be capable of'.

2.2.9 Passive forms

In speech, the first person plural uses **passive** rather than the **-mme** form. Depending on the form of the infinitive, the passive present is formed either (1) from the first or (2) the second principal part of the verb .

a. Present tense passive
The passive marker always involves a t / d or a tt / t. The weak grade of t may involve d or an assimilated form of it: ll / lt, nn / nt, rr / rt. The present tense passive always has *weak grade of the passive marker.* To form the present tense passive one starts with the infinitive, i.e., the first principal part. If (i) it ends in one vowel only, i.e., the last vowel is preceded by a consonant, the infinitive form is used, and if (ii) it ends in two vowels, we use the stem which we get from the second principal part.

(i) If the infinitive ends in one vowel only, the passive is formed by adding **-an** or **-än to the infinitive itself:** *olla+an > ollaan, mennä+än > mennään, huomata+an > huomataan.* The negative present passive is formed using the negation verb form **ei** and removing **the last vowel + n:** *ollaan / ei olla, mennään / ei mennä, huomataan / ei huomata.*

(ii) If the infinitive ends in two vowels, we go to the **second principal part** which yields the stem. To this stem is added **-taan, -tään**: *kertoa, kerro+taan > kerro**taan**, vaatia, vaadi+taan > vaadi**taan***. If the stem vowel is **-a-** or **-ä-**, it changes into an **-e-**: *kirjoittaa, kirjoita+taan > kirjoite+taan > kirjoitetaan; tietää, tiedä+tään > tiede+tään > tiedetään.*

Negative present passive of type 2 follows the same principle as in Type 1:
kerrotaan / ei kerrota, vaaditaan / ei vaadita, kirjoitetaan / ei kirjoiteta, tiedetään / ei tiedetä.

Remember: If the infinitive ends in **1 vowel**, use **1st principal part**; if it ends in **2 vowels**, use **2nd principal part**.

B. Past tense passive

The past tense passive has its passive maker in **the strong grade**. The past tense passive is formed by taking off **-aan** or **-ään** from the present tense form, adding **-iin** and inserting **strong grade at beginning of the last syllable**:

ollaan >> oltiin *kerrotaan>kerrottiin* *tiedetään>>tiedettiin*
mennään >> mentiin *vaaditaan>vaadittiin* *kirjoitetaan>kirjoitettiin*
huomataan>> huomattiin

Past tense passive negative also uses the negation verb form ei, but the main verb uses **the past participle passive**. This participle is formed by taking off **-iin** from the past tense passive form and inserting **-u, -y** in its stead: *oltiin > olt+u >* ***oltu****, tiedettiin > tiedett+y > tiede****tty****.*

Present tense		**Past tense**	
Affirmative	**Negative**	**Affirmative**	**Negative**
ollaan	*ei olla*	*oltiin*	*ei oltu*
mennään	*ei mennä*	*mentiin*	*ei menty*
huomataan	*ei huomata*	*huomattiin*	*ei huomattu*
kerrotaan	*ei kerrota*	*kerrottiin*	*ei kerrottu*
vaaditaan	*ei vaadita*	*vaadittiin*	*ei vaadittu*
tiedetään	*ei tiedetä*	*tiedettiin*	*ei tiedetty*
kirjoitetaan	*ei kirjoiteta*	*kirjoitettiin*	*ei kirjoitettu*

2.3 Adverbs

Adverbs are a part of speech which is not inflected or conjugated; they can serve as independent constituents of a sentence. They are often derived from adjectives using the derivational suffix **-sti**, the equivalent of **-ly** in English:

nopea 'quick', > *nopea-sti* 'quickly', *kaunis* 'beautiful', > *kaunii-sti* 'beautifully'

Adverbs are often frozen instructive plural forms:
hyvin 'well' (< *hyvä* 'good'),
oikein 'correctly, right' (<*oikea* 'right, correct'),
niin 'so' (< *se* 'it'), *näin* 'like this' (< *tämä* 'this'), *noin* 'like that' (< *tuo* 'that')

Comparison and adverbs

Many adverbs are subject to comparative and superlative marking. The comparative suffix in adverbs is **-mmin** and the superlative suffix **-immin**: *nopeammin* 'faster, more quickly', *nopeimmin* 'fastest, most quickly'.

Some **quantitative adverbs** have a slightly different comparative and superlative representation:
vähän 'little', *vähemmän* 'less', *vähiten* (or *vähimmin*) 'least'
paljon 'a lot', *enemmän* 'more', *eniten* 'most'

2.4 Conjunctions

Conjunctions are words whose function it is to conjoin constituents and clauses. Conjunctions can co-ordinate units of equal status: **ja** 'and', **mutta** 'but', **tai** 'or', **vai** 'or'. They can also subordinate clauses (subclauses) in relation to the verb of a main clause: **että** 'that', **kun** 'when, while', **koska** 'because, since':

a. Coordinate conjunction:
USA ja Kanada ovat Pohjois-Amerikassa. 'USA and Canada are in North America.'

b. Subordinate conjunction:
Liisa sanoi, että hänellä oli nälkä. 'Liisa said (that) she was hungry.'
Kun aurinko nousee, linnut laulavat. 'When the sun rises the birds sing.'
Hän jäi kotiin, koska hän oli sairas. 'He/She stayed home,because he/she was ill.'

> NB! Unlike English, which often leaves out **that** in a '*that*-clause' **että** 'that' may **NEVER** be left out in an **että**-clause in Finnish!

2.5 Prepositions and postpositions

While it is often claimed that Finnish with its case system expresses what English does using **prepositions**, one must remember that Finnish also uses prepositions. Prepositions comprise a class of words which combine with nominals to signify relations of various kinds, e.g.: **on the table, under the table.** Many such relations are so specific or specialized that the case system cannot express them.

There is also a class of relational words called **postpositions**. Preposition and postpositions differ from each other only by their placement vis-a-vis the noun phrase: prepositions are pre-posed, i.e., come before the noun phrase, postpositions are post-posed, i.e., placed after the noun phrase. In the total number of pre- or postpositions Finnish tends to favor postpositions.

Both prepositions and postpositions require their noun phrase, together with which they express a relational meaning, to be marked with either the genitive or the partitive case:

Preposition:	**Postposition**
ilman rahaa$_{(part.)}$'without money'	*pöydän*$_{(gen.)}$ *alla* 'under the table'
ennen sotaa$_{(part.)}$ 'before the war'	*sodan*$_{(gen.)}$*jälkeen* 'after the war'

Postpositions tend to require genitive, while most prepositions demand partitive, but each category does have exceptions.

(i) Prepositions requiring the partitive: *ennen* 'before', *ilman* 'without', *keskellä* 'in the middle of', *lähellä* 'near', *pitkin* 'along(side)', *vasten* 'against', etc.

(ii) Prepositions requiring the genitive: *alle* 'under (in a mensural way)', *kautta* 'throughout', *läpi* 'through', etc.

(iii) Postpositions requiring the genitive: *aikana* 'during', *alla, alta, alle* 'under', *ansiosta* 'thanks to', *jälkeen* 'after', *kanssa* 'together with', *luona* 'near, by, at the house of', *mukaan* 'according to', *edessä* 'in front of', *takana* 'behind', *vieressä* 'next to, beside', *vuoksi, takia, tähden* (all three) 'because of, for the sake of', *yli* 'over, above', etc.

(iv) Postpositions taking the partitive: *kohtaan* 'towards (attitude)', *kohti* 'towards (locative direction)', *pitkin* 'alongside' *vastaan* 'against', *varten* 'for, for the benefit of', *vastapäätä* 'across from', etc.

If the noun phrase in the genitive is a possessive pronoun (*minun, sinun, hänen, meidän, teidän, heidän*), it will, in normal order, trigger the possessive suffix in the postposition: *minun vieressä+ni* > *minun vieressäni* 'next to/beside me'.

III. Syntax

Syntax is largely a matter of rules which govern the use and combination of words and forms into sentences. Sentences have only a few so-called constituents: **subject, verb, object, predicate noun/adjective, and adverbial.**

There is also a category called **attribute**, which, however, belongs only within a noun phrase, i.e., a phrase which has a head noun but often also elements which modify it. Examples in English of noun phrases with attributes:

> *a large* $_{\text{(attr.)}}$ *house* $_{\text{(head noun)}}$,
> *America's* $_{\text{(attr.)}}$ *national* $_{\text{(attr.)}}$ *anthem* $_{\text{(head noun)}}$.

> The Finnish Adjective Attribute Rule
> **In Finnish, adjective attributes agree with their head nouns in number and case within the noun phrase:**
> ***isoa taloa* 'a/the large house', *pienellä lentokoneella* 'by small airplane',**
> ***tästä vanhasta kaupungista* 'from/about this old city'.**

3.1. Statements, questions and negation

Most sentences in a language are statements of fact or opinion, often descriptive statements. **Statements** are therefore considered neutral, unmarked sentences:

> *Suomi on kaunis maa.* 'Finland is a beautiful country.'
> *Suomalaiset juovat paljon kahvia.* 'Finns drink a lot of coffee.'
> *Poikani asuu nyt Suomessa.* 'My son now lives in Finland.'

Statements are also used to deny or negate beliefs or claims. **Negative sentences** in the present tense are formed using a negative verb inflected for person (**en, et, ei, emme, ette, eivät**) followed by an **uninflected stem** of the main verb:

> *Suomi* ***ei ole*** *kaunis maa.* 'Finland is not a beautiful country.'
> *Suomalaiset* ***eivät juo*** *paljon kahvia.* 'Finns don't drink a lot of coffee.'
> *Poikani* ***ei*** *nyt* ***asu*** *Suomessa.* 'My son doesn't live in Finland now.'

Language is used to convey and to find out information. Virtually every sentence can be transformed into a question. Questions suggest that there are some gaps or deficiencies in the knowledge of the speaker. In that sense the question comes first and the answer, i.e., the statement later. Since the statement has all the information given, it is not always easy to form questions from corresponding statements. Syntactically, though, i.e., in terms of sentence structure, the question is directly related to the statement.

Question formation can be seen as an operation on a syntactic structure. There are two kinds of questions: **(1) Yes/No -questions**, and **(2) Information-seeking questions**. Question formation in Finnish can be schematized as follows:

A. Yes/No questions

Yes/No questions are true/false questions and are built upon underlying statements with full semantic specification. They ask only for confirmation or denial. Thus e.g. *Onko Suomi kaunis maa?* is directly related to the statement: *Suomi on kaunis maa.*

Yes/No question rule:

A Yes/No question is formed by **fronting** (=moving to the beginning of the sentence) **the finite verb** and attaching the interrogative particle **-ko, -kö** to it. The word order remains otherwise unchanged. Examples:

Suomi **on** kaunis maa.	>>	**Onko** Suomi kaunis maa?
Poikani **ei** nyt asu Suomessa.	>>	**Eikö** poikani nyt asu Suomessa?
Suomalaiset **juovat** paljon kahvia.	>>	**Juovatko** suomalaiset paljon kahvia?

B. Information questions

Information-seeking questions differ from yes/no questions in that they have an unknown constituent. That constituent can be the subject, the object, an adverbial or any other constituent. The slot of the unknown constituent is filled with an interrogative word (**mikä, kuka, missä**, etc.). The question *Missä Liisa on?* 'Where is Liisa?' asks for a location **and** for a locative adverbial that satisfies the stationary location function. It is clearly related to the statement structure **Liisa on ? (=Advl$_{loc}$.)**. The rule for the formation of information questions is as follows:

Information Question rule:

An information question is formed by inserting an appropriate interrogative word in the place of the unknown constituent and then fronting it, if it is not already in initial position. The word order remains otherwise unchanged: Examples:

Kuka *menee Suomeen?*	<<	***? (Subject)*** *menee Suomeen.*
Mitä *te ostitte?*	<<	*Te ostitte* ***? (object).***
Millainen maa *Suomi on?*	<<	*Suomi on* ***?*** **(attribute) maa**.

3.2 BASIC SENTENCE TYPES

Statements, negative sentences and questions are variations which apply to virtually all sentences and sentence types. Sentences, however, have syntactic structures which systematically may be so different and distinct as to form **sentence types**.

Combinations of subject, verb, object, predicate noun/adjective and adverbials then account for an infinite number of sentences which can be produced in Finnish. The number of sentence types which are basic to Finnish is, however, very small and the basic sentence types are eminently learnable. They fall into three groups: (1) **Nominative subject sentences,** (2) **Existential sentences,** and (3) **Impersonal/Experiencer sentences**.

3.2.1 Nominative subject sentences

The majority of Finnish sentences have *subjects* which are *mandatorily marked with the nominative case*. These are:

3.2.1.1 Intransitive sentences

Intransitive sentences have only two mandatory constituents, **subject** and **verb**, but often optionally have many more. They also have verbs which must agree in person and number with the subject. The verb is an intransitive verb, i.e., one which does not have an object. The structure of the intransitive sentence then is:

$$\textbf{Subject}_{\textbf{nom}} + \textbf{Verb}_{\textbf{intr/agr}}\ (+\ \textbf{X})$$

Examples: *Aurinko nousee* 'The sun is rising'**.** *Linnut lensivät etelään* 'The birds flew south.' *Kissat nukkuvat auringossa puun alla* 'The cats are sleeping in the sun under a tree.'

3.2.1.2 Transitive sentences

Transitive sentences have three mandatory constituents, **subject, verb,** and **object**, but may optionally have more. Their verbs must also agree with the subject in person and number. The verb is always a transitive verb. i.e., one which has an object.

The challenge in transitive sentences is to master the rules of object marking. The object will be in either **the accusative case** (of which there are two forms in singular) or **the partitive case**. The structure of the transitive sentence is:

$$\textbf{Subject}_{\textbf{nom}} + \textbf{Verb}_{\textbf{tr/agr}} + \textbf{Object}_{\textbf{acc/part}}$$

Examples: *Suomalaiset juovat kahvia.* 'Finns drink coffee'. *Te osaatte nämä sanat jo hyvin.* 'You already know these words well.'

3.2.1.3 Equative sentences

The **equative sentences** also have three mandatory constituents, **subject, verb (=olla),** and **a predicate adjective** or **predicate noun**., but may optionally have additional constituents. The equative sentences always have the verb **olla** 'to be' which must agree with the subject in person and number. The structure of equatives is:

$$\textbf{Subject}_{\textbf{nom}} + \textbf{OLLA}_{\textbf{agr}} + \textbf{Predicate adj./noun}_{\textbf{nom/part}}$$

Examples:
Poika on nuori. 'The boy is young'.
Oppilaat ovat tyttöjä. 'The students are girls.'
Ruoka oli hyvää. 'The food was good.'

The challenge with the equative sentences is not only to master the rules of the case marking of the predicate noun or adjective, but also to distinguish it from the transitive sentences. *The key is in the verb* ***olla****: it is present in all equatives and is not a transitive verb at all.*

3.2.2 Existential sentences

Existential sentences are also quite frequent, but differ from the nominative subject sentence in many ways: subject marking, word order, and agreement rules.

Examples of existential sentences:

Pöydällä on kirja/kirjoja. 'There is a book/are (some) books on the table.'
Suomeen muuttaa ulkomaalaisia 'There are foreigners moving to Finland.'

The main characteristics of the existential sentences are the following:

(1) They have their **subjects** in either **the nominative** or **the partive case.**

(2) The **subject** normally follows **after the verb**, i.e, the word order is **inverted**.

(3) The **verb**, always an intransitive verb, does NOT agree with the subject in person and number, but is always marked neutrally with the **3rd person singular form**.

(4) Existential sentences also normally have **a locative adverbial** at the beginning of the sentence.

(5) The English existential sentence often has a **There is/There are** structure.

The existential sentences fall into three closely related, yet distinct subtypes: **a. locative existentials, b. possessive existentials,** and **c. part-whole existentials.**

3.2.2.1 Locative existentials

The locative existential sentence is existential in a general way in relation to some location, which is expressed in a **locative adverbial** ($ADVL_{locative}$). Sometimes the adverbial may be missing, and very often there are other constituents present which are not part of the defining constituents. The structural specification of this type is

$$\mathbf{(ADVL_{loc}) + Verb_{3\,p\,sg} + Subject_{nom/part}}$$

Examples: *Ravintolassa on asiakkaita.* 'There are customers in the restaurant.' *Vedessä ui kaloja.*'There are fish swimming in the water.'

The locative existential sentence may occur with the subject in initial position, but only when it is marked with the partitive case.

$$\mathbf{Subject_{part} + Verb_{intr/3p\,sg} (+ ADVL_{loc})}$$

Example: *Kaloja ui vedessä* 'There are fish swimming in the water/Fish swim in the water.'

3.2.2.2 Possessive existentials

The possessive sentence has a structural specification which is very similar to locative existentials in Finnish, but it differs from locative existentials semantically. This semantic difference is reflected also in the English translations, which use **have**-structures. This is due to the fact that Finnish altogether lacks a verb for **have**, and therefore expresses possession and other 'having', using different means. Finnish uses the **adessive case, -lla, -llä**, for the possessor, the verb **olla** in **3rd person singular** and the possessed (= subject in Finnish) expressed with the **nominative** or **partitive case**. The formal specification of the structure of the possessive sentence is thus:

$$\mathbf{ADVL_{adess}} + \mathbf{OLLA_{3\,p\,sg}} + \mathbf{Subject_{nom/part}}$$

Examples: *Minulla on kirja/kirjoja.* 'I have a book/(some) books.'
Monella ihmisellä oli avaimet mukana. 'Many people had (their) keys along.'

3.2.2.3 Part-whole existentials

The part-whole sentence resembles the possessive, but behaves slightly differently. It is a 'possessive' relationship, which holds between the part and its whole, e.g. *Koivussa on pienet lehdet* 'The birch has small leaves', 'The birch is small-leaved' or *Pöydässä on lyhyet jalat* 'The table has short legs', 'The table is short-legged.'

The part-whole relationship is semantically important because it defines what we call 'a natural set' or 'set by design'. The leaves of a birch and the legs of a table make up a natural collective by virtue of being parts of their respective wholes. The subjects of part-whole sentences are marked with the nominative case, with the nominative signifying the natural or by-design set. The English translations often have a **have-structure** in these cases as well.

The structural specification of the part-whole structure is as follows:

$$\mathbf{ADVL_{iness/adess}} + \mathbf{OLLA_{3p\,sg}} + \mathbf{Subject_{nom}}$$

Examples: *Suomessa on lyhyet kesät.* 'Finland has short summers', *Lapsella oli ruskeat silmät.* 'The child had brown eyes.'

NB! This part-whole relationship is also involved in some semantically related structures such as: *Suomen kesät ovat lyhyet.* 'The summers in Finland are short', and *Lapsi on ruskeasilmäinen* 'The child is brown-eyed.'

3.2.3 Impersonal sentences

Impersonal sentences are quite common in Finnish. By impersonal sentences we mean sentences which do not have 'regular' nominative (or partitive) subjects. They may be **1. necessive structures, 2. state sentences without subject,** or **3. experiencer sentences:**

3.2.3.1 Necessive sentences

Necessive sentences are the result of the insertion of a necessive auxiliary such as **täytyy, pitää, pitäisi,** and **on pakko**. The consequence is the following: What was the underlying subject gets marked with the genitive case, and the sentence becomes subjectless, i.e., **impersonal**.

Auringon ***täytyy*** *nousta* 'The sun must rise'
Suomalaisten ***on pakko*** *juoda kahvia.* 'Finns have to drink coffee.'

3.2.3.2 State sentences

State sentences, which often refer to meteorological states, usually fall under locative existential sentences *Oli kesä* 'It was summer.' Some state sentences have no subjects at all and are therefore considered impersonal.

Sataa. 'It's raining'.
Tuulee. 'It's windy/There is a wind/The wind is blowing'

3.2.3.3 Experiencer sentences

Experiencer sentences are impersonal in the sense that they normally do not have nominative or partitive subjects, although they may have an infinitive or a clause in subject position. They all have some aspect of someone's experience involved.

Experiencer in the partitive:

Häntä väsytti. 'He/She felt tired.'
Poliitikkoja ärsyttää se, että heillä ei ole yksityiselämää.
'Politicians are irritated by the fact that they have no private life.'

Experiencer in the genitive or adessive:

Minun on vaikea puhua yleisön edessä.
'It is difficult for me to speak publically (lit. before an audience).'
Minun/Minulla on kylmä. 'I am cold' or 'I feel cold'

3.2.4 Summary of basic sentence types

Sentence type	Structural specification
1. Nominative subject sentences:	
1.1 Intransitive sentences	$Subj_{nom} + Verb_{intr/agr} + (X)$
1.2 Transitive sentences	$Subj_{nom} + Verb_{tr/agr} + Obj_{acc/part}$
1.3 Equative sentences	$Subj_{nom} + OLLA_{agr} + NP/AP_{nom/part}$
2. Existential sentences	
2.1 Locative existentials	$(Advl)_{loc} + Verb_{intr/3p\ sg} + Subj_{nom/part}$
2.2 Possessive existentials	$(Advl)_{address} + Verb_{intr/3p\ sg} + Subj_{nom/part}$
2.3 Part-whole existentials	$(Advl)_{iness} + Verb_{intr/3p\ sg} + Subj_{nom}$
3. Experiencer-impersonal sentences	
3.1 Experiencer sentences	$NP_{part} + Verb_{3p\ sg}$
	$NP_{gen/addess.} + OLLA_{3p\ sg} +$ adj/noun
3.2 Impersonal sentences	$OLLA_{3p\ sg}$+Adj/Noun + että-clause/infinitive
	('Subj-Gen')+$NecV_{3p\ sg}$+ infinitive + X)

Sentence type	Example
1. Nominative subject sentences:	
1.1 Intransitive sentences	*Aurinko nousee.* 'The sun rises.'
1.2 Transitive sentences	*Kissa syö kalaa.* 'The cat eats fish.'
1.3 Equative sentences	*Kissa on eläin.* 'The cat is an animal.'
	Kalat ovat pieniä. 'The fish(es) are small.'
2. Existential sentences	
2.1 Locative existentials	*Vedessä ui kaloja.* 'There are fish swimming in the water'
2.2 Possessive existentials	*Minulla on kirja/kirjoja.* 'I have a book/some books.'
2.3 Part-whole existentials	*Pöydässä on pitkät jalat.* 'The table has long legs.'
3. Experiencer-impersonal sentences	
3.1 Experiencer sentences	*Häntä väsytti.* 'He/She felt tired.'
	Onko sinun kylmä? 'Are you cold?'
3.2 Impersonal sentences	*On hauska laulaa.* 'It is fun to sing.'
	Heidän täytyy opiskella. 'They have to/must study.'

3.3 Verb agreement in Finnish

Syntactically the verb is rather straight forward in Finnish. The verb will agree in number and person with the subject. In existentials, the subject is marked neutrally with the 3rd person singular. The rules controlling agreement versus non-agreement in the verb apply directly to the basic sentence types.

3.3.1 Agreement rule

Verb Agreement Rule

The verb **agrees** with the subject in number and person in so-called **nominative subject sentences** (intransitive, transitive and equative sentences):

*Vieraat laulo**ivat**.* 'The guests were singing.'
***Minä** olen Amerikasta.* 'I am from America.'

3.3.2 Non-agreement rule.

Non-Agreement Rule

The verb **does not agree** with the subjects in **existential sentences** nor in **impersonal sentences**:

*Suomessa **on** pitkät talvet.* 'Finland has long winters.'
*Meidän **täytyy** mennä kotiin.* 'We have to go home.'

NB! Only a nominative subject is capable of controlling agreement!

3.4 Case marking rules

3.4.1 Subject rules

The subject in Finnish will be in the nominative or the partitive case depending on (1) basic sentence type, and (2) the semantic properties of the subject noun phrase.

Subject Rule 1: ***The subject of an intransitive, a transitive and an equative sentence is always in the nominative case ("100% rule"):***

Intransitive: *Linnut lentävät.* 'Birds fly.'

Transitive: *Amerikkalaiset puhuvat englantia.* 'Americans speak English.'

Equative: *Autot ovat kalliita mutta polkupyörät ovat halpoja.* 'Cars are expensive but bicycles are cheap.'

NB: These subjects become marked with **the genitive case** when **necessive auxiliaries** (täytyy, pitää, etc.) are inserted: ***Lintujen täytyy*** *lentää.* 'The birds have to/must fly.'

Subject rule 2: ***Subjects of existential sentences*** *are marked with either the* ***nominative or partitive case*** *according to the following rules*:

Subject rule 2.a: *If the subject noun phrase is* ***an indefinite mass noun*** *or* ***an indefinite plural****, the subject of an existential sentence is in* ***the partitive case.***

Existential: *Jääkapissa on* ***voita.*** 'There is (some) butter in the refrigerator.'

Possessive: *Professori Saarella on* ***uusia oppilaita****.* 'Professor Saari has new students.'

Subject rule 2.b: *If the subject noun phrase is* ***definite, a natural set,*** *or* ***a singular non-mass noun****, it is marked with* ***the nominative case****.*

Existential: *Kadulla kävelee* ***vanha nainen.*** 'There is an old woman walking on the street.'

Possessive: *Onko sinulla* ***avaimet****?* 'Do you have the keys?'

Part-whole: *Autossa on* ***nahkaistuimet****.* 'The car has leather seats.'

Subject rule 2.c: ***Negative existentials*** *have their subjects marked with* ***the partitive case****.*

Kadulla ***ei*** *ole* ***autoa****.* There is no car on the street.'
Minulla ***ei*** *ole* ***avaimia****.* 'I don't have the keys.'

NB. The insertion of a **necessive auxiliary** (*täytyy, on pakko*, etc.) in an existential sentence does not cause the subject to be marked with the genitive case:

Jääkaapissa ***täytyy*** *olla* ***voita*** *ja* ***maitoa.***
'There must be some butter and milk in the refrigerator.'
Autossa ***on pakko*** *olla* ***nahkaistuimet***. 'The car has to have leather seats.'

3.4.2 OBJECT RULES

The object in Finnish, which is found only in transitive sentences, is marked with either the accusative or the partitive case depending on factors explained below. The accusative case in the singular is divided into **accusative I**, which is formally identical with the genitive, and **accusative II** which merges with the nominative cases. Only the pronouns *minut, sinut, hänet, meidät, teidät, heidät* and *kenet* have the suffix **-t**. These pronouns like the cardinal numerals (*kaksi, viisi, neljätoista,* etc.), do not differ in accusative I and II.

The Finnish object is, generally speaking, sensitive to **three factors** which constitute the criteria for the object marking rules:

1. The semantic properties of **the object phrase itself,**
2. The **nature and structure of the verb** of the sentence, and
3. Whether the sentences are **affirmative or negative**.

The object rules in Finnish are hierarchical in the sense that if one criterion applies it may override some other criterion. *The rules requiring partitive markings override any accusative rules, and accusative II rules override accusative I rules.* The following rules, therefore, apply and are to be learned in the order presented.

I. OBJECT RULES REQUIRING PARTITIVE:

Object rule 1.a.:
The object of a ***negative sentence*** *is marked with the* ***partitive case***:

Negative sentence	Affirmative sentence
Opettaja ***ei*** *nähnyt* ***oppilasta***. 'The teacher didn't see the student.'	*Opettaja näki oppila**an***. 'The teacher saw the student.'
Etkö *sinä muista* ***minua****?* 'Don't you remember me?'	*Muistatko sinä minut?* 'Do you remember me?'

Object rule 1.b:
If the object itself is an ***indefinite mass noun*** *or an* ***indefinite plural*** *it will be marked with the* ***partitive case***.:

Asiakas joi ***olutta***. The customer drank beer.' (cf. *oluen* acc. I, 'the beer')
Tyttäremme kirjoitti ***kirjeitä***. 'Our daughter wrote letters.' (cf *kirjeet* acc. 'the letters')

Object rule 1.c:
If the verb expresses ***progressive*** *('in progress')* ***aspect*** *or* ***durative, irresultative action*** *or* ***process****, the object will be marked with the* ***partitive case****.*

Ajattelen usein ***sinua****.* 'I often think of you.'
He katselivat ***TV:tä****.* 'They were watching TV.'

NB. Some verbs inherently express progressive aspect and, incidentally, often have prepositions in English (*think of, look at, listen to, wait for, etc.*). Sometimes progressivity is a matter of perspective, and will fluctuate within the same verbs:

Progressive aspect	Non-progressive aspect
Matkustaja luki ***kirjaa****.*	*Matkustaja luki* ***kirjan*** *eilen.*
'The traveler **was reading** a book.'	'The traveler **read** a/the book yesterday.'

2. OBJECT RULES REQUIRING ACCUSATIVE II (= NOMINATIVE):

Object rule 2: *If none of the partitive object criteria apply, the object is marked with the* ***accusative case****.* Since in the singular the accusative is divided into **accusative I** (= genitive) or **accusative II** (= nominative), further scrutiny of criteria is necessary. The accusative rules then are as follows:

Object rule 2.a: *The accusative objects of* ***impersonal sentences*** *are marked with the* ***accusative II case****.* There are three kinds of impersonal sentences:

(1) passive sentences,
(2) necessive sentences, and
(3) imperative sentences:

Passive sentence: ***Talo*** *maalattiin viime vuonna.* 'The house was painted last year.'

Necessive sentence: *Opiskelijan täytyy ostaa* ***tuo kirja****.* 'The student has to buy that book.'

Imperative sentence: *Lähetä* ***kirje*** *ystävälle!* 'Send a/the letter to a friend.'

General impersonal: *(Todistajan) oli helppo muistaa* ***onnettomuus****.*
'It was easy (for the witness) to remember the accident.'

Object rule 2.b: *The accusative objects of* ***'personal' sentences*** *(=sentences with verbs agreeing with the subject) are marked with the* ***accusative I case****.*

*Opettaja kertoi tarina****n****.* 'The teacher told a story.'
*Lähetitkö kirjee****n*** *ystävälle?* 'Did you send a/the letter to a friend?'

NB1! The accusative plural is always identical with the nominative!

Lähettäkää ***kirjeet*** *ystäville!* 'Send the letters to friends!'
Lähetin ***kirjeet*** *ystävälle.* I sent the letters to friends.'

NB2! The rules requiring partitive always supercede the accusative rules!

Älä lähetä kirjettä/kirjeitä. 'Don't send the letters.'
Juotiin kahvia (indef. mass). 'People drank coffee.'

3.4.3 Predicate noun/adjective rules

The constituent following **olla** in equative sentences is called **predicate noun** or **predicate adjective** depending on its own part of speech status. It will be marked with either **the nominative case** or **partitive case**. The factors influencing the choice of case are: (i) number (singular or plural), (ii) semantics of the subject or the predicate noun (mass or non-mass, natural set or arbitary set).

Predicate noun/adjective rule 1: *The predicate noun/adjective is marked with **the partitive case** if it (the predicate noun) or the subject is **a mass noun.***

*Tämä on **brasilialaista kahvia.*** 'This is Brasilian coffee.'
*Kahvi oli **hyvää.*** 'The coffee was good/delicious.'

Predicate noun/adjective rule 2: *The predicate noun/adjective is marked with the **nominative case** if it (predicate noun) or the subject is*
*(1) **a non-mass, i.e., individual noun, in singular**, or*
*(2) **a natural set in plural**:*

Non-mass noun: *Liisa on **tyttö**.* 'Liisa is a girl.'
*Kirja ei ole **kallis.*** 'The book is not expensive.'

Natural set (plur.): *Nämä ovat Erkin **uudet silmälasit**.* 'These are Eric's new glasses.'
***Kissan silmät** olivat **keltaiset**.* 'The cat's eyes were yellow.'

Predicate Noun/Adjective Rule 3: *The **plural** predicate noun/adjective is marked with **the partitive case** unless it is a natural set.*

'Regular' plural: *Autot ovat **kalliita leluja**.* 'Cars are expensive toys.'
*Kaikki kissat eivät ole **kotieläimiä**.* 'All cats are not pets.'

NB! Unlike objects and subjects of existential sentences, the predicate noun/adjective is sensitive to neither negation nor indefiniteness.

3.5. Adverbials

Except for attributes, which are syntactic constituents within noun phrases (see above), the only syntactic constituents which remain to be discussed are the various adverbials. They are more directly related to their meanings and have been partly explained in the discussion of cases in Finnish.

3.5.1 Place adverbials

The most frequent kind of adverbial is the locative adverbial. The locative adverbial structurally answers the questions **missä?** 'where?', **mistä?** 'from where?', **mihin?/minne?**

'(to) where?'. Most typically the answers are expressed directly using one of the locative cases. The locative cases form groups of three and are called **internal locative cases**: inessive, elative, illative (3-dimensional locations), **external locative cases**: adessive, ablative, allative (2-dimensional locations). In a few general expressions we see remnants of an older group of three called **general locative cases** (essive, partitive and, to a lesser extent, translative) (1-dimensional locations).

Missä lapset ovat? 'Where are the children?'	*talossa* in the house	*kadulla* on the street	*ulkona* outside
Mistä he tulevat? 'Where do they come from?'	*talosta* from the house	*kadulta* from the street	*ulkoa* from outside
Mihin/Minne he menevät? 'Where are they going?'	*taloon* into the house	*kadulle* to the street	*ulos* out

More particular locative relations are frequently expressed with **pre-** and **postpositions**:

Prepositional adverbials:

Raketti lähti ***kohti kuuta.*** 'The rocket took off toward the moon.';
Isäni kuoli ***ennen sotaa.*** 'My father died before the war.'

Postpositional adverbials:

Asun ***teatteria vastapäätä.*** 'I live across from the theatre.';
Ole kiltti ***eläimiä kohtaan!*** 'Be nice toward the animals.'
He asuvat ***siltojen alla.*** 'They live under the bridges.';
Minä en uskalla puhua ***yleisön edessä.*** 'I do not dare speak before an audience.'

3.5.2 Time adverbials

The relationship between actions and time can vary in many ways and time adverbials are used to express duration, time of occurrence, frequency, duration of intended stay, etc.

(a) Time of occurrence. The answer to the question **when?** is answered with the cases **essive (-na, -nä)** for specific time, and **adessive** for non-specific, general time:

Specific time: *Aloin opiskella suomea* ***viime syksynä.*** 'I began to study Finnish last fall.';
Kesä oli sateinen ***tänä vuonna.*** 'The summer was rainy this year.'

Non-specific time: *Nousen kello kahdeksan* ***aamulla.*** 'I get up at eight in the morning.'
Kesällä *opiskelijat ovat töissä.* 'In the summertime students work.'

These rules do not apply to all nouns. Some nouns can only accept adessive as time when expressions:

tunti 'lesson'	*kausi* 'season, period'	*vuosikymmen* 'decade'
hetki 'moment'	*viikko* 'week'	*vuosisata* 'century'

Tällä hetkellä *olen kotona mutta* ***ensi viikolla*** *matkustan Kanadaan.*
'At this moment I am at home but next week I will travel to Canada.'

The word for 'month' is both **kuukausi** 'calendar month' and **kuu** 'month'. **Kuu** only inflects in **inessive** in answer to the question *when*: *Tulen taas Suomeen **tässä kuussa.*** 'I'm coming to Finland again this month.'

(b) Duration. To express how long an action, state or process lasts Finnish uses **object cases**.

*Olimme Suomessa **viikon.*** 'We were in Finland (for) a week.'
*Emme olleet Suomessa **viikkoakaan**.* 'We were not in Finland (for)even a week.'
*Istuimme ravintolassa **kolme tuntia**.* 'We sat in the restaurant for three hours.'

(c) Frequency. To express number of occurrences per some unit Finnish uses inessive:

*Käyn kaupungissa noin viisi kertaa **viikossa.*** 'I go to town about five times a/per week.'

(d) From X to Y. In a **from - to** expression, the starting time is expressed with the **elative case**, while the ending time is expressed with the **illative case**.

*Kauppa on auki **yhdeksästä kuuteen**.* 'The store is open from nine to six.'
*Ystäväni on töissä **maanantaista perjantaihin, aamusta iltaan**.*
'My friend works (from) morning to night (from) Monday to Friday.'

(e) Travel-and-Stay Duration. The duration of intended stay at the destination of a trip (travel + stay) is expressed with **the translative case**:

*Opiskelija menee / meni Amerikkaan **kahdeksi vuodeksi**.*
'The student is going/went to America for two years'.

(f) Time between actions. The time period within which something has **not occurred** is expressed with **the illative case**.

*Näyttelijä ei ole näytellyt **moneen vuoteen.***
'The actor/actress has not acted in many years.'

3.5.3 Verb-specific adverbials

Adverbials are mostly those verb modifiers which are neither objects nor predicate adjective/nouns. There are many adverbials whose semantic-syntactic function is difficult to describe in general terms. This corresponds to difficult-to-explain choices of prepositions in conjunction with verbs in English: *be interested **in**, care **for**, enchanted **with***, etc. In Finnish the corresponding phenomenon would be expressed with the use of various cases. For example, verbs which end in **-ua, -yä** tend to require **the illative case** in a following adverbial constituent:

tottua johonkin 'get used to something',
tutustua johonkuhun 'get acquainted with someone',
sattua tulemaan 'happen to come',
rakastua johonkin 'fall in love with something.'

The object of **like** in English will be an adverbial in Finnish analysis because the verb **pitää** requires **the elative case** when it means 'like':

Kaikki pitävät kauniista musiikista. 'Everyone likes beautiful music.'

LOPPU HYVIN, KAIKKI HYVIN! 'ALL IS WELL THAT ENDS WELL!'

TRANSLATIONS TO CHAPTERS 1-10

Chapter 1

Dialogue 1

Marjut:	Mr Niemelä, good evening!
Mr Niemelä:	Evening. Happy Birthday (Best wishes to the birthday girl)
Marjut:	Oh, thank you, thank you! Come on in!
Mr Niemelä:	May I introduce: my wife, Laila Niemelä.
Marjut:	Good evening and welcome!
Mrs Niemelä:	Good evening. Thanks for the invitation/for inviting us.
Marjut:	Nice of you to come (that you came). This is Lauri.
Lauri:	My name is Väänänen, pleased to meet you.
Marjut:	Arvid!
Arvid:	Marjut! Happy birthday!
Marjut:	You came! Wonderful!
Arvid:	You are wonderful, Marjut!
Marjut:	Don't be silly!
Lauri:	It is true! You are wonderful!
Marjut:	Arvid, this is Lauri.
Arvid:	Österberg.
Lauri:	I'm Väänänen.
Arvid:	Pleased to meet you.
Marjut:	Excuse me!
Juhani Laine:	Well now. Now everybody join in! Let's sing! Happy birthday to you, happy birthday to you, Happy birthday, dear Marjut. Happy birthday to you.
Arvid:	The correct birthday song is however this one: You grew up maiden beauteous there in your father's house a flower sweet and beautiful in a field so bright and green, a flower sweet and beautiful, in a field so bright and green.
Mr Niemelä:	Good bye and thank you very much.
Marjut:	You're welcome. Nice of you to come. Good bye.
Arvid:	Good night, Marjut!
Marjut:	Good night, Arvid!

Dialogue 2

Secretary:	Hello, professor Laine.
Prof. Laine:	Hello, Ms Laitinen. Is Mr (director) Niemelä available?
Secretary:	Yes, he is, just a moment. Mr Niemelä... Professor Laine is here...
Mr Niemelä:	Hello, professor Laine.
Prof. Laine:	Hello (hello).
Mr Niemelä:	Please come on in!
Prof. Laine:	Thank you.
Mr Niemelä:	How are you (doing)?
Prof. Laine:	Fine, thanks. And you?
Mr Niemelä:	Fine. (Nothing special). Would you like some coffee?
Prof. Laine:	Yes, please.
Mr Niemelä:	Ms Laitinen, could you bring us two coffees, please.
Ms Laitinen:	OK.
Mr Niemelä:	Well then. How is your husband?
Prof. Laine:	Quite well, thanks.
Mr Niemelä:	And the kids (children)?
Prof. Laine:	Very well, too.
Mr Niemelä:	Well now. And this is then the new book, (is it)?

Prof. Laine: Yes, it is now finally finished (ready).

Narrative

Professor Laine is a Finnish professor of history. She works at the University of Vaasa. Her husband, Juhani Laine, is an artist. They have three children, fourteen year old Outi, sixteen year old Kari, and eighteen year old Marjut. Mr Niemelä also lives in Vaasa. The new book is now almost ready and professor Laine is very satisfied. Mr Niemelä is also content. Marjut is very glad that she is now eighteen years old. She is finally an adult.

Chapter 2

Dialogue 1

Mr Mäki:	Excuse me. Can you tell us how we get to Helsinki, please.
Kiosk clerk:	Pardon?
Mrs Mäki:	How do we get to the city?
Kiosk clerk:	You can go by the Finnair bus (Finnair's bus).
Mr Mäki:	Where does the bus leave from?
Kiosk clerk:	It leaves from over there in front of the terminal.
Mr Mäki:	Thank you. - Come dear, the bus to Helsinki is leaving soon.
Mr Mäki:	Does this bus go (to) downtown Helsinki (to the center of Helsinki)?
Driver:	Yes, it does.
Mr Mäki:	We'll be in Helsinki soon now.

Dialogue 2

Mr Mäki:	Can you tell me where the Hotel Intercontinental is?
Pedestrian:	It's on Mannerheimintie.
Mr Mäki:	Where is Mannerheimintie?
Pedestrian:	It's the second street on the right.
Mr Mäki:	Is it far to the hotel?
Pedestrian:	About one and a half kilometre. You can walk or go by street car. Or by taxi.
Mr Mäki:	Thanks a lot.
Mrs Mäki:	Shall we walk to the hotel? It's such nice weather now.
Mr Mäki:	What about the luggage?
Mrs Mäki:	Oh yeah. We have four pieces of luggage. Let's go by taxi then.
Mr Mäki:	Hotel Intercontinental, please.
Taxi driver:	OK. Do you come from Canada?
Mr Mäki:	No. We come from America, from Duluth.
Taxi driver:	It that right?/Oh really? I have a cousin in Canada. Welcome to Finland.---- Well then. Now we are almost there. Over there on the left is Hotel Intercontinental.
Mr Mäki:	Thank you.

Narrative

Raymond and Marlene Mäki are in Finland for the first time together. They go first from the airport by bus to the Helsinki city terminal. From there they go by taxi to the hotel. The hotel is on Mannerheimintie. When they, and the luggage, are safely at the hotel they go out for a walk. The weather is nice and they walk in Helsinki for two or three hours.

Chapter 3

Dialogue 1

Mrs Mäki:	Hello.
Clerk:	Hello.
Mrs Mäki:	Could I have two tickets to Vaasa, please?
Clerk:	One way or round trip?
Mrs Mäki:	Round trip, please. How much does it cost?

Clerk:	Two hundred and twenty five marks, please.
Mrs Mäki:	Oh/Oops, that much?
Clerk:	Unfortunately.
Mrs Mäki:	But that's outrageous.
Clerk:	I can't help it, I'm afraid.
Mrs Mäki:	Here is two hundred and fifty marks.
Clerk:	(counting) two hundred thirty, two hundred forty, and two hundred fifty marks.
Mrs Mäki:	Thank you.
	(grumblingly) Two hundred and twenty five marks. (But) that's outrageous.

Mrs Mäki:	Excuse me.
Information:	Yes?
Mrs Mäki;	May I ask: When does the express train to Vaasa depart?
Information:	Vaasa...Vaasa... The train leaves at 18:15 (6:15 p.m.) and arrives in Vaasa at 23:10 (11:10 P.M).
Mrs Mäki:	Do I have to change trains?
Information:	Yes, you have to change trains in Seinäjoki.
Mrs Mäki:	Thank you.
Information:	You're welcome.

DIALOGUE 2:

Mr Auvinen:	Hi.
Clerk:	Hello.
Mr Auvinen:	Can I have four tickets to Oulu, please
Clerk:	Round trip?
Mr Auvinen:	No. One way (tickets) only.
Clerk:	Do you want to go by the night train?
Mr Auvinen:	Yes. We also will need tickets for sleeping berths.
Clerk:	That's four sleeping berths and four one way tickets to Oulu.
Mr Auvinen:	How much will that cost?
Clerk:	Four hundred ninety-five marks, please.
Mr Auvinen:	Oh yes, just a minute. Can I also have one ticket to Rovaniemi?
Clerk:	Will that also be one way?
Mr Auvinen:	Yes, that is also for one way only. And also a sleeping berth, please.
Clerk:	That'll be four one way tickets to Oulu and one one way to Rovaniemi. Is (was)that right?
Mr Auvinen:	Yes. That's right. Will it be the same train?
Clerk:	Yes. The same train continues from Oulu to Rovaniemi.
Mr Auvinen:	How much is this altogether?
Clerk:	That'll be six hundred fifty five marks, total.
Mr Auvinen:	Can I pay by credit card?
Clerk:	Unfortunately not. You have to pay cash.
Mr Auvinen:	When does the train to Oulu leave?
Clerk:	The night train to Oulu and Rovaniemi departs at 22:00 (10:00 p.m.).
Mr Auvinen:	Where does it leave from?
Clerk:	Platform 5.
Mr Auvinen:	Thank you. Bye.
Clerk:	You're welcome. Bye bye.

Narrative:
Finland is a large country. It is more than 725 miles (i.e., almost 1200 kilometers) in length from north to south and many/several hundreds of miles wide too. People travel a lot by airplane, by train and by bus. Many also travel with their own cars nowadays. The trip from Helsinki to Oulu by train takes/lasts about

eight hours and to Rovaniemi about ten hours. From Helsinki to Oulu there are (lit. go) four or five trains per day.

Chapter 4

Dialogue 1

Mrs Mäki:	Could I reserve a room, please?
Hotel clerk:	Yes, you can. When do you need the room?
Mrs Mäki:	We'll arrive in Vaasa next Monday.
Clerk:	How many nights do you need?
Mrs Mäki:	We will be in Vaasa only from Monday until Friday.
Clerk:	What kind of a room would you like?
Mrs Mäki:	We need a double room with shower (lit. which has a shower).
Clerk:	That's a double room with shower and from Monday to Friday. So four nights. Under what name will it be?
Mrs Mäki:	Under the name of Mäki. - How much is the room?
Clerk:	Two hundred and seventy without breakfast.
Mrs Mäki:	Can we pay by VISA-card?
Clerk:	Yes, you can. Welcome next Monday.

Dialogue 2

Arvid:	Good Evening! Do you have a single room available (free)?
Clerk:	Evening! Just a moment, please. Let's see... Here is one room free. Yes, we do. How long will you be in Tampere?
Arvid:	I'll be here only two days.
Clerk:	So, two nights. Fill this form (card) please.
Arvid:	(Completes the form) Here you are, please! What is the view like?
Clerk:	A beautiful view to the west.
Arvid:	That's nice.
Clerk:	Do you have any luggage?
Arvid:	I just have a couple of small suitcases.
Clerk:	Do you need a porter?
Arvid:	No, I don't.
Clerk:	Here is your key. Your room is number 404, 4th floor.

Dialogue 3

Clerk:	Grand Hotel Tammer, good evening!
Customer:	Would you have double rooms available next Saturday?
Clerk:	That'll be the twelfth of July?
Customer:	Yes (lit. so). On Saturday twelfth of July.
Clerk:	Just a moment (lit. small moment), please. Let's see. Sorry (lit. regrettably), all the rooms then are booked (reserved).
Customer:	That's too bad! Well, can't be helped (lit. can't do anything). Thank you!
Clerk:	You're welcome!

Narrative

The hotels in Finland are usually well-equipped. They almost always have baths (lit. bathrooms) and showers. Motel rooms don't cost as much as hotel rooms. Old inns, which are very popular in Central Europe, are quite rare in Finland. The young people are happy to live (lit. live gladly) in hostels (boarding or guest houses). They don't cost as much as hotels and motels and they are often located (situated) downtown (lit. in the city center). It is good to reserve hotel and motel rooms well (lit. in good time) in advance.

Chapter 5

Dialogue 1

Mr Mäki:	(dials taxi number) Can I have a taxi here to Töölö?
Taxi:	What address?
Mr Mäki:	Mannerheimintie 43.
Taxi:	And under what name?
Mr Mäki:	Mäki.
Taxi:	The taxi will be there in about five minutes. Car number 13. ----
Taxi driver:	Mr Mäki?
Mr Mäki:	Yes, I am. (gets in) To Katajanokka. Kruunuhaankatu 7, please.
Taxi driver:	O.K. (lit. clear). (arriving in Katajanokka) OK. Here is 7 Kruunuhaka Street, please.
Mr Mäki:	How much is this?
Taxi driver:	Thirty six marks, please.
Mr Mäki:	(giving driver 40 mk) That's fine (lit. It is good like this). Thank you.
Taxi driver:	Thank you. Good night.

Dialogue 2:

Mrs Mäki:	Does bus 64 go to the market?
Person A:	No. No it does not go to the market. It goes to Pakila.
Mrs Mäki:	Oh dear. What bus goes there?
Person A:	Number 18 goes via the market.
Mrs Mäki:	Is that right? Thank you. So bus number 18. -----
Mrs Mäki:	(bus number 18 arrives) Can I get to the market by this bus?
Bus driver:	Yes, you can.
Mrs Mäki:	Can you tell me when we're coming to the market?
Bus driver:	Well yes, I guess I can tell you.

Narrative

The bus service in Finland's capital is excellent and the metro or subway is also popular. Many people travel by metro, bus or street car every day. There are street cars in Helsinki and Turku, but in other cities the public transit is taken care of by busses. Finland also has a well organized taxi service. Both the taxis and the busses are very reliable and, in addition, clean. Finland's taxis are often nice and expensive cars. The bus and street car drivers don't always answer questions gladly.

The Helsinki market is an important meeting place for people from Helsinki and tourists. From there one can buy fruits, fish, bread and beautiful souvenirs. It is located in front of the president's palace and the Helsinki city hall, by the (lit. on the shore of) South Harbour.

Chapter 6

Dialogue 1

Assistant:	Health center, good morning.
Selma Latvala:	Good Morning. I would need to get to a doctor.
Assistant:	Did you have an appointment?
Selma Latvala:	No. But could I come this morning or this afternoon?
Assistant:	No. Unfortunately (regrettably) we are totally full today.
Selma Latvala:	But I have to absolutely get to a doctor today. Is it quite impossible?
Assistant:	Yes. It won't work (lit. go) today. I'm sorry. You do need to book a time!
Selma Latvala:	How about tomorrow (lit. does tomorrow work)?
Assistant:	Yes, that'll work. Can you come at 10:00 o'clock. That's in the morning at ten o'clock. The physician is doctor Korhola.
Selma Latvala:	Thank God! So tomorrow morning at 10:00, then. Thank you.
Assistant:	Bye. (lit. until we hear again).

Selma Latvala:	Bye.

Dialogue 2

Selma Latvala:	I have an appointment (lit. time) with Dr Korhola at ten o'clock.
Assistant:	But it's (lit. the clock) now only a quarter to nine.
Selma Latvala:	I know. I left home at ten past eight. It is good to be on time.
Assistant:	Please go and wait. You can sit over there.
Selma Latvala:	Thank you. -------
Nurse:	Selma Latvala?
Selma Latvala:	Here.
Nurse:	Follow me!
Selma Latvala:	Very good. (lit. it is good). Is doctor Korhola a man or a woman?
Nurse:	She is a woman. This is her room.
Dr Korhola:	(arriving) Good morning. How are you (feeling) today?
Selma Latvala:	Thanks for asking. I feel fine, except I have these pains in my stomach.
Dr Korhola:	Is that right. Well, let's see. Can you lie down on this bed, please.
Selma Latvala:	I don't see why not. (lit. Isn't that succeeding)
Dr Korhola:	Does it hurt when I press here?
Selma Latvala:	No, it doesn't.
Dr Korhola:	How about here?
Selma Latvala:	Not there either.
Dr Korhola:	Does the pain get worse after eating?
Selma Latvala:	Yes, precisely after the meals (food).
Dr Korhola:	It may be caused by gall stones. We have to take a few blood tests.
Selma Latvala:	I was afraid that it might be the appendix. Will I have to have an operation? Do I have to go to the hospital?
Dr Korhola:	No, you don't have to go to the hospital. If it were the appendix, we would have to operate. I do believe that you will get well with medication and a diet.
Selma Latvala:	Thank you, doctor.

Dialogue 3

Doctor:	Good evening. Is the doctor on duty. What is wrong with you?
Jason:	I have a sore throat.
Doctor:	And do you have a temperature, runny nose or a cough?
Jason:	I don't have a runny nose nor a cough, but maybe a little temperature.
Doctor:	Do you have a headache?
Jason:	Not really a headache. But the throat feels dry.
Doctor:	How long have you had this sore throat.
Jason:	Three days, maybe even four.
Doctor:	I see. Your throat really does look read and swollen.
Jason:	Is it strep throat?
Doctor:	It does look like it. I'll write you a prescription, just to be sure. Are you allergic to penicillin or other antibiotic substances?
Jason:	No. As far as I know I don't have any allergies.
Doctor:	Well then. You can buy these drugs at any pharmacy.
Jason:	Thank you.
Doctor:	Come again in ten days, if the throat is still sore.
Jason:	Thank you. Good bye.
Doctor:	Good bye.

CHAPTER 7

DIALOGUE 1

Outi: Come on, Kari. We got to go shopping and find some nice present for Mom.
Kari: OK, OK, don't rush, we'll still make it.
Outi: It's Saturday now. The stores close early.
Kari: The shopping center is open later. Let's go there. I'm all ready now. -------
Outi: It's so difficult to buy presents for Mom since she already has everything.
Kari: Let's buy her some perfume, or socks, or a piece of jewelry, or a beautiful blouse.
Outi: You said it! Mom needs a new long-sleeved blouse.
Kari: Miss, where is the women's wear section?
Salesperson: On the fourth floor, to the left of the escalator.
Kari: You just go and look at blouses, I'll go to the basement level to look for greeting cards.
Outi: OK, but don't be long.

DIALOGUE 2

Salesperson: Can I help you?
Outi: Yes, do you have this blouse in size 42?
Salesperson: No, unfortunately it's sold out. But here we have a silk blouse of the same color and it's on sale. Would you like to try it on? The fitting rooms are over there.
Outi: No thanks, it's not for me, it's for mother.
Salesperson: Will there be anything else? A scarf for example that would go with this blouse?
Outi: No thanks, this will be enough. ------
Kari: How do you like this card?

To Mother
Thank you our dear mother
You are sweet to us
* * * * *
Happy Mother's Day

Outi: That's a good enough card. It even has a beautiful picture. Mom likes roses.
Kari: Yes. I think so too. What have you got? Oh, that's a real pretty blouse for Mom. Let's take that. How much is it?
Salesperson: Only 256 marks. You can pay at the cash register. Would you like it gift wrapped?
Outi: Yes, thank you. - Hey Kari, I'll still go and look at some jeans, see you at home.
Kari: Yes, bye.
Outi: Bye.

Narrative

Marjut's brother Kari is the only son of the Laine family. Outi is Marjut's and Kari's baby sister. They always remember mother on Mother's Day and father on Father's Day. Sometimes they visit the grandparents' grave. The gravestone reads, 'Otto Eenokki Laine born 1918 died 1944; Ida Maria Laine nee Honkanen born 1920 died 1993'. All the children of the Laine family remember the funeral well.

CHAPTER 8

DIALOGUE 1

Sirkka L: It's really nice to get to meet you and talk a little.
Mr Mäki: The pleasure is ours.
Juhani L: Do you have time to chat a little.
Mr. Mäki: We're in no hurry.
Juhani L: Mäki is a very Finnish name.
Mr Mäki: Yes it is. My mother and father were immigrants. They travelled to Canada in 1929 and

then later to America, Minnesota.
Sirkka L: So your roots are in Finland. What about Mrs Mäki, are you too Finnish-American?
Mrs Mäki: Yes. I was born in Calumet, Michigan. I'm both Finnish and American.
Sirkka L: There are a lot of Finns there, right?
Mr Mäki: That's true. There are a lot of Finns in Minnesota and Michigan.
Marjut: You speak Finnish extremely well. Both of you.
Mrs Mäki: Thank you. Our home language was Finnish. Also my husband's.

Dialogue 2

Marjut: Excuse me. May I introduce: Here is my friend Arvid Österberg.
Mr Mäki: Arvid Österberg. Isn't that a Swedish name? Are you from Sweden?
Arvid: Yes and no. The name is indeed Swedish, but I am not from Sweden.
Mrs Mäki: People speak also a little Swedish in Finland, don't they?
Arvid: Yes, they do. And also Sami. The Finland-Swedes speak Swedish and the Sami speak Sami.
Mrs Mäki: But you speak Finnish.
Arvid: I speak both Swedish and Finnish. I am bilingual.
Mrs Mäki: How interesting.

Dialogue 3

Mrs Mäki: Are you married?
Marjut: No. We are not married.
Mrs Mäki: Are you engaged?
Arvid: No. We are not engaged either. Yet.
Marjut: We don't even intend to get married. But we would like to live together.
Juhani L: You can wait another couple of years.
Marjut: A couple of years!!??!!

Narrative

In America live over 600,000 people who have roots in Finland. In Canada there are about 100,000 Canadians who have Finnish blood. They call themselves Finnish-Americans and Finnish-Canadians. They don't all speak Finnish. For example in Canada about 25,000 people speak Finnish. These people are bilingual since they speak two languages, Finnish and English, well.

Finland is a bilingual country. There are about 94 per cent Finnish speakers, about 6 per cent Swedish speakers. Finland has altogether five million inhabitants. There are consequently about 300,000 Finland Swedes. The Sami again number about 4500.

Chapter 9

Dialogue 1

Timo: So you are planning to go to Kauhava. Do you have relatives there?
Raymond: Yes. The wife has relatives in Kauhava. My wife's maiden name is Latvala. She has second cousins there.
Timo: What about you, Raymond, do you also have relatives in Kauhava?
Raymond: No. My family comes from Kurikka. The family's name was originally Korkeamäki.
Timo: Oh really? I have a friend in Kurikka by the name of Korkeamäki.
Raymond: Is his name Kustaa Korkeamäki?
Timo: Yes. And his wife is Margit Korkeamäki.
Raymond: Kustaa is my cousin. Who would have believed it!

Dialogue 2

Marlene: What kind of a town is Kauhava?
Laila: Nowadays it's a modern and beautiful town.
Raymond: Where is Härmä located? Is it far from Kauhava?

Timo: As a matter of fact Härmä is very near Kauhava. Do you have relatives there too?
Raymond: I'm not sure. But people talk a lot about the Härmä people. The 'Härmä tough guys' are famous.
Timo: That's true. The 'Härmä tough guys' are famous. They are even told about in songs. The following well known song talks about both Kauhava and Vaasa.

Isontalon Antti and Rannanjärvi

Isontalon Antti and Rannanjärvi
They were talking together;
Isontalon Antti and Rannanjärvi
They were talking together.
You kill Kauhava's ugly sheriff,
And I'll marry the handsome widow.
You kill Kauhava's ugly Sheriff,
And I'll marry the handsome widow.

The blood of Vaasa trembles not,
And the steel of Kauhava doesn't rust.
Just grab him by the neck and stick a knife in his back,
If he doesn't give in otherwise.

Dialogue 3

Marlene: What about Kurikka? What kind of a place is that?
Laila: It is more of a farming community. But it is in a beautiful location. And the scenery is very beautiful.
Marlene: Is it always raining in Finland in the summer?
Laila: No. But we do have rain quite often.
Marlene: Is it cold in Finland in the winter?
Laila: Yes, it's often cold in the winter. It even snows quite a bit.
Marlene: So it does in Minnesota, especially in Duluth. It's often freezing cold there in the winter.
Laila: In my opinion a winter is a real winter only when there is snow and freezing cold outside.
Marlene: We feel that way too. That's exactly why we like Duluth so much.

Narrative

Over half or actually nearly two thirds of the Finnish-Americans and the Finnish-Canadians came from Ostrobothnia. That is why many Finnish-Americans have cousins or second cousins in the towns and parishes of Ostrobothnia, for example in Seinäjoki, Kauhava, Härmä, Jalasjärvi, Isojoki, Kurikka, Töysä, and so forth.

Finnish names are often difficult for English speakers. Consequently many shortened their names in America. For example the name Mäki may come from the name Korkeamäki or Pienimäki. Likewise the name Saari may come from the name Mäntysaari etc.

Chapter 10

Dialogue 1

Arvid: Good Evening! We'd like a quiet table for two.
Maitre'd: That corner table over there would certainly be quiet.
Arvid: Thank you. That will suit us excellently.
Maitre'd: Your waiter will be here very soon.
Waiter: Good evening. What would you like? Would you like the menu?
Marjut: Yes, please. We would like a romantic dinner. -----
Marjut: Waiter!
Waiter: Yes.
Marjut: How is this salmon prepared?

Waiter: It comes fried, smoked or grilled.
Marjut: And what's 'today's special' today.
Waiter: Today our 'today's special' is broiled whitefish.
Marjut: Okay. I'll have 'Today's special'.
Waiter: Very good. And you?
Arvid: I guess I'll eat meat today. I'll have the Wiener schnitzel.
Waiter: And beverage. What would you like to drink? How about beer or wine?
Arvid: How about a bottle of wine in honor of the day, Marjut?
Marjut: Yes, let's! We'll have a bottle of wine.
Waiter: Will that be red wine or white wine?
Arvid: A bottle of white wine.
Waiter: What about dessert?
Arvid: I don't know. Can we decide after the meal?
Waiter: Yes, you can. I'll bring the beverages in a moment. -----
Arvid: Is the whitefish good?
Marjut: Yes, it's really tasty. What about the meat?
Arvid: This meat is really delicious and tender.
Marjut: Well that's nice. I think the wine is excellent too. -----
Arvid: Marjut, you know that I like you very much.
Marjut: And I like you.
Arvid: A toast to you, Marjut! Cheers!
Marjut: Cheers!
Arvid: I love you Marjut. Shall we get engaged?
Marjut: Yes, let's. I love you too. -----
Arvid: Do you still like some dessert?
Marjut: Why don't we still have a slice of chocolate cake in honor of the evening.
Arvid: Waiter! Could we still have two slices of chocolate cake for dessert? And tea please.
Waiter: Two chocolate cakes and two teas.
Arvid: Can we then also have the bill, please?

Narrative

The restaurant culture of Finland has changed a lot in recent years. There are both fine and expensive restaurants and inexpensive and informal cafeteria-restaurants. Fine restaurants always have white table cloths.

Finland has hamburger joints, pizza places, Chinese and Russian restaurants and all kinds of other eateries. Finns do not, however, eat out as much as Americans or Canadians. Customs change all the time. Pizzas and other ready made foods are delivered to the home. Finland also has a number of fast food places.

ANSWERS TO EXERCISES

Chapter 1

Answers to Exercise 1

1. Hyvää huomenta.
2. Onneksi olkoon / onnea syntymäpäiväsankarille.
3. Hyvää matkaa.
4. Hyvää ruokahalua.
5. Terveydeksi / maljanne.
6. Pidä hauskaa;pitäkää hauskaa.
7. Ei kestä
8. Kuulemiin.
9. Hyvää päivää.
10. Näkemiin.

Answers to Exercise 2

1. Hyvää iltaa. Tervetuloa.
2. Tässä on vaimoni: Laila Niemelä.
3. Hauska tutustua.
4. Kiitos kutsusta.
5. Olkaa hyvä ja tulkaa sisään.
6. Saako olla kahvia?
7. Kyllä kiitos.
8. Kuinka Te voitte?
9. Kiitos hyvin.
10. Anteeksi.

Answers to Exercise 3

1. Iltaa. (Iltaa).
2. Kiitos hyvää.
3. Kiitos hyvin.
4. Kiitos hyvin myös.
5. Hauska tutustua.
6. Kyllä kiitos.

Answers to Exercise 4

1. Hyvää päivää, mitä kuuluu?
2. Saako olla kahvia?
3. Herra Laine on tyytyväinen ja professori Laine on myös iloinen.
4. Herra ja rouva Niemelä asuvat Vaasassa.
5. Heillä on kaksi lasta.
6. Uusi kirja on vihdoinkin valmis.
7. Kari on kuusitoista vuotta vanha.

Chapter 2

Answers to Exercise 1

1. a. Missä pankki on?
   b. Kuinka minä pääsen pankkiin?
2. a. Missä rautatieasema on?
   b. Kuinka minä pääsen rautatieasemalle?
3. a. Missä sairaala on?
   b. Kuinka minä pääsen sairaalaan?
4. a. Missä jäähalli on?
   b. Kuinka minä pääsen jäähalliin?
5. a. Missä lentokenttä on?
   b. Kuinka minä pääsen lentokentälle?
6. a. Missä uimahalli on?
   b. Kuinka minä pääsen uimahalliin?
7. a. Missä tori on?
   b. Kuinka minä pääsen torille?
8. a. Missä posti on?
   b. Kuinka minä pääsen postiin?
9. a. Missä kaupungintalo on?
   b. Kuinka minä pääsen kaupungintaloon?
10. a. Missä leirintäalue on?
    b. Kuinka minä pääsen leirintäalueelle?

Answers to Exercise 2

1. Missä on autokorjaamo?
2. Missä on huoltoasema?
3. Missä on korjaamo?

Answers to Exercise 3

1. Kuinka minä pääsen / me pääsemme Joensuuhun?
2. Kuinka minä pääsen / me pääsemme Kotkaan?
3. Kuinka minä pääsen / me pääsemme Savonlinnaan?
4. Kuinka minä pääsen / me pääsemme Kuopioon?

Answers to Exercise 4

1. Minä tulen Vaasasta.
2. Minä menen Ouluun.
3. Minä tulen Oulusta.
4. Minä menen Kemiin.
5. Minä tulen Kemistä.
6. Minä menen Kajaaniin.
7. Minä tulen Kajaanista.
8. Minä menen Kuopioon.
9. Minä tulen Kuopiosta.
10. Minä menen Joensuuhun.
11. Minä tulen Joensuusta.
12. Minä menen Kouvolaan.
13. Minä tulen Kouvolasta.
14. Minä menen Kotkaan.
15. Minä tulen Kotkasta.
16. Minä menen Helsinkiin.

Answers to Exercise 5

1. Raymondilla on neljä matkalaukkua.
2. Meneekö tämä bussi hotelliin?
3. Onko kaupungin keskustaan pitkä matka?/ Onko pitkä matka kaupungin keskustaan?
4. Nyt on niin kaunis ilma.
5. Raymond ja Marlene menevät kävelylle.
6. Minulla on serkku Kanadassa.
7. Me olemme Kokkolassa ensimmäistä kertaa.
8. Missä Finnairin bussi on?
9. Minne Finnairin bussi menee?
10. Mannerheimintie on toinen katu oikealla.

Chapter 3

Answers to Exercise 1

1. Milloin/Koska juna Turkuun lähtee?
2. Milloin/Koska juna Poriin lähtee?
3. Milloin/Koska juna Vaasaan lähtee?

4. Milloin/Koska juna Jyväskylään lähtee?
5. Milloin/Koska juna Kajaaniin lähtee?
6. Milloin/Koska juna Lappeenrantaan lähtee?
7. Milloin/Koska juna Tampereelle lähtee?
8. Milloin/Koska juna Hämeenlinnaan lähtee?
9. Milloin/Koska juna Mikkeliin lähtee?
10. Milloin/Koska juna Tornioon lähtee?

Answers to Exercise 2

1. Saisinko kolme matkalippua Poriin?Meno-paluu.
2. Saisinko yhden matkalipun Tampereelle?Meno-paluu.
3. Saisinko neljä matkalippua Mikkeliin? Meno.
4. Saisinko kaksi matkalippua Pietarsaareen?Meno-paluu.
5. Saisinko yhden matkalipun Helsinkiin?Meno-paluu.
6. Saisinko kolme matkalippua Loviisaan?Meno.
7. Saisinko yhden matkalipun Parkanoon?Meno.
8. Saisinko kaksi matkalippua Kemiin?Meno-paluu.

Answers to Exercise 3

1. Lähteekö juna raiteelta 6?
2. Eikö kirja ole vielä valmis.
3. Tulemmeko me Rovaniemeltä?
4. Maksavatko liput kolmesataa markkaa?
5. Matkustavatko ihmiset usein junalla?
6. Eivätkö turistit aina saavu Suomeen yhdessä?
7. Ajatteko pääkaupunkiin omalla autolla?
8. Ettekö te kävele joka ilta?
9. Haluanko minä kahvia?
10. Meneekö Finnairin bussi Helsingin keskustaan?

Answers to Exercise 4

1. Paljonko/Kuinka paljon neljä meno-paluulippua Rovaniemelle maksaa?
2. Sehän on kohtuutonta.
3. Ihmiset matkustavat lentokoneella ja junalla.
4. Kanada on monta tuhatta mailia leveä.
5. Matka junalla Helsingistä Turkuun kestää kaksi ja puoli tuntia.
6. He tarvitsevat kaksi meno-paluulippua ja kaksi makuupaikkaa(lippua).
7. Missä täytyy vaihtaa junaa?
8. Haluan mennä yöjunalla Kuopioon.

Chapter 4

Answers to Exercise 1

1. Kahden hengen huone, jossa on suihku.Kaksi yötä.
2. Yhden hengen huone. Tiistaista perjantaihin.
3. Kahden hengen huone. Maanantaista keskiviikkoon.
4. Yhden hengen huone, jossa on kylpyhuone.Kolme yötä.
5. Kolmen hengen huone. Yksi yö.
6. Kahden hengen huone. Lauantaista torstaihin.
7. Yhden hengen huone, jossa on kylpyhuone. Sunnuntaista perjantaihin.

Answers to Exercise 2

1. Hyvää iltaa!
3. Onko Teillä vapaita huoneita?
5. Onko Teillä kahden hengen huone, jossa on suihku?
7. Perjantaista sunnuntaihin.
9. Pajonko / kuinka paljon / Mitä huone maksaa?
11. Kiitos / Kiitoksia.

Answers to Exercise 3

1. a. kaksi hotellia b. paljon hotelleja
2. a. viisi lippua b. paljon lippuja
3. a. neljä huonetta b. paljon huoneita
4. a. kaksisataa kirjaa b. paljon kirjoja
5. a. kolme serkkua b. paljon serkkuja
6. a. kuusi kaupunkia b. paljon kaupunkeja
7. a. seitsemän matkalaukkua
   b. paljon matkalaukkuja
8. a. kaksi korttia b. paljon kortteja

Answers to Exercise 4

1. kirja	kirjan	kirjaa	kirjoja
2. katu	kadun	katua	katuja
3. kaunis	kauniin	kaunista	kauniita
4. varattu	varatun	varattua	varattuja
5. kulta	kullan	kultaa	kultia
6. kerta	kerran	kertaa	kertoja
7. pitkä	pitkän	pitkää	pitkiä
8. ilta	illan	iltaa	iltoja
9. lippu	lipun	lippua	lippuja

Answers to Exercise 5

minä täytän	minä en täytä
sinä täytät	sinä et täytä
hän täyttää	hän ei täytä
me täytämme	me emme täytä
te täytätte	te ette täytä
he täyttävät	he eivät täytä
minä lähden	minä en lähde
sinä lähdet	sinä et lähde
hän lähtee	hän ei lähde
me lähdemme	me emme lähde
te lähdette	te ette lähde
he lähtevät	he eivät lähde

Answers to Exercise 6

1. Me saavumme Kuusamoon ensi perjantaina.
2. Hotellihuoneet eivät maksa yhtä paljon kuin motellihuoneet.
3. Hotellihuoneissa on kylpyhuoneet ja suihkut.
4. Vanhat hotellit sijaitsevat usein (kaupungin) keskustassa.
5. He varaavat kaksi huonetta motellista.
6. Voimmeko me maksaa luottokortilla?
7. Minä varaan aina hotellihuoneet hyvissä ajoin.
8. Vanhat majatalot ovat Suomessa harvinaisia, mutta ne eivät ole harvinaisia keski-Euroopassa.
9. Heillä on vain kolme matkalaukkua.

10. Tämä on hyvin varustettu hotelli, mutta se ei ole moderni.

Chapter 5

Answers to Exercise 1

1. Saanko taksin Kirkkokatu seitsemään. Nimellä Jussila.
2. Saanko taksin Pohjois-esplanadi kolmentoista. Nimellä Karlsson.
3. Saanko taksin Kansallisteatteriin. Nimellä Rinne.
4. Saanko taksin Finnairin terminaaliin. Nimellä Sariola.
5. Saanko taksin Kalevankatu 19 B:hen. Nimellä Miettinen.
6. Saanko taksin Satamakatu seitsemäänkymmeneenkolmeen. Nimellä Virtanen.
8. Saanko taksin Vanajantie yhdeksään. Nimellä Ranta.

Answers to Exercise 2

1. Mikä bussi menee kauppatorille?
2. Meneekö bussi (numero) 64 Pakilaan?
3. Mikä raitiovaunu menee yliopistoon?
4. Mikä raitiovaunu menee Katajanokalle?
5. Voitteko sanoa kun olemme Oulunkylässä?
6. Mikä bussi menee Finnairin kaupunkiterminaalille?
7. Voitteko sanoa minne bussi (numero) 33 menee?
8. Mikä maanalainen menee Kulosaareen?

Answers to Exercise 3

1. Tämä bussi ei mene kauppatorille.
2. Tällä bussilla ei pääse keskustaan.
3. Me emme tule Kanadasta.
4. Ihmiset eivät aja taksilla tai metrolla.
5. Monet eivät kulje omalla autolla.
6. Bussi numero 64 ei mene Munkkiniemeen.
7. Torilta ei saa ostaa hedelmiä.
8. Motellit eivät maksa paljon.
9. Nuoret eivät laula mielellään.
10. Raymond ja Merlene Mäki eivät kävele hotelliin.

Answers to Exercise 4

1. Suomen motellit ovat tavallisesti hyvin varustettuja ja moderneja.
2. Suomen taksit ovat mukavia ja kalliita.
3. Turistit kulkevat raitiovaunulla tai bussilla Suomen suurissa kaupungeissa/suurkaupungeissa.
4. Bussinkuljettaja ei vastaa kysymykseen.
5. Missä presidentin linna sijaitsee?
6. Se sijaitsee Helsingin eteläsataman rannalla.
7. Taksi on Vallilassa viiden minuutin kuluttua.
8. Kauppatori on mukava kohtaamispaikka uristeille.
9. Se on tärkeä helsinkiläisille.
10. Muissa kaupungeissa julkinen liikenne hoidetaan myös busseilla.

Chapter 6

Answers to Exercise 1

1. Minulla on kurkku kipeä.
2. Minulla on vatsakipuja.
3. Minulla on päänsärkyä.
4. Minulla on (paha) yskä.
5. Minulla on nuha.
6. Minulla on kuumetta.
7. Minulla on kuiva kurkku.
8. Minä en ole allerginen penisiliinille.
9. Minulla on turvonnut kurkku.
10. Minulla on jalka kipeä.

Answers to Exercise 2

1. Minulla on pää kipeä.
2. Minulla on polvi kipeä.
3. Minulla on käsivarsi kipeä.
4. Minulla on vatsa kipeä.
6. Minulla on korva kipeä.
7. Minulla on kurkku kipeä.
8. Minulla on selkä kipeä.

Answers to Exercise 3

1. Hyvää päivää.
3. Minulla on kuiva ja kipeä kurkku.
5. Kolme päivää.
7. Kiitos, näkemiin.

Answers to Exercise 4

1. a. Tule sisään.	b. Tulkaa sisään.
2. a. Ole ajoissa.	b. Olkaa ajoissa.
3. a. Mene istumaan.	b. Menkää istumaan.
4. a. Seuraa minua.	b. Seuratkaa minua.
5. a. Odota.	b. Odottakaa.

Answers to Exercise 5

1. Minä olisin iloinen, jos sinä tulisit mukaan.
2. Me tulisimme Turkuun ensi lauantaina.
3. Potilas joutuisi leikkaukseen, jos umpisuoli vaivaisi häntä.
4. Voisitteko sanoa...?
5. Haluaisin kupin kahvia.

Answers to Exercise 6

1. minun kirjassani
2. sinun nimesi
3. hänen huoneensa
4. meidän lääkärillemme
5. teidän taksianne
6. heidän kipujaan
7. minun tiedusteluihini
8. sinun laukussasi
9. hänen kortistaan
10. meidän kuumeeseemme
11. teidän tapauksessanne
12. heidän uudet kirjansa

Answers to Exercise 7

1. Hänen täytyy päästä lääkärille/lääkäriin.
2. Sinun/Teidän täytyy kyllä tehdä aikavaraus.
3. Lähdimme kotoa kello puoli seitsemän (6.30).
4. Voisitteko mennä makuulle tälle vuoteelle.
5. Pelkään että minun täytyy mennä leikkaukseen.
6. Ihmiset paranevat usein lääkityksellä.
7. Onneksi meidän ei tarvitse leikata/tehdä leikkausta.
8. Sattuuko kun istut/istutte?

9. Milloin kipu pahenee?
10. On hyvä ottaa verikokeita varmuuden vuoksi.
11. Kurkkusi/Kurkkunne näyttää punaiselta ja turvonneelta.

Chapter 7

Answers to Exercise 1

1. Oletko sinä viisitoistavuotias?
2. Tuo punainen huivi ei ole minusta kaunis.
3. Tulevatko he katsomaan minun lahjojani?
4. Äidille on vaikea ostaa mitään kun hänellä on kaikkea.
5. Hän ei esimerkiksi tarvitse koruja.
6. Mutta kyllä he ovat mukavia, nämä heidän vanhempansa.
7. Älä mene vielä, tule ensin minun kanssani kellarikerrokseen.

Answers to Exercise 2

1. Älä tule tänne!
2. Älkää odottako!
3. Älkää panko sitä lahjapakettiin!
4. Älkää ostako hajuvettä!
5. Älä käy ostoskeskuksesssa!
6. Älä katsele näitä puseroita!

Answers to Exercise 3

1. a. Tule katsomaan!
   b. Tulkaa katsomaan!
2. a. Tule maksamaan!
   b. Tulkaa maksamaan!
3. a. Tule käymään!
   b. Tulkaa käymään!
4. a. Tule etsimään!
   b. Tulkaa etsimään!
5. a. Tule laulamaan!
   b. Tulkaa laulamaan!

Answers to Exercises 4

1. a. Älä mene ajamaan!
   b. Älkää menkö ajamaan!
2. a. Älä mene vastaamaan!
   b. Älkää menkö vastaamaan!
3. a. Älä mene puhumaan!
   b. Älkää menkö puhumaan!
4. a. Älä mene kirjoittamaan!
   b. Älkää menkö kirjoittamaan!
5. a. Älä mene valittamaan!
   b. Älkää menkö valittamaan!

Answers to Exercise 5

1. Alina on Johannan isoäiti.
2. Juha on Johannan isoisä.
3. Armas on Johannan isoisä.
4. Hilja on Johannan äiti.
5. Kalle on Johannan isä.
6. Marjo on Johannan tytär.
7. Selma on Johannan isoäiti.
8. Olavi on Johannan setä.
9. Anna on Johannan täti.
10. Leena on Johannan serkku.
11. Elsa on Johannan serkku.
12. Lauri on Johannan poika.

Answers to Exercise 6

1. On vaikea ostaa lahjoja isälle / Isälleon vaikea ostaa lahjoja.
2. Hänellä on melkein kaikkea.
3. Laineen perheen lapset menevät ostoksille lauantaina.
4. Älkää ostako minulle hajuvettä, rakkaat lapset!
5. Kaikki äidit eivät pidä lahjoista Äitienpäivänä.
6. Menisitkö etsimään lahjakortteja?
7. Voisinko sovittaa tätä puseroa?
8. Tietysti, sovitushuone on tuolla, liukuportaista oikealle.
9. Voitte panna huivin lahjapakettiin?
10. Voivatko ihmiset/Voidaanko maksaa luottokortilla ostoskeskuksissa?
11. Muistatko (sinun) isoäidin (isoäitisi) hautajaiset?
12. Kyllä muistan. Muistan sekä isoäidin että isoisän oikein hyvin.
13. Löytyykö/Olisiko Teillä punaiset farkut?

Chapter 8

Answers to Exercise 1

1. Q: Puhutteko ruotsia?
   A: Puhun.
   Q: Oletteko ruotsalainen?
   A: En ole. Olen suomalainen.
2. Q: Puhutteko suomea?
   A: Puhun.
   Q: Oletteko suomalainen?
   A: En ole. Olen ruotsalainen.
3. Q: Puhutteko ranskaa?
   A: Puhun.
   Q: Oletteko ranskalainen?
   A: En ole. Olen kanadalainen.
4. Q: Puhutteko saksaa?
   A: Puhun.
   Q: Oletteko saksalainen?
   A: En. En ole saksalainen.

5. Q: Puhutteko englantia?
A: Puhun.
Q: Oletteko englantilainen?
A: En ole. Olen kanadalainen.
6. Q: Puhutteko italiaa?
A: Puhun.
Q: Oletteko italialainen?
A: Olen. Olen italialainen.

Answers to Exercise 2

1. Minä olen syntynyt Ruotsissa. Minä olen naimisissa.
2. Minä olen syntynyt Amerikassa. Minä olen kihloissa.
3. Minä olen syntynyt Kanadassa. Kaarlo ja minä asumme yhdessä.
4. Minä olen syntynyt Suomessa.Minä en ole naimisissa enkä kihloissa.
5. Minä olen syntynyt Saksassa. Minä olen kihloissa; Gretchen ja minä asumme yhdessä.
6. Minä olen syntynyt Amerikassa. Minä haluan mennä naimisiin.
7. Minä olen syntynyt Ranskassa. Minä haluan mennä kihloihin.
8. Minä olen syntynyt Suomessa.Minulla ei ole vaimoa.

Answers to Exercise 3

1. Lippuja on viisikymmentäviisi.
2. Kirjoja on kaksitoista.
3. Suomalaisia on kuusisataatuhatta.
4. Kahvia on hyvin paljon.
5. Saamelaisia on noin viisituhatta.
6. Hotellihuoneita on kolme.
7. Turisteja on erittäin monta/paljon.
8. Kanadan suomalaisia on yhdeksän kymmentäyhdeksäntuhatta.
9. Suomenkielisiä/Suomea puhuvia on yhdeksänkymmentäneljä prosenttia.
10. Kaksikielisiä (henkilöitä) on noin kymmenen tai yksitoista.

Answers to Exercise 4

1. Minä pidän tästä kaupungista, joka on niin kaunis.
2. Minä en pidä kirjasta, jossa ei ole lapsia.
3. Sirkka Laine on professori, joka opettaa historiaa.
4. Raymond Mäki on mies, joka on syntynyt Amerikassa.
5. Kanada on maa, johon muuttaa paljon siirtolaisia.
6. Amerikassa on paljon suomalaisia, joista monet tulevat Pohjanmaalta.
7. Liisa on nainen, jolla on kolme lasta.
8. Asemalla on kaksi junaa, joissa istuu paljon matkustajia.

Answers to Exercise 5

1. Kauppatorilla on paljon ihmisiä.
2. Rautatieasemalla on hyvää kahvia.
3. Lentokentällä on paljon turisteja.
4. Kanadassa ja Amerikassa asuu paljon siirtolaisia.
5. Suomessa on hyvä julkinen liikennejärjestelmä.
6. Suomessa asuu suomenruotsalaisia.
7. Heitä on noin kolmesataatuhatta.
8. Suomessa on myös noin neljätuhattaviisisataa viiva viisituhatta saamelaista.
9. Ihmiset puhuvat suomea hyvin, jos kotikieli on suomi.
10. Minun hyvällä ystävälläni on kanadalainen vaimo.
11. Minun mieheni nimi on ruotsalainen, mutta hän puhuu suomea / on suomenkielinen.
12. Ei ole tarpeeksi aikaa jutella/puhua, valitettavasti.

Chapter 9

Answers to Exercise 1

1. a. Lähellä Joensuuta. b. Ei kaukana Joensuusta.
2. a. Lähellä Raahea. b. Ei kaukana Raahesta.
3. a. Lähellä Oulua. b. Ei kaukana Oulusta.
4. a. Lähellä Kajaania. b. Ei kaukana Kajaanista.
5. a. Lähellä Lappeenrantaa. b. Ei kaukana Lappeenrannasta.
6. a. Lähellä Kokkolaa. b. Ei kaukana Kokkolasta.
7. a. Lähellä Turkua. b. Ei kaukana Turusta.
8. a. Lähellä Lahtea. b. Ei kaukana Lahdesta.
9. a. Lähellä Poria. b. Ei kaukana Porista.
10. a. Lähellä Helsinkiä. b. Ei kaukana Helsingistä.

Answers to Exercise 2

Here are some possible conversations; they may, of course, vary greatly.

1. Q: Onko New Yorkissa kuuma kesällä?
A: Kyllä on, mutta talvella on joskus kylmä ja sataa luntakin.
2. Q: Sataako Floridassa paljon?
A: Ei. Siellä on kaunista sekä kesällä että talvella.
3. Q: Onko Lapissa talvella kylmä?
A: On kyllä. Siellä on kova pakkanen ja sataa paljon lunta.
4. Q: Sataako Etelä-Suomessa paljon kesällä?
A: Kyllä sataa. Mutta on myös usein kaunis ilma kesällä.
5. Q: Onko Minnesotassa kova pakkanen talvella?
A: On kyllä, mutta kesällä on hyvin kuumaa.
6. Q: Onko Italiassa talvella kylmä?
A: Ei ole. Italiassa ei ole talvellakaan kovin kylmä.

Answers to Exercise 3

1. He laulavat onnettomuudesta.
2. He keskustelevat säästä.
3. Niissä kerrotaan "Härmän Häijyistä".
4. Se kertoo ihmisistä.
5. He kirjoittavat autoista ja sukulaisista.
6. He puhuvat isästä ja äidistä.
7. He puhuvat lapsista.
8. He puhuvat työstä ja perheestä.

Answers to Exercise 4

1. Helsingissä ei ole hyvää taksipalvelua.
2. Kadulla ei kulje vanhaa autoa.
3. Eikö sinulla ole uutta autoa?
4. Kahvi ei ole kovin kuumaa.
5. Suomalaiset eivät ole iloisia.
6. Liisa ei ole nuori tyttö.
7. Kallella ei ole pikkuserkkua Kanadassa.
8. Talvella ihmisillä ei ole lämpimiä vaatteita.
9. Monella amerikkalaisella ei ole serkkuja ja/ tai pikkuserkkuja Suomessa.
10. Suomalaiset nimet eivät joskus ole helppoja pohjois-amerikkalaisille.

Answers to Exercise 5

1. Monet ruotsinkieliset asuvat Pohjanmaalla.
2. Me todella pidämme Wisconsinista kovasti.
3. Saamelaisista puhutaan paljon.
4. Sanotaan että suomalaiset eivät ole kuuluisia.
5. Mitä ihmisille tehdään?
6. Mistä enemmän kuin puolet amerikansuomalaisista tulivat?
7. Miksi monet suomalaiset lyhensivät nimensä Amerikassa ja Kanadassa?
8. Sanotaan/Ihmiset sanovat, että suomalaiset nimet ovat vaikeita englanninkielisille.
9. Me emme aina muista äitienpäivää tai syntymäpäivää.
10. Avaimet unohdetaan usein kotiin.
11. Ihmiset tulevat läheltä ja kaukaa näkemään/ katsomaan uutta lastamme.
12. Meidän täytyy mennä töihin joka päivä, muttei lauantaina ja sunnuntaina.

Chapter 10

Answers to Exercise 1

1. Yksi pizza, ranskalaiset perunat ja yksi virvoitusjuoma; yksi hampurilainen, ranskalaiset perunat ja maito; yksi nakkisämpylä, kuppi kahvia ja mustikkapiirakka (jälkiruuaksi).
2. Yksi munakas /yksi savustettu lohi (eg), yksi oopperavoileipä (eg), yksi lasi valkoviiniä ja yksi lasi tuoremehua. Kaksi kahvia (jälkiruuaksi).
3. Any combination is fine, but do them one by one, not in twos.

Answers to Exercise 3

1. Onko Teillä pöytä kolmelle?
2. (Anteeksi.) Tarjoilija!
3. Haluaisimme tilata.
4. Saisimmeko kolme olutta?
5. Mikä "Päivän erikoinen" on tänään?
6. Saisimmeko kolme hiillostettua lohta.
7. Saisimmeko pullon valkoviiniä?
8. Saisimmeko laskun, kiitos.

Answers to Exercise 4

1. Tämä liha on hyvää.
2. Nämä ranskalaiset perunat ovat liian suolaiset.
3. Ranskalainen viini on usein hyvin kallista.
4. Suomalaiset ovat hyviä asiakkaita.
5. Lapsen kädet ovat likaiset.
6. Onko tuo viiniä vai olutta?
7. Tämä kahvi on kuumaa.
8. Nämä ravintolat eivät ole kovin hyviä.
9. Kaikki hotellit ovat varattuja.
10. Suomen kaupungit ovat siistejä.
11. Sinun silmäsi ovat kauniit.
12. Onko tuo vodkaa vai vettä.
13. Ovatko pöytien liinat aina valkoiset?

Answers to Exercise 5

1. Monet suomalaiset ovat kaksikielisiä.
2. He puhuvat/osaavat usein kolmea tai neljää kieltä.
3. Suomi on mielenkiintoinen kieli, mutta sitä sanotaan vaikeaksi.
4. Amerikansuomalaiset pitävät Suomesta ja suomalaisesta kulttuurista kovasti.
5. Pohjois-Suomen maisema on hyvin kaunis.
6. (Minä) syön suklaakakkua jälkiruuaksi tänä iltana.
7. Syötkö (sinä) mieluummin pizzaa kuin hampurilaisia?
8. Pizzaa. (Minä) en pidä hampurilaisista.
9. Otatko (sinä) punaviiniä vai valkoviiniä aterian kanssa?
10. Juotko kahvia, teetä vai tuoremehua aamulla?
11. Meidän perheessämme syömme usein leipää ja hedelmiä aamiaiseksi.
12. Maito on valkoista, appelsiinimehu on keltaista ja punaviini on tummanpunaista.
13. Mennään kiinalaiseen ravintolaan!
14. Pidätkö (sinä) kiinalaisesta ruuasta?
15. Rakastatko minua yhtä paljon kuin minä rakastan sinua?

Chapter 11

Answers to Exercise 1

1. Saisinko lainata polkupyörää?
2. Saisinko lainata hammastahnaa?
3. Saisinko lainata kirjaa?
4. Saisinko lainata herätyskelloa?
5. Saisinko lainata radiota?
6. Saisinko lainata puseroa?
7. Saisinko lainata Kalevalaa?
8. Saisinko lainata sanakirjaa?

Answers to Exercise 2

1. Tässä, ole hyvä.
2. Kyllä, hetken kuluttua.
3. Ei. Et saa lainata minun hammasharjaani!
4. Valitettavasti en voi antaa sitä.
5. Saat. Tässä se on.
6. Ette saa.
7. Et saa.
8. Et saa. Ei käy.

Answers to Exercise 3

1. Saako ystäväni lainata kirjoja kirjastosta?
2. Laula minulle jokin laulu.
3. Älä unohda pakettia ostoskeskukseen.
4. Sinun täytyy muistaa tämä päivä aina, sanoi Arvid.
5. On hauska katsella televisiota.
6. Minä ymmärrän vain vähän ruotsia.
7. Minä luen mielelläni vanhoja kirjoja.
8. Sinun täytyy tehdä aikavaraus etukäteen.
9. Mistä minä voin ostaa hyvää italialaista viiniä?
10. Älkää unohtako maksaa tätä isoa laskua!
11. Annetaanko äidille hieno lahja?
12. Turistit käyvät kaupassa ostamassa uudet kengät/uusia kenkiä.

Answers to Exercise 4

1. Nuoret keskustelevat kaikesta.
2. Voisiko joku vastata tähän kysymykseen?
3. Pyydän äitiä ostamaan minulle uuden huivin.
4. Meidän täytyy varoittaa Juhania juomasta tuota maitoa.
5. Lauri haluaa soittaa Marjutille, mutta hänellä ei ole kolikoita.
6. Ei saa lainata (minun) kynääni, valitan.
7. He eivät voi antaa meidän ostaa heidän kotiaan.
8. Minusta meidän pitäisi yrittää estää lapsiamme syömästä pahaa ruokaa.
9. Älä kerro/Älkää kertoko tätä mukavaa salaisuutta lapsillenne.
10. Mistä te haluatte jutella/keskustella/puhua?
11. Hän haluaa tietää, mistä me haluamme jutella/keskustella/puhua.
12. Minä en tiedä kuka saa lainata hänen polkupyöräänsä tänään.
13. Täytyykö/Pitääkö heidän aina vastata vaikeisiin kysymyksiin?

Chapter 12

Answers to Exercise 1

1. Haluaisin mennä lomalle ensi talvena.
2. Haluaisin mennä lomalle tänä syksynä.
3. Haluaisin mennä lomalle ensi kuussa.
4. Haluaisin mennä lomalle huomenna.
5. Haluaisin mennä lomalle tällä viikolla.
6. Haluaisin mennä lomalle kahden kuukauden kuluttua.
7. Haluaisin mennä lomalle joka kevät.
8. Haluaisin mennä lomalle kesällä.
9. Haluaisin mennä lomalle keväällä.
10. Haluaisin mennä lomalle samassa kuussa joka vuosi.

Answers to Exercise 2

1. Jos joskus tulisin rikkaaksi.
2. Jos (joskus) olisin lomalla.
3. Jos joskus en olisi työssä.
4. Jos (joskus) osaisin laulaa kauniisti.
5. Jos joskus saisin vaimoni/mieheni iloiseksi.
6. Jos joskus saisin saunan kuumemmaksi.
7. Jos joskus palkkani tulisi suuremmaksi.
8. Jos joskus Suomi tulisi vielä kauniimmaksi.
9. Jos (joskus) Amerikka olisi vanhempi.
10. Jos (joskus) sää/ilma ei tulisi kylmemmäksi.
11. Jos (joskus) kesä kestäisi hyvin kauan.

Answers to Exercise 3

1. Viime viikolla.
2. Vuonna 1972
3. Aamulla.
4. Illalla.
5. Kahteenkymmeneen vuoteen.
6. Kaksi kertaa vuodessa.
7. Kuukaudeksi.
8. Talvella.
9. Päivällä.
10. Tällä viikolla.
11. Tänä kesänä.
12. Joka päivä.

Answers to Exercise 4

1. Meidän sauna on kuumempi kuin teidän saunanne, mutta Kustaan sauna on kuumin.
2. Minä pidän kylmästä säästä, mutta en pidä kaikkein kylmimmästä ilmasta.
3. Vanhemmat ihmiset tietävät paljon, mutta vanhimmat ihmiset eivät aina tiedä kaikkea.
4. Saksa on helpompi kieli, mutta helpoin kieli on englanti.
5. Liisa osaa sanoa sen kauniilla tavalla, mutta Marjut sanoo sen vielä kauniimmalla tavalla.
6. Kanadalaiset asuvat lämpimämmässä maassa kuin suomalaiset, mutta italialaiset asuvat kaikkein lämpimimmässä maassa.
7. Kari Laine on nuorempi kuin Marjut, mutta Outi on perheen nuorin lapsi.
8. Monet haluavat muuttaa lämpimämpiin ja parempiin maihin, mutta he eivät kuitenkaan halua muuttaa kaikkein kuumimpiin maihin.
9. Ruotsi ja Kanada ovat rikkaampia maita kuin Suomi, mutta Saksa ja Amerikka ovat maailman rikkaimpia maita.

Answers to Exercise 5

1. Minä en ole käynyt Suomessa kahteen viikkoon.
2. Lääkärit menevät silloin tällöin lomalle talvella.
3. Tänä aamuna aurinko paistaa ja päivä tulee lämpimämmäksi kuin viime viikolla.
4. Jos ihmiset eivät pidä saunasta, he eivät tiedä mitä siellä voi tehdä.
5. Ensi vuonna voidaan käydä mielenkiintoisemmissa paikoissa kuin viime vuonna.
6. Minä olen hyvin iloinen ja tyytyväinen tällä hetkellä, että sinä tulit kylään/käymään.
7. Lämmin olut ei maistu yhtä hyvältä kuin kylmempi olut.
8. Sinun saunassasi/Teidän saunassanne on todella hyvät löylyt.
9. Duluth on sekä kylmempi että kauniimpi kuin Minneapolis, sanoo Raymond Mäki.
10. Matkustaminen ei tule halvemmaksi ensi kesänä.
11. Ajattelen mahdollisuutta, että (me) voisimme matkustaa Kanadaan ja Amerikkaan ensi vuonna.
12. On parempi matkustaa nyt; (me) olemme vielä nuoria ja terveitä.

Chapter 13

Answers to Exercise 1

1. Kaikki kokoontuvat linnan edessä kello kolme.
2. Menkää sillalle.
3. Konsertti alkaa puolen tunnin kuluttua.
4. Etsikää paikkanne hyvissä ajoin.
5. Kaikki paikat ovat yhdessä.
6. Teidän lippunne ovat kolmannella ja neljännellä rivillä.
7. Olkaa hetkinen hiljaa / Voitteko olla hetkisen hiljaa.
8. Onko kellään kysymyksiä?
9. Varokaa askeltanne!
10. Tutustukaa tauluihin/maalauksiin ja taiteeseen.
11. Kiitoksia kaikesta.

Answers to Exercise 2

1. Kuinka pitkä matka on seuraavaan kaupunkiin?
3. Onko/Saako siellä kahvia?
5. Mennäänkö/Menemmekö tänään taidegalleriaan?
7. Mikä Hvitträsk (oikein) on?
9. Mennäänkö/Menemmekö myös Ainolaan, Sibeliuksen kotiin, tänään?
11. Onko totta, että suomalaiset pitävät oopperasta.
13. Ovatko Savonlinnan oopperajuhlat auki vielä syyskuussa.
15. Kiitos/Kiitoksia hyvästä työstä ja hauskasta päivästä.

Answers to Exercise 3

1. Turisti käveli kolmannesta kerroksesta viidenteen kerrokseen.
2. Me istumme kaikki ensimmäisellä tai toisella rivillä, mutta Eero istuu seitsemännellä rivillä.
3. Kukaan ei halua olla töissä joulukuun kahdennestakymmenennestäkolmannesta päivästä tammikuun kolmanteen päivään.
4. Huomenna ei ole yhdeksästoista vaan kahdeskymmenes toukokuuta.
5. Yliopistossa kolmas vuosi on usein vaikeampi kuin toinen tai neljäs vuosi.

Answers to Exercise 4

1. Ensi kesänä käymme/aiomme käydä Savonlinnan oopperajuhlissa.
2. Eero Järnefelt on Suomen parhaita ja kuuluisimpia taidemaalareita.
3. Tämä retki oli ihan/kovin antoisa meille kaikille.
4. He lukivat sanomalehdestä unohtumattomasta taidenäyttelystä.
5. Oiva Toikka ja Timo Sarpaneva ovat kuuluisia lasiveistoksistaan.
6. Matkaopas/Opas varoitti meitä eksymästä muusta joukosta.
7. Olavinlinnan tunnelma oli hyvin kaunis.
8. Olavinlinna on Suomen vanhimpia linnoja ja on keskiajalta.
9. He tutustuivat Suomen parhaaseen taiteeseen.
10. Matka täältä Ainolaan on lyhyt; olemme perillä noin neljänkymmenenviiden minuutin kuluttua.

Answers to Exercise 5

Jyväskylässä 27. elokuuta

Hyvä ystäväni,

Eilen kävin Alvar Aallon museossa täällä Jyväskylässä. Se on moderni rakennus, jossa on paljon valoisia huoneita ja alueita/monta valoisaa huonetta ja aluetta. Luin kirjan Aallon arkkitehtuurista viime vuonna ja minusta oli hyvin mielenkiintoista nähdä museo.

Sen jälkeen tapasin kaksi muuta amerikkalaista, jotka opiskelevet Jyväskylänyliopistossa. He sanoivat/kertoivat, että hekinpitivät suomalaisesta kulttuurista, erityisesti Suomen/suomalaisesta arkkitehtuurista. Eliel ja Eero Saarinen, Alvar Aalto ja Reima Pietilä ovat Suomen tunnetuimpia arkkitehteja.

Kuten huomaat minä todella pidän matkastani ja kaikki on hyvin mielenkiintoista. Kerron Sinulle lisää Suomesta kun tulen/palaan kotiin ensi kuussa.

Lämpimin terveisin,

Jennifer

Chapter 14

Answers to Exercise 1

1. Minä olen bussinkuljettaja.
2. Minusta tulee ensi vuonna opettaja/Minä valmistun ensi vuonna opettajaksi.
3. Me ollaan/olemme molemmat työttömiä tällä hetkellä.
4. Minä olin viime vuonna töissä tarjoilijattarena pizzaravintolassa.
5. Minä haluan (tulla) oopperalaulajaksi.
6. Minä olen töissä eri hoitotehtävissä.
7. Minä en ole töissä nyt, koska olen opiskelija /opiskelen yliopistossa.
8. Minä korjaan kopiointikoneita ja tietokoneita.
9. Minä en ole Helsingistä ja minä en tiedä mitään.

Answers to Exercise 2

1. a. Minä opiskelen suomea ja ruotsia.
   b. Minä haluan tulla kääntäjäksi.
2. a. Minä opiskelen tietokoneita.
   b. Minä olen kovasti kiinnostunut tietokoneista.
3. a. Minä opiskelen Amerikan ja Euroopan istoriaa.
   b. Minä haluan päästä kansainväliseen työhön.
4. a. Minä opiskelen valtiotiedettä.
   b. Minä pidän professoreistani.
5. a. Me opiskelemme teatteria ja arkkitehtuuria Turun yliopistossa.
   b. Me olemme kiinnostuneita taiteesta ja haluamme opettaa kulttuuria.
6. a. Hän opiskelee englantia ja saksaa.
   b. Minä haluan työskennellä/tehdä työtä kääntäjänä ja tulkkina. Tai opettajana.
7. a. Minä opiskelen psykologiaa ja sosiologiaa.
   b. Minä haluan ymmärtää ihmisiä ja ehkä saada työtä sairaalasta.

Answers to Exercise 3

1. Hän ei oppinut puhumaan englantia pienenä lapsena.
2. Me halusimme opiskella suomea Kanadassa tai Amerikassa.
3. Nuoret työntekijät eivät innostuneet keskustelemaan teatterista.
4. Isä ja äiti eivät kehottaneet lapsia tekemään työtä koulussa.
5. Etkö pyytänyt Jussia käymään pankissa eilen?
6. Matti ei halunnut tulla työttömäksi.
7. Eikö Erkistä tullut suomen kielen opettaja(a)?
8. Asiakkaat eivät pitäneet hintoja aivan kohtuuttomina.

Answers to Exercise 4

1. Mitä sinä teit/Te teitte työksesi/työksenne?
2. Minä opiskelin teknologiaa ja työskentelin/toimin insinöörinä monta vuotta.
3. Jouduitko (sinä) menemään asiakkaiden luo?
4. Tarvitsiko/Pitikö sinun osata englantia ja saksaa siinä työssä?
5. Tarvitsi/Piti. Minun piti puhua sekä englantia että saksaa monta kertaa.
6. Kouluttiko (sinun) firmasi sinua vai lähettikö se sinut kielikursseille?
7. Joskus, mutta kaikki neuvoivat minua opiskelemaan englantia ja saksaa sekä myös ruotsia kotona.
8. Onko Suomessa kilpailua opiskelijapaikoista?
9. On, kilpailu on kovaa: paljon enemmän pyrkii yliopistoon kuin pääsee.
10. Se on osa elämää monessa Euroopan/ eurooppalaisessa maassa.
11. Minun ei tarvinnut joutua/tulla työttömäksi tai edes vaihtaa työtä moneen vuoteen.
12. Miksi ulkomaalaiset eivät oppineet puhumaan Ruotsia?
13. He eivät todella tarvinneet ruotsin kieltä itä-Suomessa.
14. Minusta (minun) ammattini ovat hyvin antoisia ja mielenkiintoisia.

Chapter 15

Answers to Exercise 1

1. Mitä *Kalevala* on?
3. Mitä 'kansalliseepos' merkitsee?
5. Mistä *Kalevala* kertoo/puhuu?

7. Ketkä ovat *Kalevalan* sankarit?
9. Kuka on päähenkilö?
11. Onko siinä/*Kalevalassa* yhtään naisia?
13. Mitä *Kanteletar* on?
15. Kiitos/Kiitoksia.

Answers to Exercise 2

1. Heike Mahler. Minä olen saksalainen. Olen Saksasta ja puhun saksaa.
2. Natasha Harper. Minä olen kanadalainen. Olen Kanadasta ja puhun englantia ja ranskaa.
3. Mike Kaminski. Minä olen amerikkalainen. Olen Amerikasta/Yhdysvalloista ja puhun englantia ja puolaa.
4. Jean Sauvage. Minä olen ranskalainen. Olen Ranskasta ja puhun ranskaa.
5. Mona Anderson. Minä olen ruotsalainen. Olen Ruotsista ja puhun ruotsia.
6. Janos Kosar. Minä olen unkarilainen. Olen Unkarista ja puhun unkaria ja saksaa.
7. Antonio Casagrande. Minä olen italialainen. Olen Italiasta ja puhun italiaa.
8. Elke DeVries. Minä olen hollantilainen. Olen hollannista ja puhun hollantia.

Answers to Exercise 3

1. Kari ja Outi ostivat kortin äidilleen Äitienpäiväksi.
2. Minä kirjoitin eilen kirjeen eestiläiselle ystävälleni.
3. Minunkin pitäisi kirjoittaa pitkä kirje serkulleni.
4. *Kalevala* antoi suomalaisille uuden identiteetin.
5. Voisitko heittää vettä kiukaalle?
6. Me tapasimme Vaasassa sukulaisia.
7. Hän ei halua muistaa näitä hetkiä.
8. On hauska tavata vanha ystävä.
9. Laura opiskelee kieliä ja matematiikkaa.
10. Aleksis Kivi kirjoitti suuren romaaninsa suomeksi.
11. Minna Canth ei kirjoittanut Sylvi-näytelmää suomeksi vaan ruotsiksi.
12. Näitkö Kallen isot jalat?
13. Ketä tai mitä te nyt ajattelette?
14. Täytyykö sinun aina ajatella ruokaa?
15. He haluavat lukea runoja, mutta he eivät halua lukea tätä kirjaa.

Answers to Exercise 4

1. Suomalainen kirjallisuus suomen kielellä on hyvin nuori/nuorta.
2. Lemminkäinen ja Ilmarinen ovat *Kalevalan* sankareita.
3. Virolaisilla/Eestiläisillä on myös kansalliseepos, ja sen nimi on *Kalevipoeg*.
4. Eestiläinen/Virolainen ymmärtää usein mitä suomalainen sanoo.
5. Älä kerro/Älkää kertoko tätä suurta salaisuutta sukulaisillesi/sukulaisillenne.
6. Varaa/Varatkaa minulle huone hotellista tai motellista!
7. *Kalevala* ei kerro meille yhtä paljon rakkaudesta ja ikävästä / surullisuudesta kuin *Kanteletar*.
8. *Kanteletar* julkaistiin vuonna 1840.
9. Vuodet 1809 ja 1917 ovat tärkeitä vuosia Suomen historiassa.
10. Vuonna 1157 Suomsta tuli Ruotsin osa/osa Ruotsia ja vuonna 1809 siitä tuli osa Venäjää / Venäjän osa.
11. Mikä on vanhempi, Suomen/suomalainen kirjallisuus vai Amerikan / amerikkalainen kirjallisuus?
12. Tavallisesti/yleensä pohjois-amerikkalaiset eivät tunne Suomen/suomalaisia kirjailijoita hyvin.
13. Kullervo on päähenkilö(nä) oopperoissa ja näytelmissä, jopa/peräti Sibeliuksen sinfoniassa.
14. Unohditko taas (silmä)lasit kotiin?
15. Missä voi käyttää ruotsia tai englantia Suomessa?

Chapter 16

Answers to Exercise 1

1. Q: Haluatko mennä katsomaan uutta Aki Kaurismäen elokuvaa?
   a. Kyllä mielelläni.
   b. Ei kiitos. Minä olen jo nähnyt Aki Kaurismäen elokuvan.
2. Q: Haluatko mennä pitkälle kävelylle tänään?
   a. Kyllä mielelläni.
   b. Ei kiitos. Minä olen jo kävellyt tänään.
3. Q: Haluatko pelata tennistä tänään?
   a. Kyllä mielelläni.
   b. Ei kiitos. Minä olen jo pelannut (tennistä) tänään?
4. Q: Haluatko nähdä Helsingin (kauppa)torin?
   a. Kyllä mielelläni.
   b. Ei kiitos. Minä olen jo nähnyt (kauppa)torin.
5. Q: Haluatko istua ja levätä/lepäämässä?
   a. Kyllä mielelläni.
   b. Ei kiitos. Minä olen jo istunut ja levännyt/ lepäämässä.
6. Q: Haluatko lukea Laila Hietamiehen uusimman romaanin?
   a. Kyllä mielelläni.
   b. Ei kiitos. Minä olen jo lukenut sen.
7. Q: Haluatko laulaa äidillesi hänen syntymäpäivänään?
   a. Kyllä mielelläni.
   b. Ei kiitos. Minä olen jo laulanut hänelle.
8. Q: Haluatko mennä juomaan kupin kahvia?

a. Kyllä mielelläni.
b. Ei kiitos. Minä olen jo juonut kupin kahvia.
9. Q: Haluatko katsella Lohjan kirkkoa minun kanssani?
a. Kyllä mielelläni.
b. Ei kiitos. Minä olen jo katsellut/nähnyt sen.
10. Q: Haluatko ostaa kortin ystävällesi?
a. Kyllä mielelläni.
b. Ei kiitos. Minä olen jo ostanut kortin hänelle.

Answers to Exercise 2

1. Olen huono laulamaan.
2. Olen hyvä lukemaan kirjoja.
3. Olen huono syömään.
4. Olen huono muistamaan.
5. Olen hyvä puhumaan ranskaa.
6. Olen hyvä pelaamaan korttia.
7. Olen hyvä kävelemään.
8. Olen huono puhumaan saksaa.
9. Olen huono opiskelemaan.
10. Olen hyvä ajamaan autoa.

Answers to Exercise 3

1. Anneli ja Jason ovat kirjastossa lukemassa.
2. Opiskelemalla oppii, mutta nukkumalla ei opi.
3. Lapset tulivat ulkoa pelaamasta tennistä.
4. Lauri lähti teatteriin varaamaan hyvät liput illan esitykseen.
5. Me lähdemme nyt Vaasaan tapaamaan ystäviä ja sukulaisia.
6. Keräämällä kansanrunoja Lönnrot onnistui julkaisemaan *Kalevalan*.
7. Yrittämättä ei onnistu, mutta yrittämällä parhaansa voi onnistua.
8. Hän lähti toimistoonsa muistamatta, että oli lauantai.
9. Pyysitkö heitä soittamaan kotiin joka päivä?
10. Lääkäri varoitti Marjutia rasittamasta ääntään.

Answers to Exercise 4

1. Minä olen käynyt Helsingissä kerran kuussa.
2. Turistit ovat ajaneet omalla autolla Helsingistä Porvooseen, Loviisaan ja Haminaan.
3. Olen halunnut mennä katsomaan sitä uutta näytelmää.
4. Jason on kuullut taas lisää Suomen kivikirkoista.
5. Me emme ole onnistuneet aina, mutta olemme yrittäneet parhaamme.
6. Suomalainen elokuva ei ole kiinnostanut ulkomaalaisia aina.
7. Me olemme vastanneet kaikkiin kysymyksiin.
8. Eräät autonmyyjät ovat liioitelleet, kun he ovat kertoneet auton kunnosta.
9. Olen tiennyt jo kauan, että Eero on palannut Suomeen.
10. Olen lukenut kirjan viikossa ja (olen) kirjoittanut kirjeen silloin tällöin.

Answers to Exercise 5

1. Suomalaiset ovat aina olleet kovasti iinnostuneita teatterista ja taiteesta.
2. He ovat tottuneet tekemään tehtäviään nopeasti.
3. Jason palasi Helsinkiin opiskelemaan arkkitehtuuria.
4. Suomessa on paljon vanhoja kivikirkkoja, mutta Lohjan kirkko on (kaikkein) kuuluisimpia.
5. Eilisessä sanomalehdessä oli useita juttuja/tarinoita ulkomaalaisista.
6. Liioittelematta voin sanoa, että sinä puhut suomea hyvin.
7. Yksinäiset ihmiset kaipaavat usein seuraa.
8. Helsingin yliopistossa on aina opiskellut/ollut opiskelemassa lahjakkaita opiskelijoita.
9. Jason on ajatellut Annelia noin kuukauden.
10. Anneli ei ole oppinut pitämään autoista; hän on tottunut kävelemään paljon.

Chapter 17

Answers to Exercise 1

1. Minä harrastan juoksua/juoksemista ja kalastusta/kalastamista.
2. Minä harrastan laulua/laulamista ja kävelyä/kävelemistä.
3. Minä harrastan pyöräilyä/pyöräilemistä ja teatteria.
4. Minä harrastan kuorolaulua ja matkustamista.
5. Minä harrastan painia ja voimistelua.
6. Minä harrastan juoksua ja kymmenottelua.
7. Minä harrastan vain näyttelemistä ja TV:n katselua / katsomista.
8. Minä harrastan amatööriteatteria ja uintia/uimista.
9. Minä en enää harrasta urheilua, vaan olen penkkiurheilija.
10. Minä harrastan kaikkea/mitä tahansa, mikä/joka on mielenkiintoista.

Answers to Exercise 2

1. Minä pidän ajamisesta, mutta en välitä kävelemisestä.
2. Minä pidän urheilusta, mutta en välitä TV:n katselusta/katsomisesta.
3. Minä pidän amatööriurheilusta, mutta en välitä amatööriteatterista.
4. Minä pidän ammattilaisurheilusta, mutta en välitä juoksusta/juoksemisesta.
5. Minä pidän matkustamisesta, mutta en välitä pyöräilystä/pyöräilemisestä.

Answers to Exercise 3

1. a. He ovat alkaneet matkustaa enemmän.
   b. He ovat ruvenneet matkustamaan enemmän.
   c. He ovat lakanneet syömästä liikaa.
2. a. He ovat alkaneet näytellä amatööriteatteriryhmässä.
   b. He ovat ruvenneet näyttelemään amatööriteatteriryhmässä.
   c. He ovat lakanneet kalastamasta.
3. a. He ovat alkaneet lukea runoja/ runoutta.
   b. He ovat ruvenneet lukemaan runoja/runoutta.
   c. He ovat lakanneet uimasta.
4. a. He ovat alkaneet nostaa painoja.
   b. He ovat ruvenneet nostamaan painoja.
   c. He ovat lakanneet juomasta kahvia.
5. a. He ovat alkaneet laulaa kuorossa.
   b. He ovat ruvenneet laulamaan kuorossa.
   c. He ovat lakanneet katsomasta/katselemasta TV:tä.

Answers to Exercise 4

1. Isojen poikien harrastukset eivät ole yleensä kiinnostaneet minua.
2. Me luimme amerikkalaisten (amerikkalaisien) ystävien kirjeitä.
3. Nuo näyttävät nuorten lasten (lapsien) silmiltä.
4. Urheilijoiden (urheilijoitten) päivät ovat usein kovia.
5. Urheilu on tärkeä osa suomalaisten (suomalaisien) naisten (naisien) ja miesten (miehien) elämää.
6. Menin vanhempien poikien kanssa teatteriin.
7. Ulkomaisten (ulkomaisien) opiskelijoiden on hyvä osata vähän suomeakin.
8. Kuuluisien näyttelijöiden (näyttelijöiden) elämä ei ole helppoa.
9. Noiden maiden (noitten maitten) pieniä kaupunkeja on mielenkiintoisempaa nähdä kuin suuria.
10. Kilttien koirien kanssa on joskus mukavampi keskustella kuin uusien naapureiden (naapureitten) kanssa.

Answers to Exercise 5

1. Suomi on kuuluisa kuoroistaan ja amatööriteattereistaan.
2. Olympialaiset ovat muuttuneet (ja tulleet) yhä kaupallisemmiksi.
3. Mitkä olivat sinun harrastuksesi nuorena naisena Suomessa?
4. Minä harrastin kovasti voimistelua ja näyttelemistä.
5. Vanhempien ihmisten mielestä/ Vanhemmista ihmisistä Helsingin olympialaiset olivat hyvät, ehkä jopa viimeiset oikein hyvät (kisat).
6. Minun lempiharrastukseni on aina ollut yleisurheilu.
7. Nuorten (nuorien) suomalaisten (suomalaisien) asenteet ammattilaisurheiluun ovat muuttuneet, mutta rehti kilpailu on edelleenkin tärkeintä.
8. Suomalaisen olympialaisen historian legendoja arvostetaan enemmän kuin ammattilaisurheilijoita.
9. Kaikki haluavat/Jokainen haluaa tehdä parhaansa.
10. Perinteisesti Suomi on kuunostautunut/pärjännyt hyvin juoksussa ja yleisurheilussa yleensä.

Chapter 18

Answers to Exercise 1

1. Jos minulla olisi paljon rahaa, ostaisin uuden auton.
2. Jos osaisit (puhua) ranskaa, matkustaisit Ranskaan.
3. Jos kävisimme/vierailisimme Italiassa, näkisimme vanhoja kaupunkeja.
4. Jos he saisivat työluvan, he muuttaisivat Etelä-Suomeen.
5. Jos minulla olisi enemmän aikaa, lukisin monta kirjaa.
6. Jos ymmärtäisit yhteiskuntaa, keskustelisit vaikeista kysymyksistä.
7. Jos käyttäisimme matkashekkejä, meidän ei tarvitsisi pelätä.
8. Jos haluaisit mennä uimaan, ottaisit mukaan uimapuvun.

Answers to Exercise 2

1. Minä olin tarvinnut apua jo ennen kuin sinä olit tullut.
2. Me emme olleet ajatelleet kesää lainkaan ennen joulua.
3. Kalle oli vastannut kysymykseen jo.
4. Sieltä ei ollut löytynyt mitään hauskaa lahjaa.
5. Ruotsinlaivat olivat houkutelleet eniten matkustajia Suomesta, vähemmän kuitenkin talvisin.
6. Finlandia-talo oli tullut tärkeäksi kulttuurikeskukseksi.
7. Me olimme katselleet kaikki öljymaalaukset ennen iltaa.
8. Hän oli kertonut, että hän oli tarvinnut oppaan kiertueelle.

Answers to Exercise 3

1. Kuinka paljon käteistä luulet, että meidän pitäisi ottaa mukaan matkalle Kreikkaan?
2. Jos kävelee pitkiä matkoja, pitäisi olla todella hyvät kengät.
3. On hyvä pysyä yhteydessä ystäviinsä ja naapureihinsa.

4. Matka (etäisyys) Vaasan ja Oulun välillä on pitempi kuin matka (etäisyys) Helsingistä Pietariin.
5. Tallinnasta on tullut kulttuurikeskus samalla tavalla kuin Helsingin kauppatori on kohtauspaikka.
6. Vironlaivat (Eestinlaivat) eivät ole yhtä suosittuja kuin Ruotsinlaivat.
7. Kaksi lompa kkoa varastettiin nuorilta turisteilta Helsingissä.
8. Viime viikon sanomalehdet eivät olleet vielä kirjoittaneet mitään Suomen matkailusta.
9. Pohjois-Euroopassa on tänä syksynä matkustanut urheilijoita ja näyttelijöitä.
10. Suomen ja Ruotsin välillä tulee taas ensi vuonna varmasti olemaan /kulkemaan isompia laivoja.

Chapter 19

Answers to Exercise 1

1. omin silmin
2. paljain käsin
3. jalan
4. lämpimin terveisin
5. uusin menetelmin
6. omin päin
7. pienin elein
8. suurin piirtein

Answers to Exercise 2

1. Me oltiin silloin vielä nuoria.
2. Me osattiin puhua vain englantia silloin nuorina.
3. Saatiin mennä nukkumaan aikaisin, jos tehtiin työtä hyvin.
4. Me lyhennettiin nimemme/nimet Amerikassa.
5. Kyllä muistettiin kaikenlaisia asioita, jos jaksettiin ajatella.
6. Kyllä me tanssittiin illalla vaikka hiihdettiin koko päivän/päivä.
7. Me väitettiin, että ansaittiin paljon rahaa laulamalla.
8. Me laitettiin aina sukset valmiiksi aamua varten ja pantiin matkatavarat huoneisiin.

Answers to Exercise 3

1. (Minun) jalkojani palelee ja jalkani/jalat ovat jäykät.
2. Hiihtäminen tuntui paljon helpommalta kun me olimme/oltiin nuorempia.
3. Lämpiminä talvina meidän on vaikea löytää tarpeeksi/riittävästi lunta että voisi mennä hiihtämään.
4. Sirkka hiihti sukset jalassa ja hiihtolasit päässä.
5. Hän jää sisään ottamaan / pysyi sisällä ottamassa / nokoset.
6. Vuosilomat Suomessa jakautuvat kahteen ryhmään, kesälomiin ja talvilomiin.
7. Helsinki vanhoine rakennuksineen houkuttelee turisteja monesta maasta.
8. Monet (ihmiset) Pohjois-Euroopassa suuntaavat etelään pimeästä pohjoisesta aurinkoiseen ja lämpimään Espanjaan.
9. Monessa sanomalehdessä matkoja etelään / etelänmatkoja mainostettiin suurin kirjaimin.
10. Pohjois-Suomen pimeys kestää monta kuukautta, mutta kesän valo on hyvin suosittu kun se saapuu/tulee.

Chapter 20

Answers to Test 1

Sinä:	Missä Naantali on/sijaitsee?
Suomalainen:	Naantali sijaitsee lähellä Turkua.
Sinä:	Onko Parainen kaukana Turusta?
Suomalainen:	Ei. Parainen ei ole kaukana Turusta.
Sinä:	Onko Etelä-Suomessa kylmä talvella/talvisin?
Suomalainen:	On. Mutta ei kovin kylmä. Pohjois-Suomessa on paljon kylmempi.
Sinä:	Sataako Turussa lunta talvella?
Suomalainen:	Sataa, mutta vain joskus.
Sinä:	Sataako Suomessa usein kesällä/kesäisin?
Suomalainen:	Kyllä, usein sataa ja on pilvistä.
Sinä:	Missä Evelethin kaupunki sijaitsee?
Suomalainen:	Eveleth sijaitsee Minnesotassa, lähellä Duluthia.
Sinä:	Onko Duluth kaukana Hancock, Michiganista?
Suomalainen:	On. Hancockista on pitkä matka Minnesotaan, noin 600-700 kilometriä.
Sinä:	Millaiset talvet Minnesotassa ja Michiganissa on?
Suomalainen:	Minnesotassa ja Michiganissa on samanlainen ilma kuin Suomessa: kylmät talvet ja paljon lunta.
Sinä:	Ovatko kesät siellä mukavia/kauniita?
Suomalainen:	Ovat. Minnesotan ja Michiganin kesät ovat todella kauniita.

Answers to Test 2

Tarjoilija:	Hyvää iltaa!
Sinä:	Hyvää iltaa! Olisiko Teillä pöytä kahdelle?
Tarjoilija:	Seuratkaa minua.
Sinä:	Voisimmeko saada ruokalistan?
Tarjoilija:	Tässä on ruokalista, olkaa hyvä.
Sinä:	Haluaisitko alkupalan?
Ystävä:	Kyllä kiitos.
Sinä:	Haluatko graavilohta vai hanhenmaksaa?
Ystävä:	Taidan ottaa graavilohta.
Sinä:	Otamme kaksi graavilohta.
Tarjoilija:	Haluatko vieninleikkeen?
Ystävä:	En tänään. Otan häränpaistia.
Sinä:	Otamme yhden häränpaistin ja yhden vieninleikkeen.
Tarjoilija:	Selvä.
Sinä:	Haluaisitko jotain juotavaa?
Ystävä:	Kyllä kiitos. Haluaisin lasin punaviiniä.
Sinä:	Minäkin haluan sitä. Saammeko kaksi lasia punaviiniä.
Tarjoilija:	Kiitos. Saako olla jälkiruokaa?
Sinä:	Me päätetään/päätämme myöhemmin.

Answers to Test 3

1. Saanko/Saisinko lainata sukset ja hiihtolasit?
2. Saanko/Saisinko lainata matkalaukkua?
3. Saanko/Saisinko lainata polkupyörää tänä iltana?
4. Saanko/Saisinko lainata sateenvarjoa?
5. Saanko/Saisinko lainata sanakirjaa?
6. Saanko/Saisinko lainata puseroa tänä iltana?
7. Saanko/Saisinko lainata teetä ja kahvia?
8. Saanko/Saisinko lainata tämän päivän sanomalehteä?

Answers to Test 4

1. Me puhumme nyt *Kalevalasta*, Suomen kansalliseepoksesta.
2. He pitävät kaikki siitä kirjasta, koska se kertoo vanhoista myyteistä.
3. Pidätkö (sinä) saunasta?
4. Pidän, olen kuullut paljon saunasta ja minä pidän siitä kovasti.
5. Minun mielestäni sauna on hyvin suomalainen perinne/traditio.
6. Jotkut/Muutamat ihmiset eivät välitä saunasta, mutta lähes kaikki todella pitävät siitä.

Answers to Test 5

1. Suomalaiset käyvät saunassa/saunovat hyvin usein.
2. Kanadalaiset pitävät jääkiekosta; he katsovat jääkiekkoa ja he pelaavat jääkiekkoa.
3. Amerikkalaisilla on paljon harrastuksia; he ovat penkkiurheilijoita/harrastavat urheilua ja pitävät pesäpallosta todella kovasti.
4. Saksalaiset ja italialaiset pelaavat jalkapalloa.
5. Suomalaiset harrastavat perinteisesti yleisurheilua.
6. Ruotsalaiset ja norjalaiset ovat aina harrastaneet hiihtämistä/hiihtoa.
7. Ranskalaiset harrastavat usein elokuvaa.
8. Suomalaiset ovat hyviä suomalaisessa pesäpallossa ja harrastavat kuoromusiikkia.

Answers to Test 6

1. (Henkilö A,) Mitä (Te) teette työksenne/(sinä) teet työksesi?
2. Mitä (Te) olette opiskellut/(sinä) olet opiskellut sitä ammattia varten?
3. (Henkilö B,) oletteko (Te) opiskellut/oletko (sinä) opiskellut monta vierasta kieltä?
4. Käytättekö (Te)/Käytätkö (sinä) todella vieraita kieliä työssänne/työssäsi?
5. (Henkilö C,) Haluatteko (Te)/haluatko (sinä) tulla/valmistua opettajaksi vai insinööriksi?
6. Pelkäättekö (Te)/pelkäätkö (sinä) tulla/joutua työttömäksi?

Answers to Test 7

1. Suomi oli osa Ruotsia monta sataa vuotta.
2. *Kalevala* julkaistiin kaksi kertaa 1800-luvulla.
3. *Kalevala* oli tärkeä kirja suomalaisille.
4. Suomen kuuluisimmat taidemaalarit olivat Akseli Gallen-Kallela ja Eero Järnefelt.
5. Savonlinnan oopperajuhlat ovat hyvin suositut kesällä/kesäisin.
6. Suomalaiset turistioppaat osaavat usein (puhua) suomea, ruotsia, englantia ja saksaa.
7. Ooppera ja teatteri ovat hyvin/varsin suosittuja Suomessa.

Answers to Test 8

1. Jos(pa) olisi enemmän aikaa ja rahaa!
2. Jos joskus pääsisi lomalle Ranskaan!
3. Haluaisitko (sinä)mennä katsomaan hyvän elokuvan?
4. Haluaisitko (sinä)lukea Rosa Liksomin viimeisimmän kirjan?
5. (Minä) en halua/välitä pelata tennistä tänään tai tällä viikolla.
6. (Minä) haluaisin mennä hiihtämään Lappiin.
7. Jos(pa) jonakin päivänä saisin tavata Aki Kaurismäen!
8. Jos(pa) kaikki ihmiset voisivat olla iloisia ja terveitä!

Answers to Test 9 (One optional answer is given in parentheses)

1. Jos osaisin (puhua) saksaa tai venäjää, menisin (Saksaan tai Venäjälle).
2. Minä menisin Italiaan, jos (minulla olisi rahaa ja osaisin puhua vähän italiaa).
3. Kävisin saunassa jos hiihtokeskuksessa olisi sellainen/sauna.
4. (Minä) menisin/(me) menisimme tanssimaan, jos (minä) en/(me) emme olisi niin väsynyt/väsyneitä.
5. Mitä (sinä) haluaisit ostaa, jos (Sinä) voittaisit paljon rahaa?

6. (Minä) lukisin enemmän kirjoja ja opiskelisin kieliä, jos (minulla olisi enemmän aikaa).
7. (Minä) haluaisin/(me) haluaisimme tanssia, jos ystäväni opettaisivat minua/meitä tanssimaan tangoa.
8. Pitäisi panna rasvaa kasvoille, jos aikoo mennä laskettelemaan mäkeä.
9. Jos minulla olisi pitkä loma talvella, (matkustaisin ulkomaille).

Answers to Test 10

1. Monet ovat kysyneet minulta miksi opiskelen suomea.
2. Jos (minä) puhun totta, (minä) olen usein itse kysynyt samaa.
3. Kuitenkin minun täytyy sanoa, että on ollut erittäin hauska opiskella suomea.
4. (Minun) opettajani on sanonut: "Suomen kielessä vain sanat/sanasto ja kielioppi ovat hieman vaikeita."
5. Minusta hän ei ollut lainkaan väärässä.
6. Joka/jokaisen Mastering Finnish -kappaleen jälkeen juhlin menemällä ravintolaan syömään kiinalaista ruokaa.
7. Minä pidän kiinalaisesta ruuasta ja nyt haluan tietää onko olemassa *Mastering Finnish 2*.
8. Sanotaan, että suomen kielen puhujia on 6,000,000; nyt niitä on 6,000,001.
9. Nyt kun olen opiskellut näin paljon suomea, haluan mennä Suomeen, ehkä kesäkurssille.
10. On ollut hauska opiskella suomea ja lopuksi haluan sanoa: Parhaat onnittelut

X______________________________________:lle (your name)!

Library Media Center
Watertown High School